集团公司管控体系设计理论与实务

Theory and Practice of Management Control System Design of Group Company

◎梁巧转　著

吉林大学出版社
·长春·

图书在版编目（CIP）数据

集团公司管控体系设计理论与实务 / 梁巧转著 . — 长春：吉林大学出版社，2020.1

ISBN 978-7-5692-6128-8

Ⅰ. ①集… Ⅱ. ①梁… Ⅲ. ①企业集团—企业管理 Ⅳ. ① F276.4

中国版本图书馆 CIP 数据核字 (2020) 第 028095 号

书　　名　集团公司管控体系设计理论与实务
　　　　　JITUAN GONGSI GUANKONG TIXI SHEJI LILUN YU SHIWU

作　　者　梁巧转　著
策划编辑　李承章
责任编辑　安　斌
责任校对　单海霞
装帧设计　朗宁文化
出版发行　吉林大学出版社
社　　址　长春市人民大街 4059 号
邮政编码　130021
发行电话　0431-89580028/29/21
网　　址　http://www.jlup.com.cn
电子邮箱　jdcbs@jlu.edu.cn
印　　刷　湖南省众鑫印务有限公司
开　　本　710mm × 1000mm　1/16
印　　张　18
字　　数　270 千字
版　　次　2020 年 1 月　第 1 版
印　　次　2020 年 1 月　第 1 次
书　　号　ISBN 978-7-5692-6128-8
定　　价　98.00 元

前　言

岁月不居，时节如流。

多年的企业管理咨询和服务经历，解决了企业一个又一个的难题。严谨的科学研究也为世界管理研究贡献了自己微薄的力量。回首过去，从第一次发现集团公司管控体系这个问题到现在，不知不觉已经过去了七八年时间。其中服务过某能源集团、某化工集团、某烟草集团、某煤业集团等多家集团公司，也给某建工集团、某水电集团、某机械工程集团等多家集团公司就这一问题做过讲座。在讨论中，集团公司高管们提出了他们在管理集团公司过程中的困惑、疑问，同时也表达了他们迫切需要解决这一问题的愿望。在不同年级的 EMBA 和 MBA 课堂上的分享和讨论，更激起了学生们研究这个问题的积极性。还有我自己指导的硕士生和博士生们，大家一起就相关问题进行研讨，逐渐形成了本书主要的理论工具与方法。在服务企业的过程中，又进行了进一步的检验和修正，广泛听取了集团企业高管们的意见和建议，日臻完善并最终形成了本书的主要内容。

集团管控是一门系统的学问，其精髓是系统解决集团公司的协同管理和控制问题，并通过集团公司管控体系的设计，达到对各级利润中心和下属单位的有效管理，确保集团整体战略的一致性，并充分发挥集团优势、创造集团的整体价值。

本书分为三篇。在第一篇导论部分，辨析了单体公司和集团公司的异同及其分类，提出了简单集团和复杂集团管控体系设计的基本思路。第二篇主要分析简单集团公司管控体系的设计，包括管控模式确立、职能界面分析、组织结构设计、权责体系设计、流程制度体系设计以及业绩管理体系设计等章节内容。每一章最后一节是具体案例。第三篇是复杂集团公司管控体系设计，不但包括传统复杂集团，也包括大数据、物联网、人工智能时代，新型组织的自管控问题。本书将其分为三类：战略赋能型管控、平台型管控和生态型管控。本书最后两章分别是战略赋能型管控案例和平台型、生态型管控案例。

成书的过程是辛苦的也是快乐的。难忘和团队一起驻扎在企业，挑灯夜战的经历，以及在组会上研讨时，时而争辩、时而握手言和的情景。理论研究和企业现实的碰撞，也让我们时刻体会着管理学研究的魅力所在。感谢我们服务过的企业，是你们的信任让我们对管理学有了深刻的洞察；感谢我的团队成员，是你们的分享启发了彼此的思维；感谢我的研究生们，你们贡献了时间和精力，或参与完成了多项企业咨询项目，或参与了本书大纲的讨论和初稿的撰写以及后期的文字校对，特别是张悦、张真真、李洁、岳小雪、刘昂昂、刘敏、管仕倩、王阿慧、拾以婵等研究生，祝福你们学有所用、不负时光、一生快乐！

迟日江山丽，春风花草香。

本书在最终完稿校对时，正值新冠疫情爆发，但春天依旧如约而至。书中引用了大量的文献资料，我们对这些资料的原创者也表示由衷的感谢。

本书在写作过程中，尽管大胆创新、小心求证，但观点谬误错漏之处在所难免，恳请各位专家同仁和读者批评指正。

梁巧转

2020 年 3 月

目 录

第一篇 导论

第三篇 复杂集团公司管控体系设计

第一篇　导　论

集团企业是指由多家企业或事业单位、参（控）股公司等企业，按照业务联系或者按照资本投资（或资产投资）组合而成的。部分国有集团企业也有按照行政命令进行组合的例子。集团企业包括集团（母）公司、下属（企业或事业）单位（或分/子公司）、参（控）股公司及其他成员，集团企业通常由集团（母）公司行使管理职能。

相对于集团公司，本书中把一般意义上的公司称之为“单体公司”，这类公司按照管理职能划分成不同的职能部门。

集团公司由于业务的多样性、管理的复杂性和不确定性，其管理相比单体公司存在数量级上的区别。为区别于单体公司的管理体系，且考虑到集团公司需要更加重视“管理控制”问题，本书使用“管控体系”一词来描述针对集团公司的管理体系。

管控体系本身就是一套管理体系。单体公司的管理体系就是维持企业运作和取得效益的一系列管理方法、管理理念的总称，是单体公司组织制度和管理制度、管理体制和机制的总称。单体公司的管理体系主要体现在“管人”“理事”上，其主要目标是要理顺各项职能间的关系。

集团公司的管控体系是集团总部对“分/子公司和下属单位”管理的管理，更具体的说是母公司对所有权属公司的战略、业务、协作、组织和管理等多个方面所进行的统筹性的和全局性的顶层设计，是起监督和反馈作用并不断优化的一套管理体制、机制和制度的总称。集团公司的管控体系主要体现在“管人”“理事”“战略统一”以及“风险控制”上，在理顺各业务、各公司之间关系的基础上，监控各业务、各公司执行集团战略的情况，并把各公司的风险控制在可以接受的范围。

单体公司管理体系和集团公司管控体系的主要差异包括：

◇ 管理对象不同：前者的主要管理对象是针对公司具体的业务；后者则是针对集团下属公司的管理，即“管理的管理”；

◇ 管理目的不同：前者的管理目的是单体公司价值最大化；后者则是集团公司价值最大化，必要时可以牺牲某个具体公司的利益而确保集团公司利益的最大化；

◇ 管理重点不同：前者是如何协调公司内部各部门的职能来创造价值；后者则是如何协调集团内部各公司的利益来实现集团价值最大化。

集团管控是一门系统的学问，其精髓是系统解决集团的协同管理和控制问题，并通过管控达到集团公司对各级利润中心和分 / 子公司的有效管理。这种管理是以确保集团战略一致性和协同性、充分发挥集团优势并创造集团整体价值为目的的。

本篇分为两章。第一章重点说明单体公司管理体系和集团公司管控体系的联系和区别。第二章分析简单集团和复杂集团管控体系的不同。

第一章　单体公司管理体系与集团公司管控体系

1.1　单体公司管理体系

1.1.1　单体公司与集团公司的异同

单体公司以营利为目的，向市场提供商品或服务，实行自主经营、自负盈亏、独立核算。下设各职能部门。部门间各司其职又彼此协同，共同实现公司的战略目标。

集团公司是多个单体公司的集合。两者的异同如表 1-1 所示。对单体公司的管理和集团公司的管理，也有很大的差异，如表 1-2 所示。

表 1–1　单体公司和集团公司的异同

单体公司	集团公司
独立法人特征	多个独立法人或非法人实体
架构、体系完整	多重、多层次、立体性的法律与管理架构
自主决策，自主管理	分层分级管理
存在与其他组织之间的协作，但不存在与其他组织之间的强制协同	跨层级管控、内部协同
资源有限性	跨地域、跨行业的资源整合
组织结构的简单性	组织结构的复杂性
活动的简易性	可用资源的弹性
管理的快捷性	存在母子公司合作与协同问题
业务活动的单一性、简单性	业务活动的多元性、管理的复杂性

表 1-2 单体公司和集团公司的管理之异同

比较项目	单体企业	集团公司
管理层次	强调纵深	强调横向
管理组织结构	简单、扁平化	复杂、层级化
战略范围	主要解决单一企业经营运作问题，范围较窄	涉及多个企业经营运作问题，范围较广
战略制定和执行的保障	主要依靠企业实际运作经验和企业对行业的把握	主要依靠对宏观环境和多个产业关键成功要素的把握
战略目标	战略目标明确	战略目标较宏观，主要关注投资组合、产业组合和横向协同战略
管理目的	提高企业经营效率，降低经营成本来实现经营目标	在子公司间产生价值倍增，并通过降低集团内部交易成本来实现集团经营目标
管理范围	关于某项具体产业或公司发展的问题	除单体公司运作之外，还需考虑资本运作和资产运作相结合
企业文化	个性	母公司与子公司的文化统一
管理风格	快捷、高效、灵活	规范、稳健
治理方式和机制	单一性。通常有两种：激励机制和监督机制	多重性。除了激励机制和监督机制外，还应包括协调机制以及以股权为基础的控制机制
管理模式	精细化管理	授权式管理 + 管控有度

单体公司战略和集团公司战略也有本质的不同，见图 1-1 和图 1-2。单体公司的战略是企业为实现长远发展而谋定的一个做强做大的计划，一般包括三层：

◇ 发展战略（也称总体战略）；

◇ 竞争战略（也称业务战略）；

◇ 职能战略。

单体公司的战略一般具有前瞻性（在经营活动发生之前就需形成战略）、主观性（反映企业高管对企业未来发展的主观期望）、整体性（面向企业整体）

以及长远性（面向未来）四个特点，必须解决两个问题：一是企业未来的发展方向和目标；二是为实现这一目标所需进行的各种资源的优化配置。

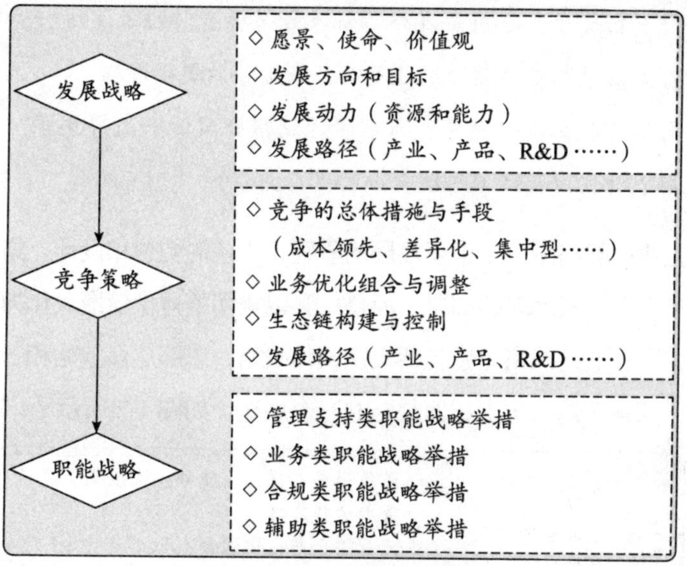
发展战略
竞争策略
职能战略
◇ 愿景、使命、价值观
◇ 发展方向和目标
◇ 发展动力（资源和能力）
◇ 发展路径（产业、产品、R&D……）
◇ 竞争的总体措施与手段
（成本领先、差异化、集中型……）
◇ 业务优化组合与调整
◇ 生态链构建与控制
◇ 发展路径（产业、产品、R&D……）
◇ 管理支持类职能战略举措
◇ 业务类职能战略举措
◇ 合规类职能战略举措
◇ 辅助类职能战略举措

图 1-1　单体公司的战略层级

◇ 发展战略明确企业未来的发展目标和方向，重点解决企业投资的有效组合和经济收益的问题。一般包括稳定型战略、发展型战略和紧缩型战略三类。

◇ 竞争战略确定企业的竞争策略和手段，主要解决为实现企业的发展目标，企业要如何与其他企业竞争、如何对现有的业务进行优化组合等问题，一般包括成本领先战略、差异化战略和集中型战略。

◇ 职能战略一般主要考虑管理支持类、业务类、合规类和辅助类四类主要的职能，主要解决这四类职能如何有效支撑企业的发展战略和竞争战略的问题。

企业的未来取决于企业能否取得并保有竞争优势。竞争优势方面的出色表现可以有两种不同的方式：第一是运营效率；第二是战略定位。

有效的战略管理需要管理者思考：想干什么？凭什么？有什么？缺什么？

◇ 在哪里去进行竞争？公司将要到哪一个或哪些市场上（区域、产品等等）去进行竞争？

◇ 如何进行竞争？公司将在何种标准或差异性特征上去进行竞争？是成本？是质量？是可靠性？还是产品或服务的提供过程？

◇ 公司依靠什么进行竞争？哪些资源使得公司能够赢得竞争？公司如何获取、开发以及使用这些资源去进行竞争？

集团企业的战略是一个集团发展的原则、路径的构想和设计。集团企业的战略不是多个子公司战略的加总，而是一套以集团整体价值最大化为导向的系统设计。集团企业的战略体系包括集团整体战略、总部层面战略和各子集团及业务单元（即各下属单位）层面战略共三个层次，如图 1-2 所示：

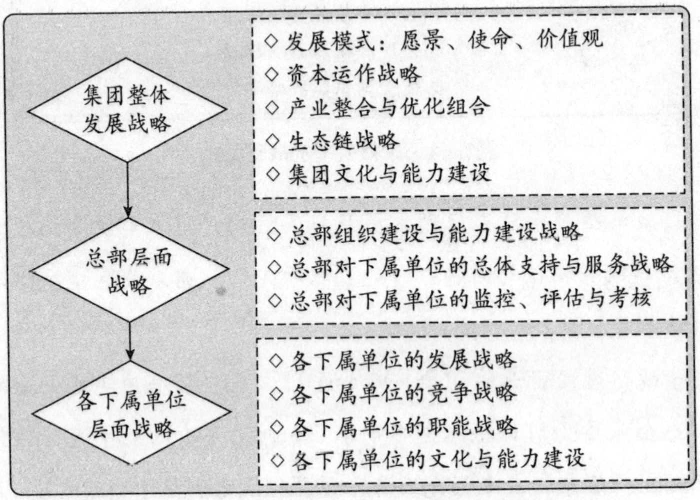
集团整体发展战略
◇ 发展模式：愿景、使命、价值观
◇ 资本运作战略
◇ 产业整合与优化组合
◇ 生态链战略
◇ 集团文化与能力建设
总部层面战略
◇ 总部组织建设与能力建设战略
◇ 总部对下属单位的总体支持与服务战略
◇ 总部对下属单位的监控、评估与考核
各下属单位层面战略
◇ 各下属单位的发展战略
◇ 各下属单位的竞争战略
◇ 各下属单位的职能战略
◇ 各下属单位的文化与能力建设

图 1–2　集团公司的战略规划层级

◇ 集团整体战略：是指整个集团在发展模式、资本运作、产业组合、横向战略、集团能力建设等方面的一个整体设计；

◇ 总部层面战略：是能够把集团层面战略推行起来的战略，总部负责集团企业战略的落地执行，总部是指挥者和资源调配者；

◇ 子集团及业务单元战略：是在集团整体战略框架内，针对子集团各自的业务，设计各自的战略。

就战略特点来看，单体公司一般就一个中心，利益层次较单一，内在的变化因素小。而对集团公司来说，往往存在多个中心，中心之间利益关系复杂，内在变化因素大，外部变化因素更大，如图 1-3 所示。

集团的战略和单体公司的战略最大的差异是，集团的战略是一个系统的顶层设计，将该顶层设计的局部设计分配到各个子公司，形成各个子公司的战略。

单体公司战略特点：	集团公司战略特点：
◇ 一个中心 ◇ 一个核心利益 ◇ 内在变量小 ◇ 外部变量大	◇ 多个中心 ◇ 多个核心利益 ◇ 内在变量大 ◇ 外部变量更大
单体公司战略运作特点：	**集团公司战略运作特点：**
◇ 运作重点在企业内外部关系 ◇ 投资与管理一体 ◇ 赚产品或服务利润 ◇ 通过市场化运作获利 ◇ 产品组合互补	◇ 运作重点在分、子公司之间 ◇ 投资与管理可分可合 ◇ 赚产品利润、资产利润和投资利润 ◇ 集团内部整合优化+市场化运作获利 ◇ 产品组合互补，产生变形金刚效应

图 1-3 单体公司和集团公司战略特点和战略运作特点

1.1.2 单体公司管理体系

稳定科学的管理体系离不开合理的治理结构，如图 1-4 所示。

合理高效的治理结构可以保障企业最大限度地释放企业能量、高效运作，形成相对稳定的、科学的管理体系。

单体公司的管理体系是在公司治理体系下，管理层负责公司日常管理活动，为实现公司战略目标而建立的一整套管理手段、方式方法。一般来讲，单体公司管理体系由若干子体系组成，子体系之间彼此开放互动、演化耦合，从而形成整体。

管理体系可以是开放体系，也可以是封闭体系、孤立体系。

◇ 开放体系：体系与环境之间既有能量转换，又有物质交换；

◇ 封闭体系：体系与环境之间有能量转换，没有物质交换；

◇ 孤立体系：体系与环境之间既无能量转换，又无物质交换。

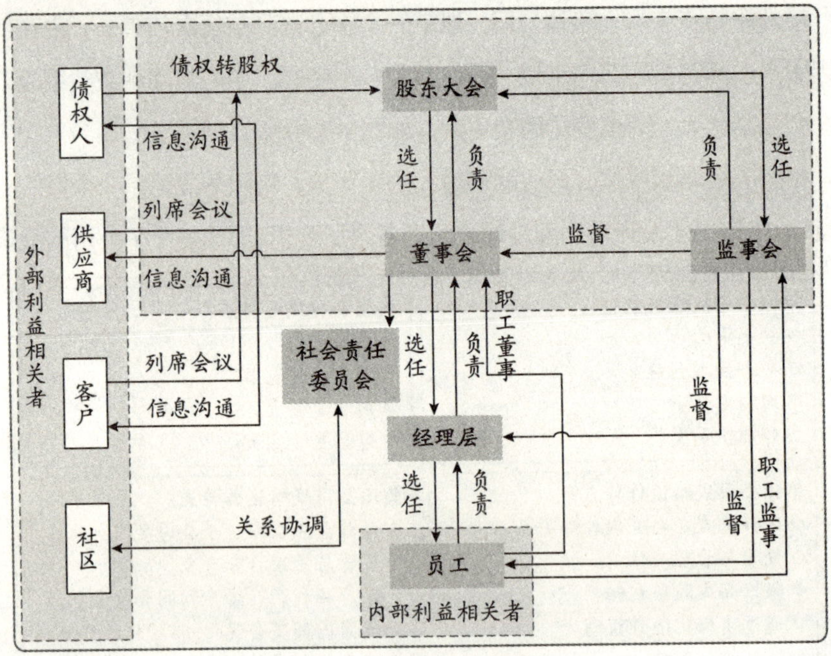
债权人
供应商
客户
社区
外部利益相关者
债权转股权
信息沟通
列席会议
信息沟通
列席会议
信息沟通
关系协调
股东大会
选任
负责
董事会
监督
监事会
负责
选任
社会责任委员会
选任
负责
职工董事
监督
经理层
选任
负责
监督
职工监事
员工
内部利益相关者

图 1-4　单体公司治理结构

在日趋激烈的市场竞争中，需要企业和企业之间建立战略联盟实现共赢。孤立和封闭的管理体系几乎无法生存，大多数企业都建立了开放的管理体系。

对单体公司来讲，管理的核心是做业务。通过建立一套有效的管理体系，使业务越做越好、越做越大，创造更多的价值，如图 1-5 所示。

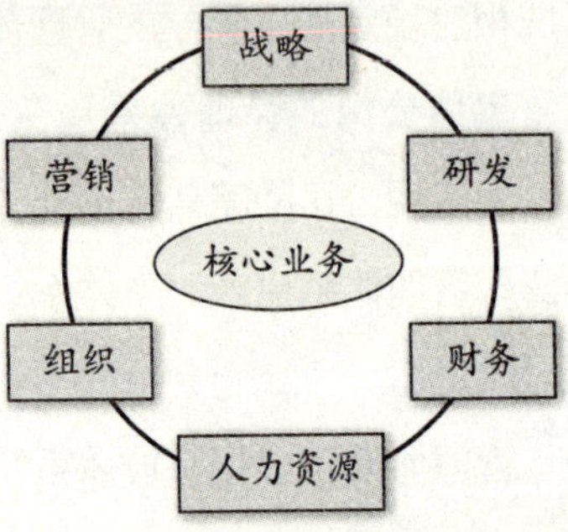
战略
营销
研发
核心业务
组织
财务
人力资源

图 1-5　单体公司的管理体系示意图

单体公司管理体系的目标是实现公司战略目标，需要设计运作良好的组织结构，从而实现部门间相互配合、协同支持。单体公司的职能部门可以分为管理支持类部门、业务类部门、合规类部门和辅助类部门。因而，单体公司的管理体系就包括管理支持类、业务类、合规类、辅助类四类管理子体系。

◇ 管理支持类部门是最核心的部门，包括对战略、财务、人力资源等的管理，是管理的重中之重，在管控体系设计中属于“必管”。

◇ 业务类管理子体系即对研发、生产、供应、销售、品牌宣传等业务部门的管理，这些部门分别负责技术研发、营销和物流管理等职能的战术安排和具体运作，为公司发展战略的制定和落实提供强有力的信息支持，除完成研、产、供、销的基本任务外，最重要的是要始终面向市场，关注市场变化。业务类部门是核心部门，应该对其进行战略“统管”。

◇ 合规类管理子体系包括对审计部、纪检部、稽核部等部门的管理，合规类部门主要负责监督公司对国家政策和规定的贯彻执行情况，以及对各个部门的合规性的监督反馈，保证公司的整体运行符合政策和规定要求。因此，对其进行合理“监管”即可。

◇ 辅助类管理子体系包括对办公室、后勤部等部门的管理，保持一般程度的管理即可。

单体公司管理体系的目标是实现成本管理合理化、管理效率最大化、协同价值最大化、资本放大有效化、风险管理可控化，在竞争激烈、迅速变化的市场环境中做强品牌、提高效率、创造价值，如图 1-6 所示。

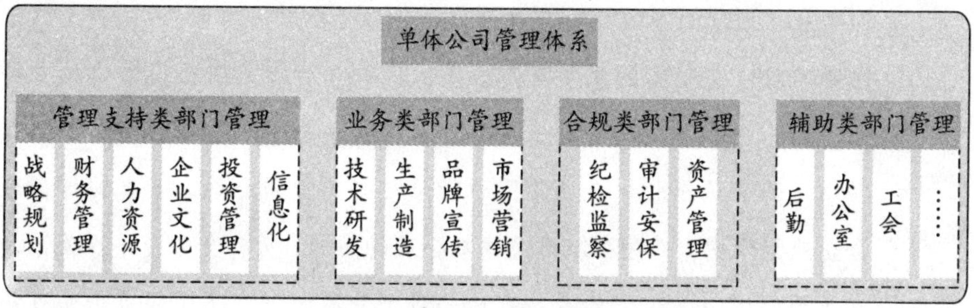
单体公司管理体系
管理支持类部门管理
战略规划
财务管理
人力资源
企业文化
投资管理
信息化
业务类部门管理
技术研发
生产制造
品牌宣传
市场营销
合规类部门管理
纪检监察
审计安保
资产管理
辅助类部门管理
后勤
办公室
工会
……

图 1-6　单体公司管理体系分类子体系示意图①

与单体公司相比，集团公司呈现规模化、层次化、国际化、跨地域、多产业的特点。集团公司管控体系不仅要研究集团权属单体公司内部的管理，更要研究公司与公司之间的管理与控制②，即研究管理的管理。

① 本书的单体公司指一般业务公司，不包括会计事务所等以合规类稽核为主要业务的公司。

② 秦杨勇．集团管控：中国最佳实践经典案例解析 [M]. 北京：中国经济出版社，2011.

1.2 集团公司管控体系

1.2.1 企业集团与集团公司

《企业集团登记管理暂行规定》对企业集团的定义是：企业集团是指以资本、资产为主要联结纽带，以母子公司为主体，以集团章程为共同行为规范的母公司、下属单位、参股公司及其他成员企业或机构共同组成的具有一定规模的企业法人联合体[①]。

集团公司是多个公司在业务、流通、生产等方面联系紧密，从而聚集在一起、为了一定的目的组织起来共同行动的团体公司或公司联盟，是由母公司、子公司、参股公司及其他成员共同组成的企业法人联合体。

现实中很多人经常混淆企业集团与集团公司，实际上两者是有本质区别的，如图 1-7 所示：

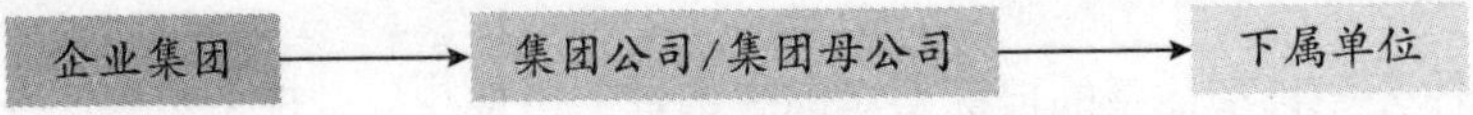
企业集团
集团公司/集团母公司
下属单位

图 1-7 企业集团与集团公司区别

◇ 法律地位不同：企业集团是许多法人组成的联合体。而集团公司是法人企业，规范的集团公司及母子公司关系受公司法约束。

◇ 内涵不同：企业集团包含集团公司，但并非所有集团公司都要成立企业集团。企业集团有两种基本类型：从属联合企业集团和协作型企业集团。其中从属联合企业集团中的母公司是集团公司，而在协作型联合企业集团中，不存在以谁为核心企业的问题，所有企业是平等关系，在集团的统一管理下活动。在后一种企业集团中，集团成员企业可能都是控股公司，都有自己的若干子公司，这种集团往往是强强联合。

◇ 注册方式不同：集团公司既可以以自己为核心组成从属型联合企业集

① 百度百科 . 企业集团登记管理暂行规定 [EB/OL].https://baike.baidu.com/item/%E4%B C%81%E4%B8%9A%E9%9B%86%E5%9B%A2%E7%99%BB%E8%AE%B0%E7%AE%A1%E7%90%86%E6%9A%82%E8%A1%8C%E8%A7%84%E5%AE%9A/6539212?fr=aladdin, 2018-04-17

团或与其他公司一起组成协作型联合企业集团，也可以仅在母子公司范围内形成公司集团。组成企业集团须批准和登记，但集团公司本身只需履行公司法人登记手续。

◇ 组织机构不同：企业集团的组织机构由集团章程（集团成员协商一致）决定，而集团公司的组织机构必须在符合公司法规定的条件下由公司章程（需经股东会讨论通过）决定。

◇ 管理的原则和依据不同：企业集团实行统一管理的原则是经成员企业讨论通过的章程决定的。集团公司如果是独立公司法人，它自身的经营与运作要符合公司法和其他有关法律的规定；集团公司如果是集团成员，必须履行集团章程规定的权利和义务；集团公司如果是从属型联合企业集团中的支配公司，在履行集团章程规定的基础上，还要承担集团管理的重任。集团公司与集团利益的协调，与成员企业相互权利义务关系是集团立法和集团协议（章程）要解决的重要问题。

◇ 责任和财务制度不同：企业集团并不是独立的纳税主体，但要编制合并会计报表。集团的法律后果由集团成员企业负连带责任（集团章程另有约定的除外）。集团公司与其他成员企业一样，独立开展经营活动，是独立的纳税主体。它对其他成员企业除另有约定外，不承担债务责任。

一般意义上的集团公司，是指拥有众多生产、经营机构的大型公司。它一般都经营着规模庞大的资产，管辖着众多的生产经营单位，并且在许多其他企业中拥有自己的权益，如图 1-8 所示。即包括分 / 子公司，可能也包括非法人实体经营单位，甚至是下属子集团，本书中统称为下属单位。

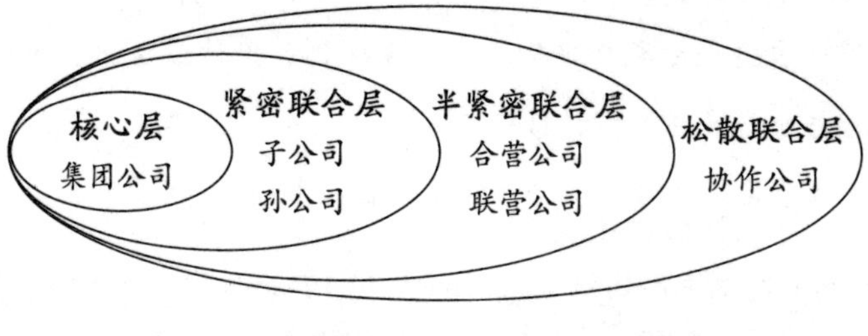
核心层
集团公司
紧密联合层
子公司
孙公司
半紧密联合层
合营公司
联营公司
松散联合层
协作公司

图 1-8　集团内各公司与集团公司紧密程度

集团公司内多个公司通过产权合作、生产经营协作等多种方式，在资本、生产、流通、业务等方面紧密联系，共同应对市场竞争，如图 1-9 所示。

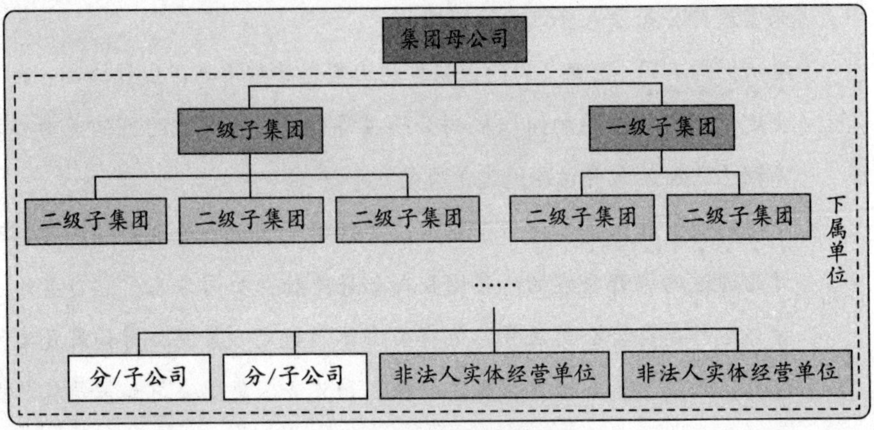
集团母公司
一级子集团
一级子集团
二级子集团
二级子集团
二级子集团
二级子集团
二级子集团
下属单位
……
分/子公司
分/子公司
非法人实体经营单位
非法人实体经营单位

图 1-9　集团公司示意图

相对于单体公司，集团公司的业务存在如下特点：

◇ 业务可能是多元化、相关多元化或非相关多元化的；

◇ 相关业务可能有主次之分；

◇ 非相关业务可能有未来战略指向。

集团公司由于存在以下特殊情况，使得其管理的复杂性和不确定性呈几何级数增长：

◇ 集团内部中可能有多种经济体；

◇ 每个子公司都有不同的外部社会关系；

◇ 集团总部与各个子公司有不同的管理关系；

◇ 集团可能追求发展公平化、摩擦最小化、价值最大化、风险适中化、伦理与社会责任等多种目标；

◇ 各下属单位之间可能同时存在正关联和负关联。

集团公司的业务多而复杂（也可能是非相关的业务，每一项业务由具体的公司负责），使得集团公司在管理上存在下述现象（所以集团企业才需要建立有效的管控体系）：

◇ 信息黑洞越来越多：信息不对称；

◇ 管理越来越复杂：博弈、自我本位或者单体本位；

◇ 风险越来越大：风险向总部转移。

尽管存在这样的问题，但集团公司仍然可以通过有效的管控体系设计，实现集团企业的三种核心功能：

◇ 资本放大功能——多层次控股及资本运作；

◇ 协同、共享及内部交易——整体战、超限战；

◇ 通过投资及产业组合抵御风险——组合及均衡。

如何对这些业务进行有效的管理，并使集团企业价值最大化。这是集团公司管理要解决的主要问题。把集团公司的管理体系叫作管控体系，就是要体现集团公司的上述特点。

企业集团又分假集团和真集团，各自的特点见表 1-3。

表 1-3　真假集团的特点

假集团公司	真集团公司
搬砖块、积木式	规模经济式
和稀泥、拉郎配式	资源共享式
便利式、聚堆式	能力互补式
乌合之众、扯大旗式	功能组合式
	产业生态链式
	风险对冲式

随着集团公司的形成和发展，集团内部管理的整合和效率提升问题就日益重要。近年来，集团公司管控体系越来越受到企业界的重视。如何设计集团公司的管控体系架构已成为各大集团公司迫切要解决的问题。集团公司既要管理好下属企业，又要帮助调动下属企业的积极性。这两点就是集团公司管控体系

设计的根本目标。

1.2.2 简单集团与复杂集团

当企业发展到集团规模的时候，需要集团总部对下属分 / 子公司实施有效的管控，也就是说需要设计一套行之有效的、针对集团公司的管控体系。集团公司管控模式是集团公司管控体系的表现形式，而集团公司管控体系是集团公司与下属分 / 子公司间权力分配和运作体系的概括与抽象。

根据集团下属单位的业务类型、涉及的行业领域、业务之间的关联程度及管理复杂程度等因素，将集团公司分为简单集团公司（简称简单集团）和复杂集团公司（简称复杂集团）。

简单集团一般是指，业务单一化或相关多元化，但拥有多个法人实体或非法人实体，或者在不同地方拥有多个公司或业务主体。本书将具体讨论不同类别集团公司的管控体系。

简单集团的经营业务相似度高，也较为单一。集团母公司一般直接从事生产经营，与下属单位关系密切，集团母公司可能存在生产实体，安排统一的生产经营计划。复杂集团指拥有多层级组织结构（至少三个层级以上）的集团。这类集团因其下属子集团、下属单位的业务运作流程框架、管控模式存在一些差异，因此较为复杂，不能根据统一的标准化模式进行管控。

简单集团至少分为两类（如表 1-4 所示），一类是，依据地域不同，为实现管理便利化，将相同业务划分成独立的子公司负责管理，每个子公司的业务性质完全相同，但独立负责运营和销售，共同完成集团公司的利润指标，这一类简单集团被称为集合型简单集团，比如中国移动、中国联通、中国电信等集团公司；另一类是，依据地域不同，为方便产品生产和销售，将产品生产任务分给不同的分 / 子公司（或生产厂商）负责，但销售由集团公司统一负责，分 / 子公司不负责完成集团公司的利润指标，这类简单集团被称为一体化型简单集团，比如：烟草工业公司、中国石油集团公司、中核、中电等集团公司。

因此，集合型集团公司主要对下属单位的战略、主要人力资源、资金等方面提供支持，并监督集团战略的落地实施情况，考核下属单位的业绩情况。一体化型集团公司能够对每一个关键运营业务进行监控，最大程度地调动资源并提供服务，从资产、资金、人力资源、品牌运作等各方面予以支持和配合。

表 1-4　集合型简单集团和一体化型简单集团的特点

集合型简单集团	一体化型简单集团
◇ 集团公司本部的职能主要是提供管理支持和服务 ◇ 在集团战略的指导下，下属单位具有完全自主经营、自主管理的权限 ◇ 集团公司只负责下属单位的高管人事任免 ◇ 集团公司负责考核下属单位的业绩 ◇ 集团公司管控的重点在于如何提高集团整体业绩、提高管控效率	◇ 集团公司本部职能齐全，也存在生产实体，安排统一的生产经营计划，将生产计划下达给各下属单位 ◇ 下属单位的主要人事任免和关键经营活动由集团公司统一规划，受集团公司集中控制 ◇ 集团公司主要的辅助性生产部门，如动力、后勤、销售仍保留在集团公司内部 ◇ 集团公司主要起到业务管理、控制与服务职能，具有较强的业务管理和指导能力 ◇ 下属单位权限将弱化至操作层面（如生产、市场推广等），一般作为业务中心或成本中心存在 ◇ 集团公司管控的重点在于如何提高管控效率，降低运营风险从而进一步强化核心竞争力

在战略明晰的基础上，简单集团管控主要解决下列关键问题：

◇ 如何确定管控模式？

◇ 如何确定集团总部和分 / 子公司的职能？

◇ 如何优化组织结构？

◇ 如何规范责权体系？

◇ 如何优化核心管理流程和核心业务流程？

◇ 如何设计制度体系？

◇ 如何进行业绩评价？

其中，最主要的是解决整体战略方向问题，集团企业朝这个战略方向努力，就能构建核心竞争能力，完善和提升管理水平，集聚资源。

当集团公司发展到一定阶段时，集团下属单位由于业务的多元化以及运作流程、模式等方面的差异化，导致不能根据统一的标准化模式进行运营，需要根据业务的异质性进行较大的变革和调整，这类企业集团称为复杂企业集团。简单集团、复杂集团特点如表 1-5 所示。

表 1–5　简单集团和复杂集团的特点

	简单集团	复杂集团
集分权程度	集权 / 集权与分权相结合	分权
战略管理	制定整体战略	多个子战略，并注重资本市场反应
业务特点	单个业务 / 多个相关性业务	多元化业务
业务介入	具体经营决策	财务 / 战略管理
决策地位	生产指标管理中心 / 经营决策中心 财务中心 / 战略决策中心 投资决策中心	战略管理中心 投资决策中心 资本运作中心
组织层级	两个层级：母公司、下属单位	至少三个层级：母公司、一级子集团、二级子集团…… 下属单位
管理特点	同一业务由不同的业务主体来运营	不同业务由不同的业务主体来运营

1.2.3　集团公司管控体系

无论简单集团还是复杂集团，其管控体系的内涵都是一样的，即管控是集团公司对“分 / 子公司管理”或“下级子集团”的管理。具体体现在：

◇“分 / 子公司管理”或“下级子集团”负责自身的业务运作；

◇ 母公司通过“分 / 子公司管理”或“下级子集团”的制度安排、系统设计进行干预，达到使“分 / 子公司管理”或“下级子集团”的部分或全部职能受控运作的状态；

◇ 降低“分 / 子公司管理”或“下级子集团”不受控行为对群体矢量和的影响和损害；

◇ 强化受控行为对群体矢量和的贡献；

◇ 追求集团价值最大化。

管控体系是一个以战略为导向，以组织结构为框架，以管理控制系统为核心，以流程和制度为基础的动态系统（见图 1-10）。其中管理控制系统主要是通过流程、制度和业绩管理体系设计来实现的。

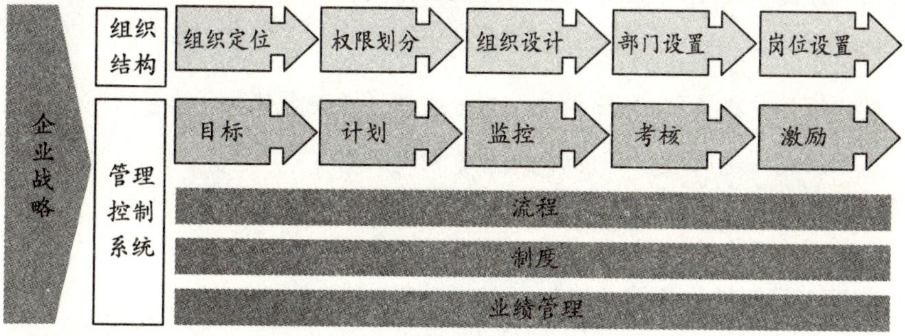
企业战略
组织结构
组织定位
权限划分
组织设计
部门设置
岗位设置
管理控制系统
目标
计划
监控
考核
激励
流程
制度
业绩管理

图 1-10　集团管控体系基本架构

集团管控不是具体的管理手段，是以集团战略为先导，基于集团价值创造、效率提高、能力构建的一个系统工程，其核心就是通过管控让集团从外延式的扩张转化为内涵式的增长，其精髓是系统解决集团的协同管理和控制问题，并提升集团的整体能力。因此，集团管控体系是一个系统性的、动态性的、成长性的有机整体，其特点既包括管理的专业性，又包括管控的系统性。

“管控”可以拆解成“管”“理”“控”“制”：

◇“管”：大的核心问题要管；

◇“理”：理顺关系；

◇“控”：控制方向；

◇“制”：制约下属公司和子集团行为和高管行为。

集团公司管控体系的“管”：

◇战略：确定各下属单位的发展速度、规模和方向；

◇人：管理重要人力资源，决定各下属单位的高管团队班子成员；

◇财务与预算：统一的会计政策与财务报告体系、预算审批；

◇考核与奖惩：考核业绩、奖惩分明。

集团公司管控体系的“理”，其目的是保证全体员工上下协同一致、合作联动：

◇“拧成一股绳”：同心同德、降低交易成本；

◇“下活一盘棋”：确保上下“协同一致”；

◇“拆开一堵墙”：合理授权、充分发挥资源整合优势；

◇“织成一道网”：共同抵御风险、内部转移；

◇“端平一碗水”：合理的绩效评估与考核以及薪酬体系。

集团公司管控体系的“控”：

◇统一战略方向：指明方向，及时纠偏；

◇控制风险：抱团取暖，共同抵御风险；

◇降低成本：内部协同、资源优化；

◇提高质量：持续提高质量。

集团公司管控体系的“制”：

◇流程设计：设定轨道，及时纠偏；

◇制度完善：建章立制，约束行为。

简单集团和复杂集团“管”的对象虽然都是战略、人、财务与预算以及考核奖惩，但两者有很大的不同，主要区别如表1-6所示。

● **战略**

在整个集团中，既存在集团的整体发展规划，也存在下属单位的个体发展战略；既存在集团母公司对各下属单位的战略管控，又存在下属单位间的配合、协同。因此，集团母公司的战略管控是重中之重。集团母公司应该站在整体利益最大化的立场上，制定集团整体发展目标，引导下属单位相互配合、形成合力，共同促进集团整体迅速发展。具体来说，集团公司战略管控包含两个层面的内容：一是集团母公司的战略管控；二是各下属单位的战略管控。

简单集团在管控战略时，集团母公司负责整体战略规划的制定，下属单位负责战略落地和执行①：集团母公司制定集团总体发展战略，确定各个下属单位的发展速度、规模和方向，监控职能战略的制定与实施，合理规划、充分调动下属单位的积极性。下属单位的战略应在集团母公司战略管控指导下进行，服从母公司安排，与其他下属单位协调配合，组织实施集团发展战略。

复杂集团在管控战略时，由于管理更加复杂、业务更加多元化，集团公司制定集团总体发展战略，并对下属单位进行合理授权：下属单位在不违背集团整体战略规划的基础上，结合自身行业发展趋势等内外部环境因素，自行制定战略规划。

表 1-6 简单集团和复杂集团管控体系的主要内容

主要内容		简单集团公司管控体系的主要内容	复杂集团公司管控体系的主要内容
管	战略	集团母公司负责整体战略规划的制定，下属单位负责具体执行	母公司高度放权，下属子集团主动参与集团战略规划，并自行制定子集团战略规划
	人	集团母公司制定统一的人力资源制度和流程，并监督下属经营单位执行	集团母公司对下属经营单位的核心人员进行管控和考核
	财务与预算	集团母公司制定详尽的财务目标和计划，参与管理并进行考核	集团母公司制定财务目标和重要经营目标，进行考核但不参与具体管理
	考核与奖惩	可能考核到下属单位中某一级别的所有人	只负责下一级子集团的经营业绩考核以及高管的考核
理		保证全体成员同心同德、降低管理成本；确保集团上下“协同一致”；充分发挥资源整合优势，共同应对挑战、抵御风险	保证各级子集团战略上和集团一致。具体管理和经营由子集团负责
控		战略方向、风险、成本和质量	战略方向、风险
制		统一制度和流程	对战略、重要人力资源、财务和考核方面的制度和流程进行统一，其他由各子集团自行负责

① 王吉鹏 . 集团管控方略：危机之下集团企业管控释义 [M]. 北京：企业管理出版社，2009.

● **人**

人力资源管控是集团管控体系中不可或缺的部分，通过整合集团内部最重要的资源—人力资本，发挥人力资源最大效用，做到人尽其才，配合战略管控实现集团整体战略目标[①]。

简单集团在进行人力资源管控时，会依据整体战略目标进行整体人力资源规划，集团母公司制定统一的人力资源制度和流程，决定各个下属单位的高管团队班子（在组织中主要承担战略决策职责的高层管理者所组成的团队）成员人选，并监督下属单位执行人力资源规划。

复杂集团在进行人力资源管控时，随着集团的发展及管理团队的成熟化，对下级子集团的人力资源的管控会高度放权，集团母公司对下级子集团的核心人员（班子成员）和对重要人员（外派高管、财务总监）进行管控和考核，下级子集团自行对其他人力资源进行管理。

● **财务与预算**

集团财务管控是保证集团资本运作向既定的财务目标方向发展的管控活动[②]。集团母公司为了实现集团整体财务目标，对下属单位的财务预算进行必要的合理管控，合理分配财务资源，保障集团整体战略目标的实现。

简单集团在进行财务管控时，集团母公司制定详尽的财务目标和计划，建立统一的会计政策、财务预算和报告体系，委派财务负责人到下属单位，通过预算控制总费用支出，下属单位在预算范围内具有一定的自主权，母公司定期对下属单位的财务支出进行审计；下属单位严格执行相关财务管控制度，定期向母公司报送相关财务报表。

复杂集团在进行财务管控时，集团母公司制定财务目标和重要经营目标，对下级子集团的财务进行检查、审计和监察、考核。母公司保留对下级子集团重大财务事项的决策权、审批权，对利润分配、资产重组等资产决策进行宏观管控。集团母公司不干预下级子集团的财务管理活动，将日常财务管理事项的决策权充分放权到下级子集团。

①② 王吉鹏．集团管控方略：危机之下集团企业管控释义 [M]. 北京：企业管理出版社，2009.

● **考核与奖惩**

考核与奖惩的目的是为了确保集团各层级业务单元都能够切实落实集团战略、确保战略目标得以实现，一般包括下属单位的业绩考核和员工业绩考核两部分。

简单集团可能会对本部和下属单位某一级别以上人员的业绩全部进行管控，而复杂集团一般只管控到下级子集团和业务单元的高管团队人员的业绩。

总之，简单集团管控体系更倾向于通过管控实现下属单位之间的横向协作联动，共同提升业绩目标；复杂集团管控体系更侧重于通过管控实现下级子集团之间的战略联动，共同达成战略目标。

1.3　三种基本的管控模式

管控的最终目的是实现集团价值最大化，具体体现在：集团母公司作制度安排，从集团层面进行大方向、大格局的战略体系设计安排，将下属单位的战略和运作纳入到集团整体框架中。

管控模式是在管理理念指导下建构起来的由管理方法、管理模型、管理制度、管理工具、管理程序等组成的管理体系结构。这种体系结构通常表现出某种特点，现实中也就呈现出一个又一个相互区别的管控模式。

按照对下属企业的管理定位和权限划分，把集团公司管控模式分为三种基本类型：财务管控、战略管控和运营管控三种模式（图 1-11），每种管控模式下都有其相应的管理重点和控制手段，每种管控模式下母公司的作用也不同，见图 1-12。

1.3.1　运营型管控模式

运营型管控模式特点是高度集权，注重控制过程，集团公司负责所有决策，下属单位仅仅负责实际执行。运营型管控模式下，集团母公司核心功能为经营决策和生产指标管理[①]，以实现对整个集团资源的集中控制和管理，并以

① 段磊，张宏波．企业集团管控：理论、实践及案例 [M]. 北京：中国发展出版社，2012.

集团经营活动的统一和优化为目标。

	管理内容	关注重点	控制目标	适用性	
财务管控	◇主要以财务指标进行管理和考核 ◇总部一般无业务管理部门	◇财务指标 ◇资本运作	◇财务控制 ◇法律 ◇企业并购	◇多种不相关产业的投资活动	分权
战略管控	◇主要以战略规划进行管理和考核 ◇总部可以视情况决定是否设置具体业务管理部门	◇公司组合的协调发展 ◇投资业务的战略优化和协调 ◇战略协同效应的培育 ◇公司整体协调成长	◇财务控制 ◇战略规划与控制 ◇人力资源 ◇部分重点业务的管理 ◇新业务开发	◇相关性或单一产业领域内的运作 ◇无地域限制	
运营管控	◇通过总部业务管理部门对下属企业的日常经营运作进行管理	◇下属公司经营行为的统一与优化 ◇公司整体协调成长对行业成功因素的集中控制与管理	◇财务控制 ◇法律 ◇企业并购 ◇战略规划与控制 ◇人力资源 ◇重点业务的管理 ◇新业务开发	◇单一产业领域内的运作，但有地域局限性	集权

图 1-11　不同管控模式的管理重点和控制手段

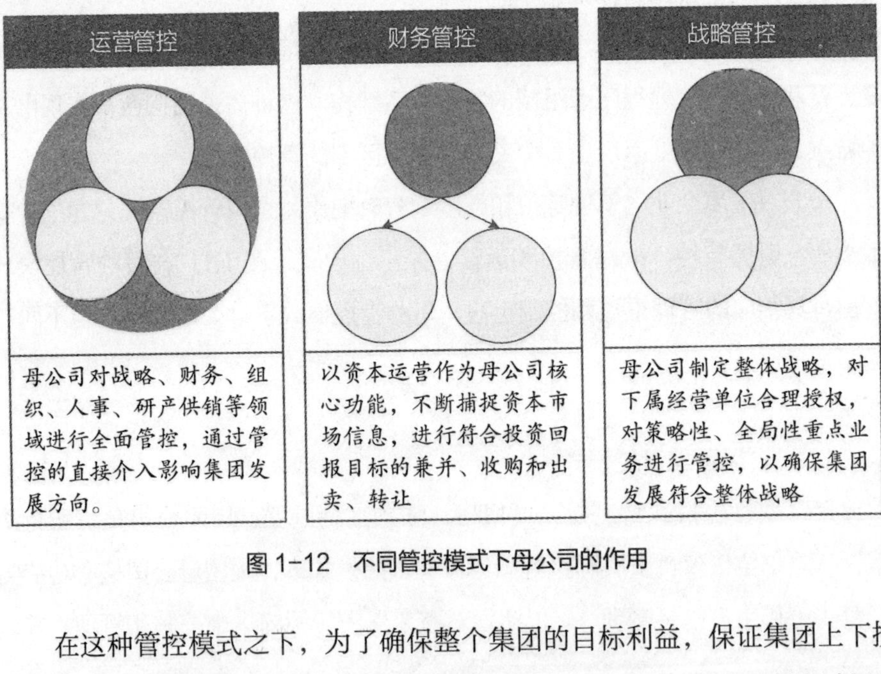
运营管控
母公司对战略、财务、组织、人事、研产供销等领域进行全面管控，通过管控的直接介入影响集团发展方向。
财务管控
以资本运营作为母公司核心功能，不断捕捉资本市场信息，进行符合投资回报目标的兼并、收购和出卖、转让
战略管控
母公司制定整体战略，对下属经营单位合理授权，对策略性、全局性重点业务进行管控，以确保集团发展符合整体战略

图 1-12　不同管控模式下母公司的作用

在这种管控模式之下，为了确保整个集团的目标利益，保证集团上下按照统一的战略部署来运作，集团公司所制定的战略与制度包含几乎所有过程环

节，相应的职能部门在集团公司层面广泛设置且职能深入。这种管控模式一般适用于单业务集团，或业务关联性较强的多业务集团。

为了保证控制高效、可以迅速处理各种问题，这种管控模式下的集团母公司，其职能部门通常设置齐全、管理人员数量众多。其主要管控特点见表 1-7。

表 1-7　运营型管控模式特点

	集团母公司		下属单位
集分权程度	高度集权		
战略管理	战略制定		具体实施
业务特点	单一业务或基本单一业务		
业务介入	负责几乎所有的决策制定		具体执行
决策地位	经营决策中心、生产指标管理中心		运营单元、成本中心
核心管控职能	◇ 财务 / 资产管理 ◇ 监控 / 投资管理 ◇ 公关 / 法律 / 审计 ◇ 战略制定 ◇ 人力资源管理 ◇ 财务预算和控制	◇ 集团战略规划 ◇ 收购、兼并 ◇ 人才培养 ◇ 研、产、供、销 ◇ 战略实施控制 ◇ 运作管理和控制	具体业务运营
组织结构设置	组织结构复杂、职能人员数量众多		组织结构一般和集团公司职能相对应

1.3.2　战略型管控模式

战略型管控模式的特点是集权与分权相结合，将部分权力下放给下属单位，在确保集团母公司管控地位的同时，给予下属单位较多的灵活性和自主性。在集权程度上低于运营型管控模式，但高于财务型管控模式。该模式下集团母公司是战略决策和投资决策中心，关注总体战略规划与控制、业务组合的协调与发展、投资业务的战略优化以及战略协同效应[①]，见表 1-8。

① 王吉鹏 . 集团管控方略：危机之下集团企业管控释义 [M]. 北京：企业管理出版社，2009.

表 1-8　战略型管控模式特点

	集团母公司	下属单位
集分权程度	集权与分权相结合	
战略管理	制定整体战略	战略规划和执行，协助集团战略实施
业务特点	多个相关性业务	
业务介入	战略管理	一定权限自主决策
决策地位	战略决策中心、投资决策中心	战略业务单元、业务中心
核心管控职能	◇ 财务 / 资产管理 ◇ 集团战略规划 ◇ 监控 / 投资管理 ◇ 收购、兼并 ◇ 公关 / 法律 / 审计 ◇ 人才培养 ◇ 战略制定	◇ 研、产、供、销 ◇ 人力资源管理 ◇ 战略实施控制 ◇ 财务预算和控制 ◇ 运作管理和控制
组织结构设置	规模不大，集中于集团战略控制	数量多，组织结构功能完善

在战略管控模式下，集团母公司作为一个掌舵人的角色来指挥整体方向，为了保证集团及下属单位共同利益的最大化，集团母公司通过对下属单位的战略进行管控，制定集团整体的发展战略、监控财务和运营目标，负责整个集团财务、资产运营和整体的战略规划，注重战略控制。下属单位则制定各自的业务战略规划，提出资源预算，同时要在集团整体规划的基础上，确定本业务领域的运营目标及预算方案，并上报集团母公司审核，必须与集团整体战略相匹配。集团母公司审核后，批准其预算方案并由下属单位具体实施。

战略型管控模式下，集团母公司将部分权力下放到下属单位，适当减小集团母公司规模，因此，职能部门数量相对较少。战略型管控模式在保证集团母公司领导地位的同时，有效发挥下属单位的主观能动性，广受大多数跨国集团公司青睐。

1.3.3　财务型管控模式

财务型管控模式的特点是高度分权，见表 1-9。在财务型管控模式下，集团母公司是投资决策中心，通过财务管理追求资本价值最大化。集团母公司负责集团的财务和资产运营，包括集团财务计划、投资决策并实施监控，以及对外部企业的收购与兼并等[①]。集团母公司主要通过财务指标对下属单位进行管控和考核，母公司一般无业务管理部门，集团母公司每年下发给下属单位财务目标，关注其盈利能力和投资回报情况，不具体干预具体运营。

表 1-9　财务型管控模式特点

	集团母公司	下属单位
集分权程度	高度分权	
战略管理	注重资本市场反应	战略规划和实施
业务特点	多个非相关独立业务	
业务介入	基本不介入	自主决策
决策地位	财务中心、投资决策中心、资本运作中心	决策中心
核心管控职能	◇ 财务 / 资产管理 ◇ 集团战略规划 ◇ 监控 / 投资管理 ◇ 收购、兼并 ◇ 公关 / 法律 / 审计	◇ 人才培养　◇ 战略制定 ◇ 研、产、供、销　◇ 人力资源管理 ◇ 战略实施控制　◇ 财务预算和控制 ◇ 运作管理和控制
组织结构设置	无业务管理部门，职能部门很少，主要为投资和财务管理人员	数量多；组织结构功能完善

财务型管控模式分权最为彻底，注重财务结果，适合业务多元化的集团。在财务型管控模式下，集团母公司规模较小，职能部门较少，财务管理和投资管理是集团母公司的核心部门。

总的来说，不同管控模式下集团总部的定位和管理目标有所区别，如图 1-13。集权和分权的程度是企业集团管控模式划分的重要根据。集权与分权相

① 王吉鹏 . 集团管控方略：危机之下集团企业管控释义 [M]. 北京：企业管理出版社，2009.

结合是构建企业集团领导体制和组织结构的基本原则，也是科学处理企业集团内部母、子公司关系应遵循的基本原则。集权过度与分权过度，都不利于发挥集团优势。集分权程度一定意义上决定了集团母公司的定位：当集权程度较低时，母公司往往作为战略中心，在整体战略上对企业大方向进行把控；相反，当集权程度较高时，母公司不仅作为战略中心，更在投资、决策、职能管理等多方面占据重要地位。此时集团母公司是多个职能的协调者,行使战略、计划、管理等职能。

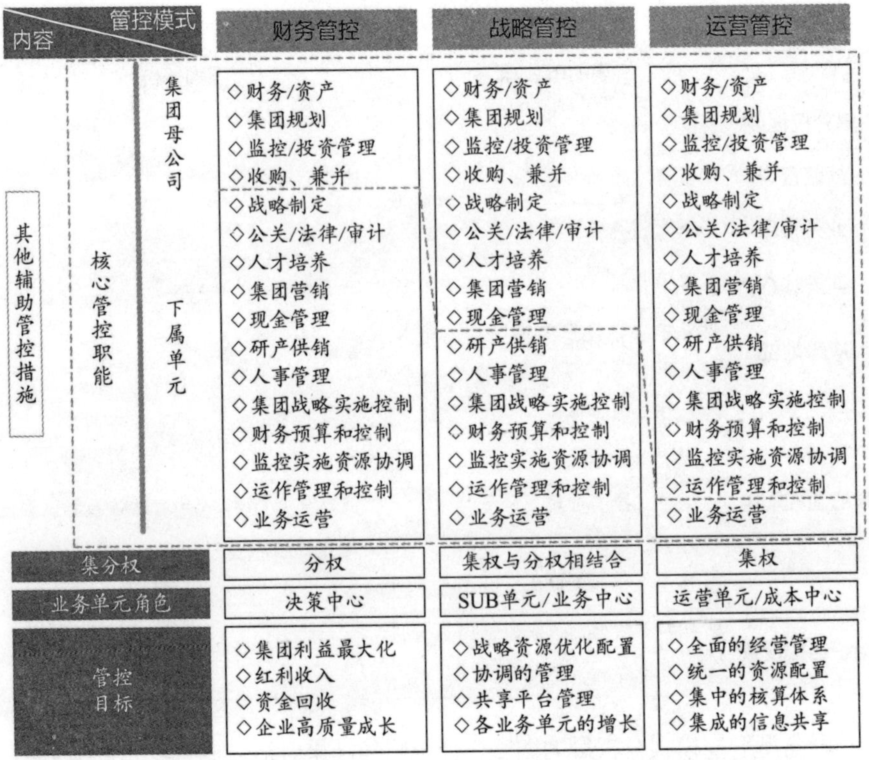
管控模式
内容
财务管控
战略管控
运营管控
其他辅助管控措施
核心管控职能
集团母公司
下属单元
◇财务/资产
◇集团规划
◇监控/投资管理
◇收购、兼并
◇战略制定
◇公关/法律/审计
◇人才培养
◇集团营销
◇现金管理
◇研产供销
◇人事管理
◇集团战略实施控制
◇财务预算和控制
◇监控实施资源协调
◇运作管理和控制
◇业务运营
集分权
分权
集权与分权相结合
集权
业务单元角色
决策中心
SUB单元/业务中心
运营单元/成本中心
管控目标
◇集团利益最大化
◇红利收入
◇资金回收
◇企业高质量成长
◇战略资源优化配置
◇协调的管理
◇共享平台管理
◇各业务单元的增长
◇全面的经营管理
◇统一的资源配置
◇集中的核算体系
◇集成的信息共享

图 1–13 不同管控模式下集团总部职能定位与管控内容

现实中，为应对企业集团的业务经营多元化、分 / 子公司间战略定位差异化和集团内外部因素的多变性等现实情况，集团公司往往采取“以一种管控模式为主体，多种管控模式并用”的混合模式，同时根据具体情境的变化不断地灵活调整。

具体来说，对于业务经营多元化的企业集团，因各业务特征不同、集团母公司对各业务领域的管理能力不同，可能会对某些自身擅长而下属单位管理薄弱的高相关性业务采取运营型管控，而对多项自身并不擅长的非相关性以及非战略重点业务采取财务型管控。对于分 / 子公司众多的企业集团，集团母公司会给予各分 / 子公司不同的战略定位，对仅具有战略从属地位和执行职责的下属单位可以采取运营型管控，对参与战略规划的下属单位，根据其权限大小，可以分别采取财务型管控和战略型管控。

集团管控模式的选择并不是一成不变的，需要根据权变因素及时调整，如图 1-14。当某一全局性业务处于成熟期，企业集团可能采取战略型管控以确保业务规划稳步推进；当此业务步入衰退期，可能采取财务管控并逐步将集团资产回笼。分 / 子公司从开发期逐步壮大至成熟期，集团母公司往往从运营型管控转变为战略型管控或者是财务型管控。

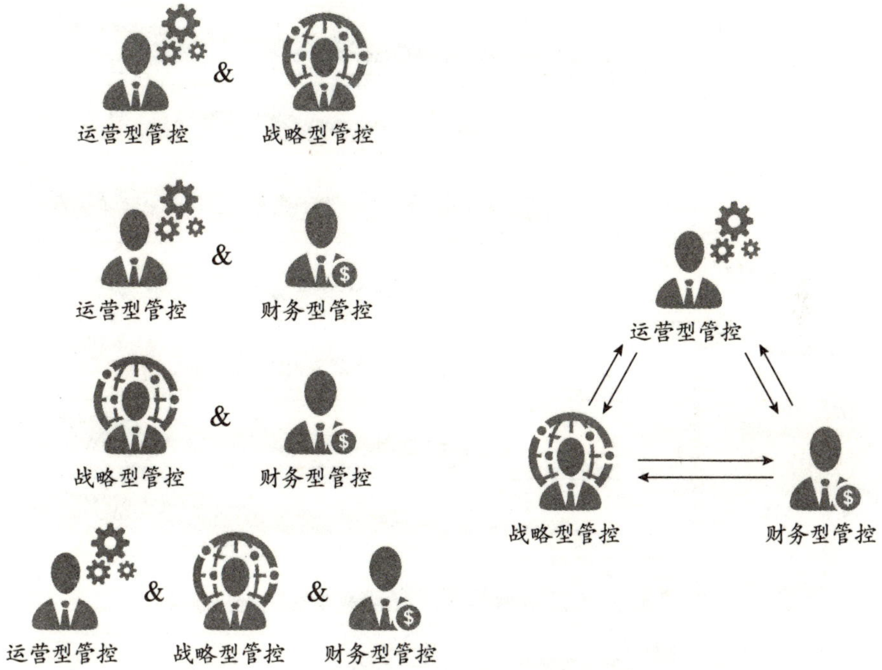
运营型管控
&
战略型管控
运营型管控
&
财务型管控
战略型管控
&
财务型管控
运营型管控
&
战略型管控
&
财务型管控
运营型管控
战略型管控
财务型管控

图 1-14 “一种为主，多种并用”的混合模式及管控模式随情境变动的调整

1.4　集团公司管控模式选择影响因素

1.4.1　管控模式影响因素

集团公司对下属单位的管控模式选择主要受到集分权程度、下属单位对集团战略的重要程度、下属单位管理成熟度、集团母公司的管控要求、集团规模大小、集团多种经营程度、业务的国际化程度、集团领导的管理要求（领导风格）、经营业务重点、业务关联度、日常生产经营管理事务比重等 11 种因素的影响，这些因素与三种基本管控模式类型的整体关系如图 1-15：

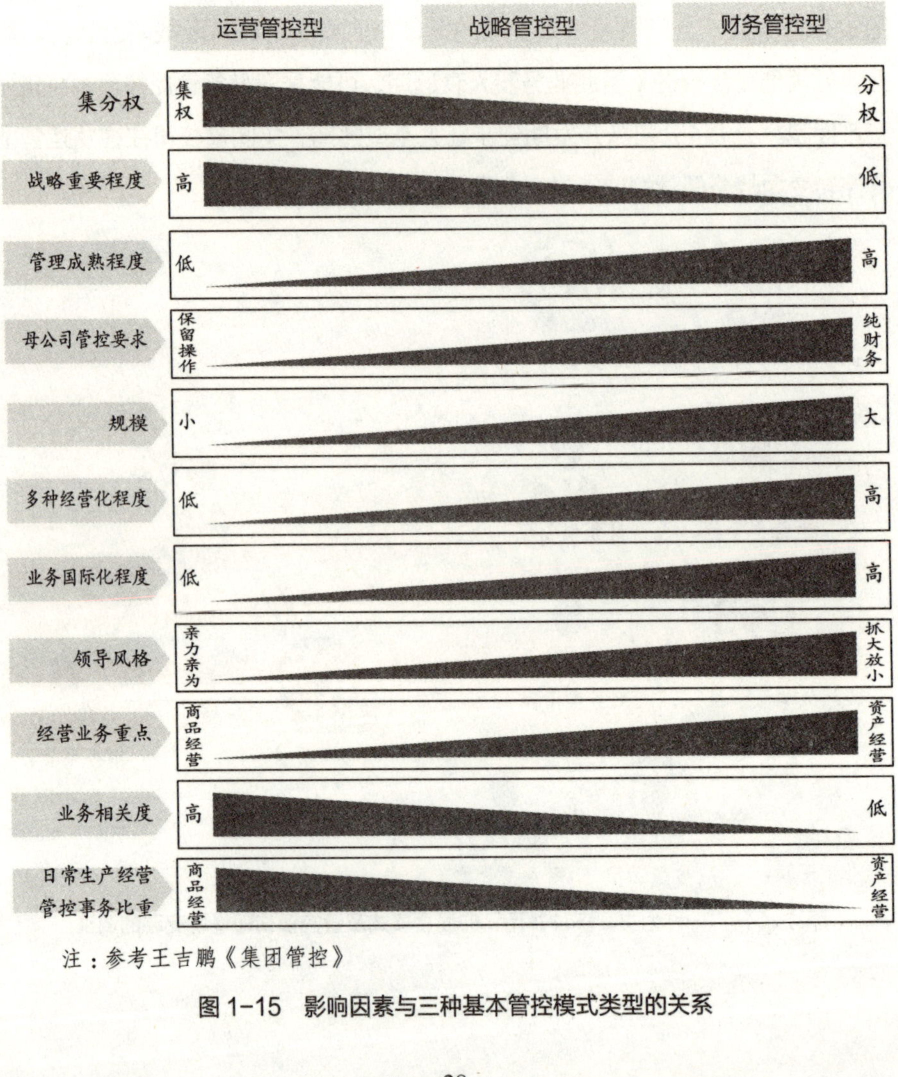
运营管控型
战略管控型
财务管控型
集分权
集权
分权
战略重要程度
高
低
管理成熟程度
低
高
母公司管控要求
保留操作
纯财务
规模
小
大
多种经营化程度
低
高
业务国际化程度
低
高
领导风格
亲力亲为
抓大放小
经营业务重点
商品经营
资产经营
业务相关度
高
低
日常生产经营管控事务比重
商品经营
资产经营

注：参考王吉鹏《集团管控》

图 1-15　影响因素与三种基本管控模式类型的关系

◇ 集分权：高度集权的集团公司，可以采用运营型管控，高度分权的集团公司可以采用财务型管控，集分权程度适中的集团公司适宜采用战略型管控。

◇ 战略重要程度：根据集团公司的发展战略，将下属单位分为战略核心地位、战略非核心地位。对处于战略核心地位的下属单位应该加强管控力度；对处于战略非核心地位的下属单位应该适度授权。

◇ 管理成熟程度：对于管理比较成熟的下属单位，应该适当授予相应的自主权；对于自身管理成熟程度较低的下属单位，集团母公司应加强管控。

◇ 集团母公司的管理要求：集团母公司对于不同的下属单位会有不同的要求，比如集团母公司对投资管理类公司定位为通过资产管理获取投资收益；对核心业务下属单位的要求为满足集团业务发展需要，尽量降低生产和管理费用。因此，对投资管理类公司应在较大程度上授权，在整体上对于核心业务的单位应加强管控。

◇ 集团规模：集团发展初期，成员企业较少或基本分布在同一区域，集团有足够的能力和条件对成员企业实行相对较为紧密的集权型管控；当集团公司规模不断扩大时，决策链条延长，管理和协调的事务更加繁杂，就要求集团逐步向分权型管控模式过渡。

◇ 多元化经营程度：对于单一业务的下属单位可以加强管控程度，可采用运营型管控；随着业务种类不断增加，管控模式也应随之变化。

◇ 业务的国际化程度：若业务国际化程度较高，则应采取分权管控，可选择战略型管控模式和财务型管控模式。

◇ 领导风格：喜欢亲力亲为的领导者，会选择相对集权的管控模式；善于抓大放小的领导者，则会选择较为分权的管控模式。

◇ 经营业务重点：下属单位的经营业务重点偏向于资产经营的，应采用较为放权的管控模式，偏向于商品经营的，则应采用集权管控模式。

◇ 业务相关程度：对业务相关程度较高的下属单位可采用较为集权的管

控模式，对业务相关程度较低的下属单位可采用较为分权的管控模式。

◇ 日常生产经营管理事务所占比重：在下属单位的运作过程中，生产经营管理事务所占的比重较大，即越偏向于商品经营，则应加强管控力度；若生产经营管理事务占的比重较小，即越偏向于资产经营与管理，则可适当放权。

在具体应用中，可以根据某一集团公司的实际情况，综合分析考虑以上11个因素，从中选择重点影响管控模式的因素予以分析，确定适合该集团公司的管控模式。

为简单起见，也可以通过对战略重要程度、管理成熟度和资源匹配程度三个关键指标的评估，确定适合各下属单位的管控模式，如图1-16所示。

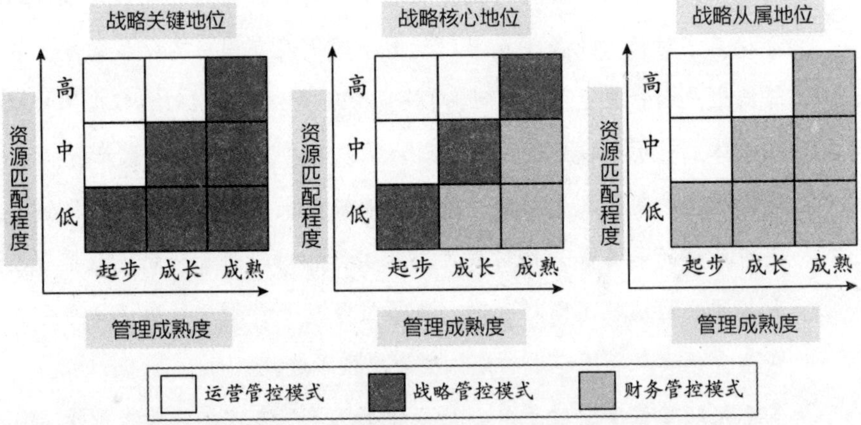
战略关键地位
战略核心地位
战略从属地位
资源匹配程度
高
中
低
起步
成长
成熟
管理成熟度
运营管控模式
战略管控模式
财务管控模式

图1-16　战略重要程度、管理成熟度和资源匹配程度与三种基本管控模式的匹配

理论上，集团公司管控模式有运营管控型、战略管控型和财务管控型三种常见的模式。现实中，集团公司管控模式可能是三种模式中的一种，也可能是几种模式的综合。企业的管控模式并不是一成不变的，它会随着集团的整体战略转型而进行动态调整。管控模式的设计也需要适应组织的发展特点和新的战略目标"与时俱进"。具体到特定的集团公司管控模式的确定与选择，需要根据集团的实际情况，结合经营情况、战略目标、业务走向等因素综合考虑，进行科学、合理的选择和规划。

1.4.2　管控模式确定方法

集团运营过程中，需要对可能影响集团管控模式的各种因素进行全面、系统的分析之后选择最适合的管控模式，并以此制定具体的管控实施策略。

根据集团公司管控模式选择的 11 个影响因素，采用专家打分法，对不同的因素赋予不同的分值，依据管控模式的影响因素，可清楚区分各单位的具体指标，将其量化，以便确定合适的管控模式。

具体操作为：邀请专家对各下属单位的不同维度的因素进行打分，然后将各维度的分数相加，便得到该单位的总分，如图 1-17 所示。

确定集团管控模式的具体步骤如下：

（1）企业集团选择外部集团管控方面的专家以及集团内部的高层管理人员，组成集团管控模式选择的专家小组；

（2）调研公司现状，对影响集团公司管控模式选择的各种因素进行深入分析；

（3）根据分析结果，按照图 1-17 所示，对各种因素进行专家打分；

（4）集团公司管控模式选择评价小组根据专家最终打分结果，判定出下属单位现阶段所适用的管控模式；

（5）根据集团总部的职能定位以及具体的管控模式，设计详细的管控实施细则，并从集团高层到基层全力推进集团管控的落地实施。

一种合理有效的管控模式，必须与企业内外部环境、管控特点、领导风格、市场分布和下属单位特征等诸多因素相匹配，以体现企业的特性，满足集团战略发展的需要，实现集团价值最大化。集团公司下属单位之间可能存在很大的差别，对集团公司战略目标的影响也不一样，单一的母子公司管控模式，可能不一定适合每一个下属单位，应该结合每个下属单位的具体情况，实施有差别的管控模式和管控策略。

因素＼分值	1	2	3	4	5	6	7	8	9	10	11	12	13	14	15	
集分权																分数越高，集权程度越低
战略重要程度																分数越高，下属单位战略重要程度越高
管理成熟程度																分数越高，下属单位管理成熟程度越高
集团母公司的管理要求																分数越高，越偏向于财务管控（只监控重要指标）
集团规模																分数越高，规模越大（人员、资产少，组织简单，规模较小）
多种化经营程度																分数越高，多元化经营程度越高
业务的国际化程度																分数越高，国际化程度越高
领导风格																分数越高，越偏向于授权型领导风格（对下属单位管理程度较低）
经营业务重点																分数由低到高，重点从产品到财务转移
业务相关程度																分数越高，业务相关程度越低
日常生产经营事务所占比重																分数越高，日常生产经营事务所占比重越低

将该单位的总分与此量化分值表进行比对，将落入某区间的企业划入相应的管控模式下

运营管控型	战略管控型	财务管控型
11~55	56~110	111~165

图 1-17 简单集团公司管控模式选择的量化模型

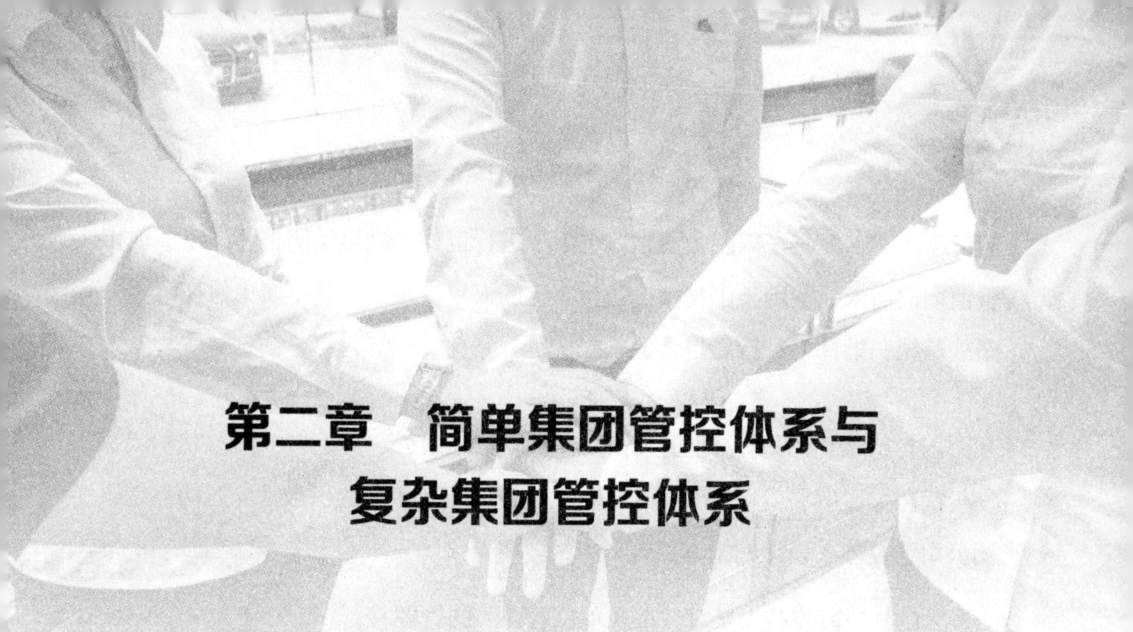

第二章　简单集团管控体系与复杂集团管控体系

无论是简单集团还是复杂集团，集团公司对其下属单位的管控主要分为三个层面：事前管控、事中监督、事后评价。

◇ 事前管控：集团公司要求各下属单位围绕集团总体战略进行自身战略设计，统一进行集团层面的制度和流程设计，统一下达计划和任务要求；

◇ 事中监督：集团公司对下属单位的管理水平、业务运作进行统一的战略规划，对运行过程进行监控，对资源配置效率进行评价，确保职能服务、生产管理和业务运作符合集团整体战略要求；

◇ 事后评价：每一个运营周期结束之后，集团对各下属单位的业绩和管理水平进行战略性评价，为后续发展奠定基础。

2.1　简单集团公司管控体系

集团公司管控体系是对集团公司与下属分 / 子公司和下属单位间权力分配和运作体系的概括与抽象。简单集团公司管控体系首先是对下属单位业务运作的管控，下属单位应以集团公司整体的战略要求为基础，结合自身职能特点进行具体业务的生产运作，一切服务于集团公司大局。其次是集团公司干预下属单位运作的理念、模式、制度，通过构建管控体系，进行顶层设计，从管理支持、业务运作和合规管理等方面，合理、合法地影响、干预下属单位经营管理的各项活动，使其在集团公司整体框架下进行运作，满足集团整体战略实现和价值增值需求，实现集团整体价值最大化的追求。最后，各下属单位在集团公司战略统一指挥下，行使具体的职能。

2.1.1 简单集团公司管控体系的基本认识和含义

集团公司既要管理好下属企业，又要调动下属企业的积极性。这两点是集团公司管控体系设计的根本目标。

2.1.1.1 管控首先是对“下属单位管理”的管理

管控是管理的管理，主要体现在三大方面：

◇ 首先是对下属单位自身业务运作的管理，以公司整体的战略要求为基础，结合自身职能特点进行运作（或提供生产运作的职能支持和服务），一切服务于集团公司大局；

◇ 其次是集团公司监控（对集合型简单集团）或干预（对一体化型简单集团）下属单位运作的理念、模式、制度，公司通过构建管控体系，进行顶层设计，从管理支持、业务运作和合规管理等方面，合理、合法地影响、干预下属单位的各项活动，使其在公司整体框架下进行运作，满足公司整体战略实现和价值增值需求，实现公司整体价值最大化；

◇ 最后公司本部各职能部室在公司战略统一指挥下，行使具体管理支持和服务的职能。

2.1.1.2 简单集团管控的终极目标是集团公司价值最大化

◇ 管控的最终目的是公司价值最大化，具体体现在公司本部作制度安排，从公司层面进行大方向、大格局的战略体系设计安排，将各下属单位的战略和运作纳入到公司整体框架中；

◇ 各下属单位基于公司本部的制度约束，在公司安排的既定轨道内运行和创新，以公司整体利益为重，为公司整体价值最大化服务；

◇ 集团本部各职能部室基于公司战略，提供具体管理职能的支持和服务。

2.1.1.3　管控使得“各下属单位经济”上升为公司整体的经济

◇ 公司和各下属单位，不是单纯的投资或资本关系，而是公司整体利益和价值协同效应的体现；

◇ 公司通过管控体系对各下属单位进行统一的管理和资源的整体配置，对公司绩效进行考核，使各下属单位强强联合、优势互补，实现公司整体协同效应。

通过管控体系设计使得整个集团公司成为战略核心型组织，如图2-1所示。

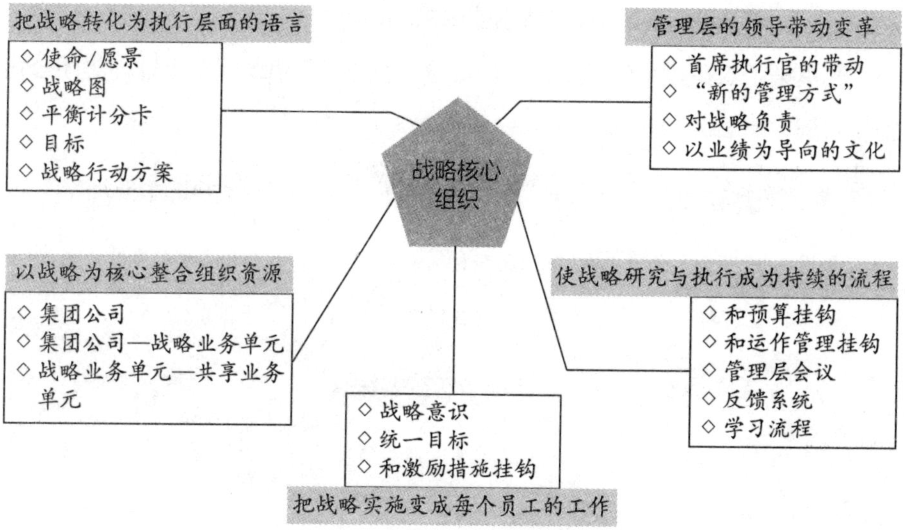
把战略转化为执行层面的语言
◇ 使命/愿景
◇ 战略图
◇ 平衡计分卡
◇ 目标
◇ 战略行动方案
管理层的领导带动变革
◇ 首席执行官的带动
◇ “新的管理方式”
◇ 对战略负责
◇ 以业绩为导向的文化
战略核心组织
以战略为核心整合组织资源
◇ 集团公司
◇ 集团公司—战略业务单元
◇ 战略业务单元—共享业务单元
使战略研究与执行成为持续的流程
◇ 和预算挂钩
◇ 和运作管理挂钩
◇ 管理层会议
◇ 反馈系统
◇ 学习流程
◇ 战略意识
◇ 统一目标
◇ 和激励措施挂钩
把战略实施变成每个员工的工作

图 2-1　战略核心型组织

集团总部提供附加价值主要通过以下五大职能来实现：

◇ 领导——包括制定集团战略方向，管理集团业务组合，建设集团企业文化，建立集团共同的愿景和价值观，确定并实施重要的投资并购活动，创建集团共同的运作政策、标准和流程，培育集团核心竞争力。

◇ 绩效获取——包括审核批准下属企业的战略目标，管理考核下属企业的绩效，监督和管理下属公司的财务状况，管理集团品牌，监控集团的运营风险。

◇ **资源调配与整合**——包括制定和实施下属企业间的资源共享机制，整合资金管理、市场营销渠道和供应链，核心人才和能力的培养。

◇ **关键的公司活动**——包括股东关系管理，对顾客、供应商、中介机构、协会、政府等公共关系管理，集团危机管理。

◇ **为集团公司运营提供服务和专家支持**——包括提供各种共享服务、信息技术支持、质量标准、保险、养老金管理、人事财务处理、政策咨询、教育与培训、国外服务等。

2.1.2 简单集团公司管控体系的追求和目标

简单集团管控体系的追求为：使得分 / 子公司各诸侯经济上升为集团公司整体经济，如图 2-2 所示。

管理效率最大化	多层主体一致化	协同价值最大化
前后一体： 使集团各分/子公司整体运作、管理高效	上下一心： 集团总部和各分/子公司紧密围绕集团战略，实现战略目标落地	左右协调： 集团各部门充分协调，协同运作，支持和服务于各分/子公司
资本放大有效化	**风险管理管控化**	**成本管理合理化**
价值增值： 公司整体进行资本放大、价值增值	风险可控： 围绕客户需求组织研发和生产，降低风险	成本合理： 加强精细化管理、控制成本

图 2-2 简单集团管控体系的追求

简单集团管控体系设计的目标为：面向市场、做强品牌、提高效率、创造价值，见图 2-3。

面向市场	做强品牌	提高效率	创造价值
能够通过不断创新提高质量，快速反应市场需求的变化	能够持续不断地做强品牌，完成品牌成长进位	能够通过多部门联动，提高内部管理效率	能够通过不断优化生产流程降低生产制造成本，通过职责明晰降低内部管理成本，从而创造价值

图 2-3 简单集团管控体系设计的目标

简单集团公司管控体系的目标是能够通过不断创新提高质量，快速反应市场需求的变化；能够做强品牌、完成成长进位；能够通过多部门联动，提高内部管控效率；能够通过不断优化流程、明晰职责，降低内部管理成本，从而创造价值。

2.1.3 简单集团公司管控体系设计的核心与本质

简单集团管控体系的核心是将总部各职能部室、多个分 / 子公司有机整合成整体，形成集团化运作（纵向指挥 + 横向联合），见图 2-4：

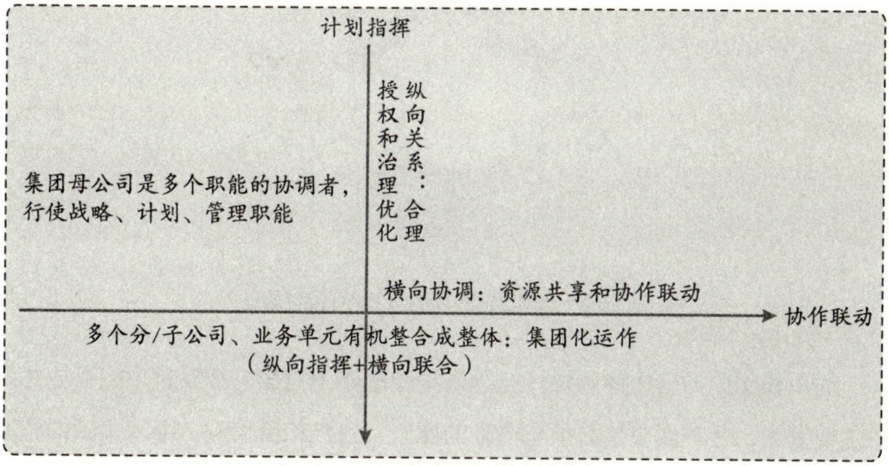
计划指挥
纵向关系：合理授权和治理优化
集团母公司是多个职能的协调者，行使战略、计划、管理职能
横向协调：资源共享和协作联动
协作联动
多个分/子公司、业务单元有机整合成整体：集团化运作
（纵向指挥+横向联合）

图 2-4 简单集团管控体系的核心

◇ 纵向关系：合理授权和治理优化；

◇ 横向协调：资源共享和协作联动；

◇ 集团母公司是多个职能的协调者，行使战略计划和管理支持职能，高度集中，纵向管控，实现合理授权和治理优化；集团公司各职能部室在公司战略指导下行使具体的管理支持职能；

◇ 下属单位运作上受到公司调度和安排，不只是某个业务的运营平台，还是横向协同者，实现资源共享和协作联动；下属单位在集团公司战略指导下行使具体的管理职能，并遵照集团公司的计划安排运行，完成集团公司下达的运营任务。

简单集团公司管控体系本质上是通过“管控体系设计”这只“看得见的手”，降低管理成本，在下属单位之间强化统一协调能力，实现集团整体价值最大化，确保集团公司战略与各下属单位的运营和执行无缝对接，提升战略执行力。

2.1.4 简单集团公司管控体系设计的原则和思路

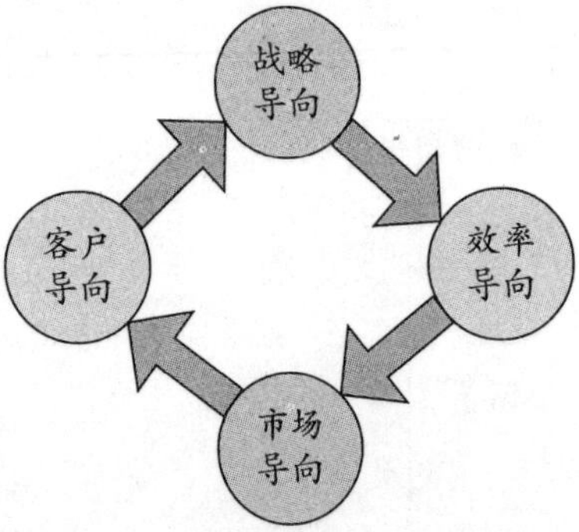
战略
导向
效率
导向
市场
导向
客户
导向

图 2-5 简单集团公司管控体系设计原则

简单集团公司管控体系设计必须以集团战略为先导。战略是决定管控体系的主要因素，各下属单位必须有清晰的愿景、目标和价值观，围绕集团的核心竞争力，建立从外部市场客户需求开始到内部组织结构和价值流转的一条完整的企业动态价值链。简单集团公司管控体系设计要将效率作为关注的焦点，不能简单地站在内部业务模块的角度来设计，必须围绕集团的核心竞争力用流程重组和制度约束的方式将集团内部的动态价值链衔接起来，达成集团的战略目标。在规划未来管控体系设计的方向时，应该以战略目标实现和集团价值创造以及效率提升、满足客户需求为主要原则，建立有效的、切实可行的管控体系。

简单集团公司管控体系设计应以战略为统领，设计出管控有度、组织高效、责权明晰、流程规范、制度科学、业绩管理体系优化、企业文化先进的集团化管控体系，从而全面提升集团管控水平。战略实施过程需要追求授权、职责定位、责权体系、制度、流程、资源配置和运作以及业绩管控体系等方面的高效性、一致性和匹配性。在集团战略的统领下，进行管控模式的选择和管控分权界面设计。管控体系由多个管控子体系复合而成，管控子体系包括职能分权界面、控制子体系以及职能实现的支撑体系，具体设计如下图 2-6 所示。

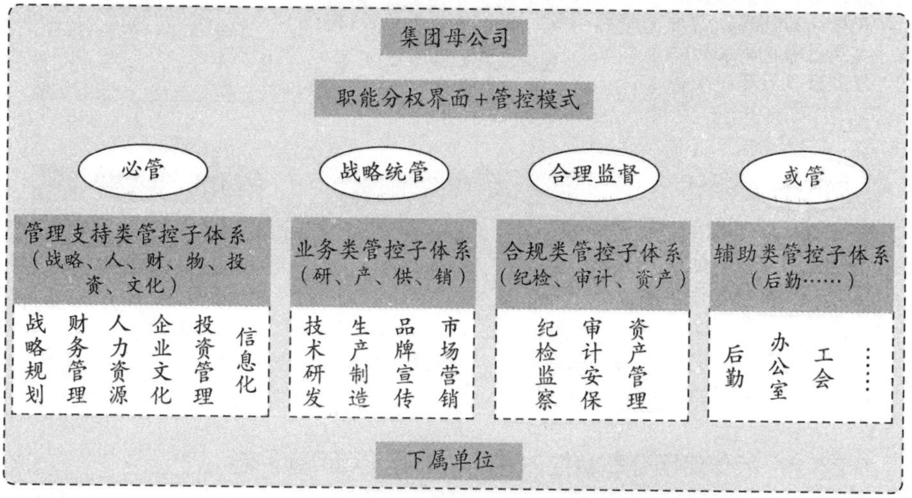
集团母公司
职能分权界面+管控模式
必管
战略统管
合理监督
或管
管理支持类管控子体系（战略、人、财、物、投资、文化）
业务类管控子体系（研、产、供、销）
合规类管控子体系（纪检、审计、资产）
辅助类管控子体系（后勤……）
战略规划
财务管理
人力资源
企业文化
投资管理
信息化
技术研发
生产制造
品牌宣传
市场营销
纪检监察
审计安保
资产管理
后勤
办公室
工会
……
下属单位

图 2-6 简单集团公司管控体系设计思路

管理支持类管控子体系是最核心的管控子体系，包括对战略、财务、人力资源等方面的管理，是管控的重中之重，是必须管理的。业务类是核心子体系，应该对其进行战略统管。合规类管控子体系对其进行合理监管即可。辅助类管控子体系包括对办公室、后勤部等部门管理的管理，因此，保持一般程度的管控即可。此外，高效的管控体系离不开管控机制的建立和信息化体系的支撑。同时，集团公司还应加强文化建设，提高公司士气，提升整个集团内部的领导力、执行力以及员工的责任心和积极性等。

2.1.5 简单集团公司管控体系要回答的问题

简单集团管控体系的设计要回答“为什么需要管控？管控什么？谁来管？管到什么程度？如何管控？如何管出高效？”等一系列问题（见图 2-7），从而实现责权利的有机结合。其中，明晰的业绩管理体系是关键。

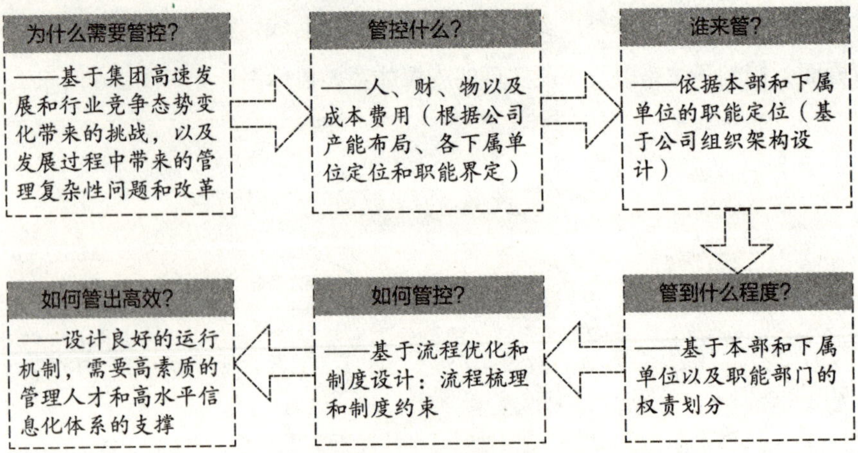
为什么需要管控?
——基于集团高速发展和行业竞争态势变化带来的挑战，以及发展过程中带来的管理复杂性问题和改革
管控什么?
——人、财、物以及成本费用（根据公司产能布局、各下属单位定位和职能界定）
谁来管?
——依据本部和下属单位的职能定位（基于公司组织架构设计）
管到什么程度?
——基于本部和下属单位以及职能部门的权责划分
如何管控?
——基于流程优化和制度设计：流程梳理和制度约束
如何管出高效?
——设计良好的运行机制，需要高素质的管理人才和高水平信息化体系的支撑

图 2-7　简单集团公司管控体系要回答的问题

2.1.6　简单集团公司管控体系的权限界定和风险控制

简单集团公司管控主要通过业务管控部门对下属单位的日常经营运作进行直接管控，核心功能为资产管控和经营管控。通过集团公司的业务管控部门对下属单位的营销、技术、人力资源、新业务开发等日常经营运作进行直接管控，强调集团经营行为的统一、整体协调成长。具体权限界定如表 2-1 所示：

表 2-1　简单集团公司母公司与下属单位权限界定

权限界定	详细内容
战略规划权	集团公司组织制定总战略，下属单位组织实施
制度优化权	各种经营管控制度均由集团公司相关部门组织编制并审批
品牌、文化管控权	集团公司统一管控品牌形象
物资采购权	规定额度以下，报下属单位职能部门审批；额度以上，报集团公司职能部门审批，如资产购买与处置、技术改造等重大决策均由集团公司审批
投资决策权	1. 集团公司负责行业 / 市场研究，进行投资决策； 2. 下属单位对外投资、产权转让、资产重组、收购兼并等重大决策均由集团公司审批

续表 2-1

权限界定	详细内容
经营计划和费用预算权	1. 通过“资产经营责任书”下达经济效益指标； 2. 对关键绩效指标、销售收入、利润、市场占有率、应收账款、预付账款等进行跟踪控制，并纳入对下属单位的考核范围； 3. 制定与下属单位长期持续发展相关的管控指标考核（如新品开发），并纳入对下属单位的考核范围
业务控制权	1. 集团公司相关业务部门对控股下属单位的营销、技术、人力资源、新业务开发等日常经营运作进行直接管控，强调公司经营行为的统一； 2. 下属单位严格执行月度经营分析报告制度和重大事项汇报制度
人事权	1. 集团公司人力资源部制定集团公司统一的人力资源政策与管控制度，并贯彻实施，会同集团公司领导对下属单位主要经营者进行任免、考核； 2. 集团公司人力资源部门会同财务部对其下属公司的财务负责人进行任免考核奖惩，并将考核重心下延至下属单位的职能部门； 3. 集团公司部门经理、副经理和分公司经理、副经理的任免、考核、激励由集团公司相关部门负责； 4. 下属单位的工资总额由集团公司统一核定，每月报送工资报表清册； 5. 对下属单位的人员配置及劳动工资从总量上进行管控
财务控制权	1. 其下属控股公司的财务经理实行集团公司委派制；其参股公司的总会计师、财务经理由该公司总经理选聘，由集团公司进行资质认证； 2. 在财务支出权上，给予分公司一定的日常经营支出权限，下属单位在预算范围内具有自主权； 3. 集团公司每季度对下属单位的财务支出进行审计，通过预算控制总支出和分项支出，并严格执行有关管控制度； 4. 下属单位每月初向总公司财务部报送财务报表及财务状况说明书； 5. 下属公司的财务报告，由其财务总监每月报送集团公司相关部门及领导

权限界定清晰是为了减少风险。集团管控过程中可能存在的风险包括：

◇ 管控模式选择不当，导致下属单位不能有效地支持集团整体战略，不能动态适应环境和业务的变化；

◇ 集团公司的总部职能定位不清，集团公司和下属公司的不断博弈使得管控和沟通成本提高；下属单位生产经营自主权较小，集团公司随意干涉下属单位内部事务等；

◇ 下属单位排斥集团公司对其进行管控，对集团公司的一些战略规划和重大问题决策阳奉阴违，不向集团公司报备重大事项决定，甚至对集团公司弄虚作假，用假象蒙蔽集团公司。一旦下属单位出现问题，则逃避责任，将风险上移至集团公司；

◇ 存在信息不对称、母公司与下属单位互相推诿扯皮、回避责任的问题。

集团公司不仅要建设好自身的风险管理体系，同时要管控好下属单位的风险管理体系，对下属单位存在的风险放大、交叉和传递进行规避和控制。

2.1.7 简单集团公司管控体系的基本内容

简单集团管控体系设计的基本内容分为两个层面、两个循环（见图 2-8）：

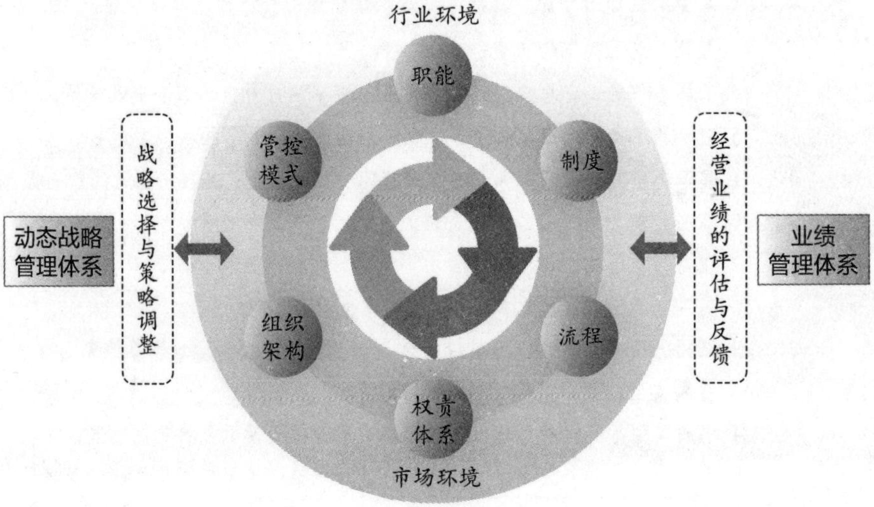
行业环境
职能
管控模式
制度
组织架构
流程
权责体系
市场环境
战略选择与策略调整
动态战略管理体系
经营业绩的评估与反馈
业绩管理体系

图 2-8 简单集团公司管控体系

◇ 第一层面（外循环）：以集团战略为出发点，以业绩为有效支撑，建立动态的战略管理体系以及完善的业绩管理体系的良性循环；

◇ 第二层面（内循环）：依据战略目标进行管控模式选择、管控职能界面界定、组织结构优化、权责体系设计、企业流程梳理和制度体系建设等各模块的设计与优化。

整个管控体系以企业文化建设为推行保障，以风险管控为着眼点，以信息化体系为运行基础，并依据战略目标和业绩的评估与反馈进行不断完善。

简单集团公司管控体系是一个以战略为导向、以职能界面和组织结构为框架、以内部风险管控为核心、以流程和制度为基础、以业绩管理为手段、以企业文化建设为保障、以信息化技术为支撑的动态系统。

为设计和建立简单集团公司管控体系，集团公司应深入分析集团运营现状，确定集团母公司和下属单位的职能定位；根据集团内外部特征以及不同下属单位的特点，确定最佳管控模式；以整体战略为先导，设计适应管控模式的组织结构方案；依据战略和管控模式，设计下属单位的权责利体系和岗位体系；根据重要性、差异性原则，优化管理支持流程和关键业务流程；根据管控模式和流程优化，建设制度体系，确保集团整体战略目标的实现；最后，集团公司应根据整体战略目标，设计和完善业绩管理体系，并对战略实施效果进行评估，具体如图 2-9 所示。

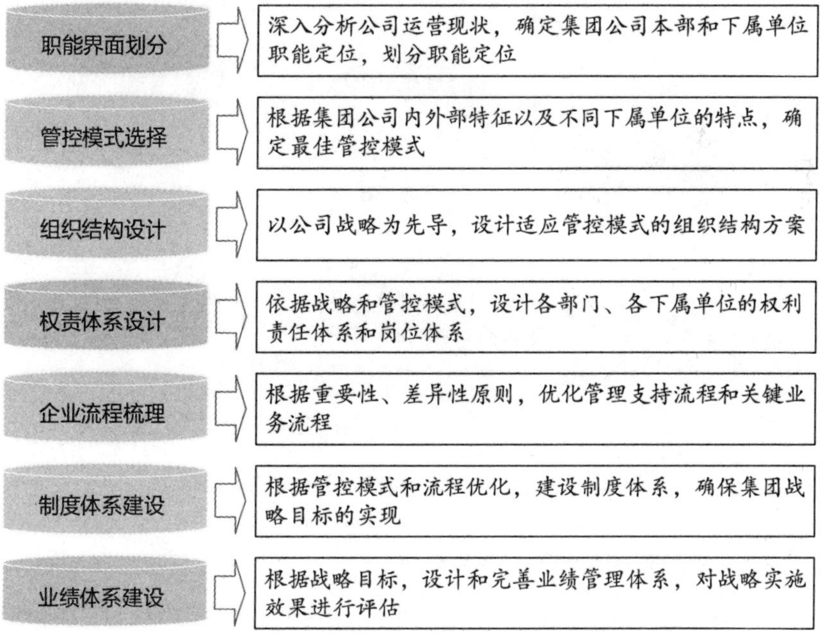
职能界面划分
深入分析公司运营现状，确定集团公司本部和下属单位职能定位，划分职能定位
管控模式选择
根据集团公司内外部特征以及不同下属单位的特点，确定最佳管控模式
组织结构设计
以公司战略为先导，设计适应管控模式的组织结构方案
权责体系设计
依据战略和管控模式，设计各部门、各下属单位的权利责任体系和岗位体系
企业流程梳理
根据重要性、差异性原则，优化管理支持流程和关键业务流程
制度体系建设
根据管控模式和流程优化，建设制度体系，确保集团战略目标的实现
业绩体系建设
根据战略目标，设计和完善业绩管理体系，对战略实施效果进行评估

图 2-9　简单集团管控体系的基本内容

2.2 复杂集团公司管控体系

现代企业，特别是互联网科技的快速发展和深入应用彻底颠覆了传统时代的管理理论。在组织形态上，除了科层制下的正三角组织，还有以用户为中心的倒三角组织（如京瓷集团）、平台型组织（如海尔集团）等多种组织结构。传统企业集团管控模式的三分法也越来越不适应现有企业在互联网时代多样化、复杂化、先进化的发展趋势。究其原因，主要在于传统集团公司广泛采用以科层制为主的组织形式，顺应科层制组织的需要而诞生的财务管控、战略管控和运营管控强调企业集团总部对分 / 子公司及其下属经营单位的管理，即自上而下的管控模式，而以倒三角、平台型、生态型为主导的集团组织结构发生的新变化和新革命对集团管控模式又提出了新的需求。具体而言，平台型管控在以用户为中心的部分倒三角组织和平台型组织中更为适用。为此，本书中对复杂集团管控体系作了新的分类，见图 2-10。

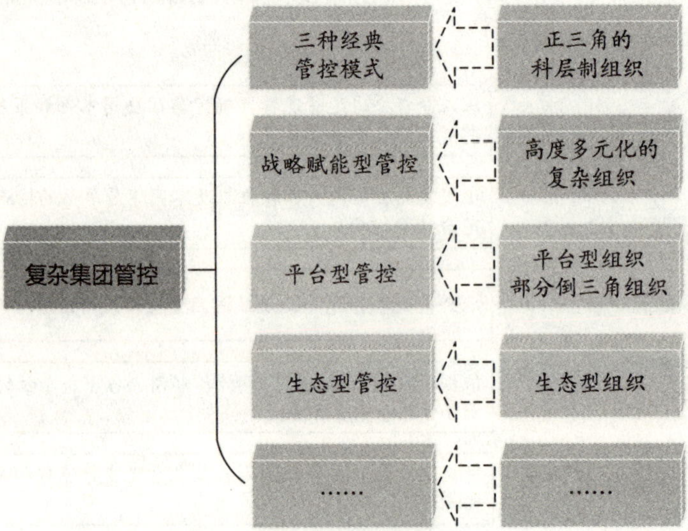
复杂集团管控
三种经典
管控模式
正三角的
科层制组织
战略赋能型管控
高度多元化的
复杂组织
平台型管控
平台型组织
部分倒三角组织
生态型管控
生态型组织
……
……

图 2-10 复杂集团管控体系的主要类型

2.2.1 复杂集团公司管控体系概述

云计算、大数据等信息技术交融渗透，改变着人们的生活，在为全球经济注入活力的同时，也给组织变革带来了巨大的推动力。随着中国经济的高速增长和技术的不断创新，企业组织在市场、技术和人才领域等方面出现新的特征，呈现出不同于以往时期的新特点和新趋势，如图 2-11 所示。

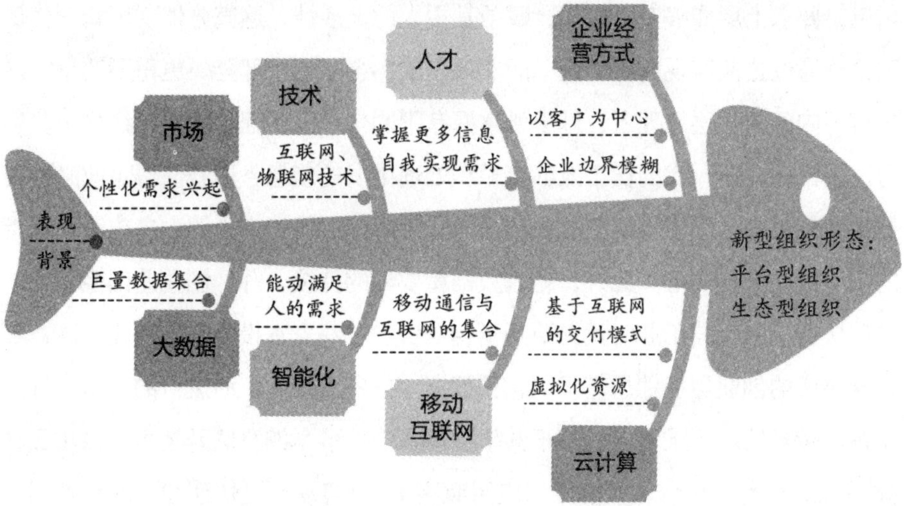
企业经营方式
人才
技术
市场
以客户为中心
掌握更多信息
自我实现需求
企业边界模糊
互联网、
物联网技术
个性化需求兴起
表现
背景
新型组织形态：
平台型组织
生态型组织
巨量数据集合
能动满足
人的需求
移动通信与
互联网的集合
基于互联网
的交付模式
虚拟化资源
大数据
智能化
移动
互联网
云计算

图 2-11　新型组织形成背景

首先，在市场领域，组织外部的用户需求正在发生快速变化，个性化消费逐渐兴起，市场的不确定性与日俱增，用户希望通过市场交易满足其多元化、个性化的需求，而不仅是满足一般性的独立需求。此外，共享经济的迅速发展，改变了用户满足需求的方式。同时，随着制造能力的进一步提升，以及市场供需双方的信息不对称性逐渐削弱，用户需求将进一步主导产品的未来发展方向，进而改变供需双方在市场交易中的地位。

其次，在技术领域，大智移云时代呈现出新的特点。技术的突飞猛进为其他领域的革新提供了基础和保障。新技术及其应用不断降低交易成本，为大数据、深度学习等技术发展奠定了基础；同时，以云计算为代表的开放式架构技术也初露峥嵘，引发各行业对于共享和协作的无限遐想，如引入互联网技术和物联网技术的物流体系，通过减少中间多余流通环节，估计可以为商家节省约 20%~30% 的物流成本。另一方面，通过云计算等实现各业务之间的数据共享，从而不断实现交易的精确化，并且催生新型交易。因此，技术改变的不仅是人们交易的方式，还有人们构建交易的方式。

最后，在人才领域，相较于老一辈员工，新一代的员工希望在较短的时间内实现自我成就，最大化个人价值。因此，他们更希望老板扮演“辅导者”的角色，要求上层能够充分放权，赋予其更大的灵活性，这充分体现出新一代员工希望通过企业实现自我价值，而非只是成为企业的一部分。更重要的是，过去组织内部的中层管理者，基于所掌握有限的信息去管理和领导一线员工。但与过去相比，新一代的员工能够接触和处理更多的信息，这就使得企业必须要把决策权进一步向市场的前端去转移。华为“让听得见炮火的人来决策”所指的正是这样一种情形。此外，随着数据重要性的持续上升，创业的门槛和成本也在快速下降。与工业时代主要基于物质资产（高资本投入）的创业不同，互联网时代的创业更多地是基于创意和数据（低资本投入）而进行的，这就导致了越来越多的社会成员可以基于共享、高效、低成本的互联网技术平台（云计算平台）和商业平台（如淘宝和应用商店），更容易、更快速地启动新业务、创立新公司，并在很短时间里就有可能获取全球的上亿用户。

市场、技术及人才领域的新趋势，将显著改变企业的经营方式。为积极应对市场变化，企业需要以客户为中心，通过各种举措来充分了解客户需求，与消费者共同创造价值。在新技术手段的支持下，企业内外部的互动更加直接，企业与市场的边界变得越来越模糊；同时，无论是在内部还是在生态成员间，相互之间的协同将变得越来越频繁和高效。人才领域，员工希望企业的长远目标能够与员工个人的价值实现和成功有机联系在一起，渴望进入走向成功的发展快车道。企业会顺应这种趋势甚至会与员工建立起类似风险投资形式的合作关系，使得快速成功成为可能。

企业经营方式上的变化不可避免地对组织结构提出了新的变革要求，使得传统的企业组织结构受到了严峻的挑战。在新的环境和管理理念下，企业开始探索新的组织形式，如战略赋能型组织、平台型组织和生态型组织等。战略赋能型组织仍属于传统的科层制组织，科层制（又称官僚制）是建立在马克斯•韦伯的组织社会学的基础上的，它体现了德国式的社会科学与美国式的工业主义的结合。按照通行的解释，科层制指的是一种权力依职能和职位进行分工和分层，以规则为管理主体的组织体系和管理方式。也就是说，它既是一种组织结构，又是一种管理方式。科层制组织作为目前为止最成熟的组织形式，其特征是“分部—分层”“集权—统一”和“指挥—服从”，法约尔的五大管理职能仅局限于组织内部的职能活动。战略赋能型组织和传统的运营、财务、战略管控模式略有不同，强调对战略的宏观把控和对下属企业的赋能，在国内很多传统的大型复杂集团中应用较为普遍。

随着科技的发展，企业的现代化进程日新月异，传统的科层制组织已不适应当代企业形式多样化的需求，而互联网时代诞生的平台型组织，打破了传统科层制组织的边界，连接了两边或多边（人才、资源、市场机会等）实现价值创造。此外，平台型组织打破了传统的科层设置，使人才、资源与市场机会直接对接，创造单独一方无法创造的价值，如平台型组织通过设定规则、提供支持系统、设计机制吸引各方资源，孵化创业，形成新的业务和企业。总的来说，同科层制组织相比，平台型组织具有两大优势：一是聚集内外资源的网络效应；二是应对市场变化的演化能力。科层制组织与平台型组织的区别，详见表 2-2。

表 2-2 科层制组织与平台型组织的区别

	科层制组织	平台型组织
组织形态	正三角组织	网状组织
管理流程	以企业为中心	以用户为中心
理论基础	科学管理理论、科层制理论、一般管理理论	组织生态理论、资源基础理论、动态能力理论
特点	分部和分层、集权和统一、指挥和服从	零距离、去中心化、分布式
适用时代	前三次工业革命	互联网时代
组织内成员	高层、中层、基层领导和员工	创客、小微、平台主
成员单位关系	母子关系	伙伴关系
企业角色	产品 / 服务提供者	价值创造者
驱动方式	效率驱动	创新驱动

注：根据公开资料整理

具体来讲，应时代而生的平台型组织和科层制组织相比有很多优点，主要包括：第一，能够多方向、多触角地寻找和探索生存机会和生存方式；第二，灵活机动、敏捷应对市场和环境的变化；第三，借助内部组织机制的连接和重组，可以实现创客、小微和平台结构的优化和总体竞争力的提高；第四，每个小微、创客自主与外部合作，使组织边界消失，增加了企业的开放性和弹性，易于扩大规模和实现业务的迅速增长；第五，平台型组织可以为企业带来新的竞争优势，如通过低成本试错进行快速创新。

但是，平台型组织也有其局限性，这种组织模式不太适应同质化、规模化的市场（这种情况下客户的需求个性化程度一般较低），也不适合价值流连续、各环节不易分离的产业。一般而言，平台型组织发展到一定程度便会向更高阶段的生态型组织转变。许多研究都认为，新组织将向构建组织生态体系和网络组织转变，把传统的结构化层级转变为高度授权的团队网络结构，而灵活性是未来新组织的典型特征。

后面的章节，将对战略赋能型管控体系、平台型管控体系和生态型自管控体系进行分别论述。

2.2.2 战略赋能型管控体系

战略就是用来发展核心竞争力，获得竞争优势的一系列综合的、协调性的约定和行动[①]。战略管理不仅涉及战略的制定和规划，而且包含着将制定出的战略付诸实施的管理，因此，是全过程的管控体系。战略管理还是一种动态的管控过程体系，它需要根据外部环境和内部条件的变化，以及战略执行结果的反馈等相关信息，重复进行新一轮的战略管理过程。因此，除了战略规划外，如何使战略落地，并在战略实行中，针对出现的问题进行战略思考，乃至对战略做出适当修正是重要的。

对复杂集团公司而言，集团业务是非相关多元化的，集团公司需要在战略上进行统一部署和安排，各利润中心在集团战略的指导下，具体负责各自利润

① 希特．战略管理：概念与案例 [M]. 北京：中国人民大学出版社，2017.

中心的经营运作。集团则通过“集团多元化、利润中心专业化”的经营模式解决多元化和专业化的矛盾。并按业务归类，根据业务性质、行业等因素为不同性质的业务成立专业化的一级利润中心，由集团母公司直接管理。根据集团业务复杂程度，一级利润中心可以下设二级利润中心、三级利润中心等等，最低一级利润中心管理包括分 / 子公司、一线业务单元在内的下属单位，如图 2-12 所示。

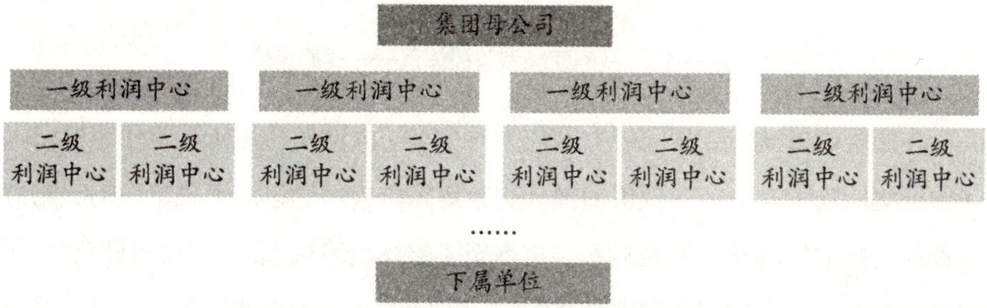
集团母公司
一级利润中心
一级利润中心
一级利润中心
一级利润中心
二级利润中心
二级利润中心
二级利润中心
二级利润中心
二级利润中心
二级利润中心
二级利润中心
二级利润中心
……
下属单位

图 2-12　战略赋能型集团的组织层级结构

集团公司业务可能涉及多个行业，业务特点也各不相同，集团总公司只负责对各一级利润中心进行宏观管理，从战略规划、任免一级利润中心高管、内部审计、管理提升等几个方面实施管控，确保资产保值增值。通过对下属单位赋能，达到持续提高管理水平的目的。因此，本书把这种管理模式称为“战略赋能型管控”。

由于行业情况千差万别，所以集团母公司只负责宏观制定统一格式，不会为各个一级利润中心具体决定报表内容，利润中心需要自己去理解，从一个统一的格式细化出符合行业专业化管理需要的内容，灵活运用集团管控体系为自己不断变化的经营情况实施个性化管理。

战略赋能型管控模式以战略为核心，在保证集团母公司管控地位的同时高度分权，给予下属单位很大权限的灵活性和自主性。在战略赋能型管控模式下，集团母公司是战略决策和投资决策中心，关注总体战略制定、落实和实施以及执行，监督集团战略目标得以实现，并兼顾业务组合的战略优化、投资业务的协调发展以及战略协同效应，如图 2-13 所示。

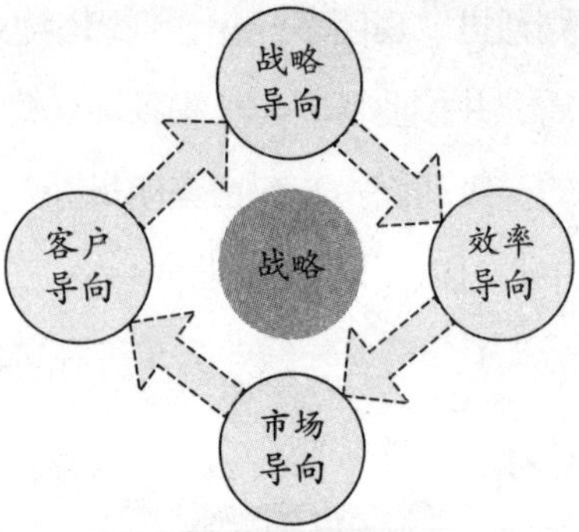
战略
导向
客户
导向
战略
效率
导向
市场
导向

图 2-13 战略赋能型管控体系——战略定位

在此管控模式下，集团母公司作为一个掌舵人的角色来指挥整体方向，为了保证集团及下属单位实现价值最大化，集团母公司通过对下属单位的战略进行管控，制定集团整体发展战略，负责集团整体战略规划，注重战略控制。下属单位在此基础上制定各自的战略规划，确定本业务领域的目标及方案，并上报集团母公司审核，确保与集团整体战略相匹配。

战略赋能型管控体系以公司整体战略为核心，通过战略规划体系构建整体战略，通过业绩评价体系、管理者考评体系以及商业计划体系执行、落实战略目标，并通过管理报告体系和内部审计体系对战略的实施进行有效监控，如图 2-14 所示。具体而言：

◇ 作为战略构建工具，在战略规划体系方面，集团公司层面负责集团整体战略的制定、审议和修改，以及战略指导下的投资审核决策及管理。利润中心层面参与战略制定、审议及修改并负责战略的落地、细化和执行；

◇ 作为战略落实工具，在商业计划体系方面，集团公司层面负责在战略指导下制定整个集团层面的长期商业规划，利润中心层面则负责具体的实施方案，制定年度商业预算及商业计划；

◇ 作为战略执行工具，业绩评价体系的作用一是进行战略导向的多维度评价，二是以评价指标驱动战略执行。管理者考评体系作用主要有二：

一是明确战略执行责任，二是保障战略有效实施；

◇ 作为战略监控工具，管理报告体系强调战略管理水平不断提升，依据行业分析和标杆比较，监测战略的落地执行。内部审计体系的主要内容是监督战略实施过程中的合规、预算的完成，以及风险的控制。

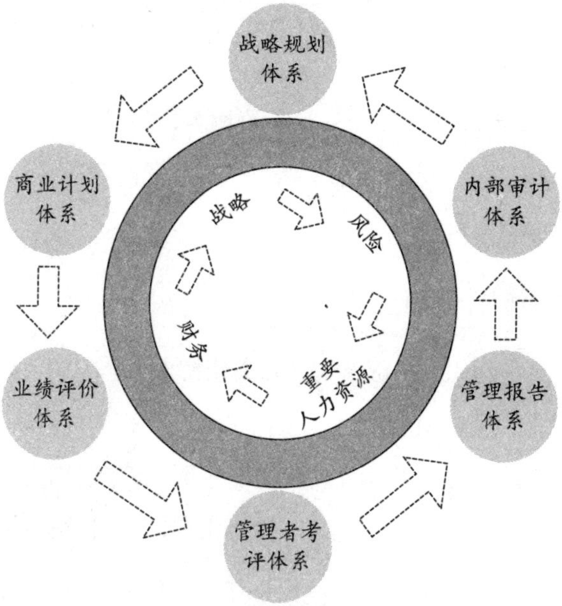
战略规划
体系
内部审计
体系
管理报告
体系
管理者考
评体系
业绩评价
体系
商业计划
体系
战略
风险
重要
人力资源
财务

图 2-14　战略赋能型管控体系的基本内容

战略赋能型管控模式下，集团母公司将大部分权力下放到下属单位，在保证集团母公司领导地位的同时，充分发挥下属单位的主观能动性，广受大多数跨国集团公司青睐。

2.2.3　平台型管控体系

目前，互联网正步入新阶段，“大智移云”时代已经来临。“大智移云”是指大数据、智能化、移动互联网和云计算交融渗透的时代，是把大数据、云计算、物联网综合到一起，是产业互联网的重要技术载体和推动力。

◇ 大数据指无法在一定时间范围内用常规软件工具进行捕捉、管理和处理的数据集合，是需要新处理模式才能具有更强的决策力、洞察力和流程优化能力，从而拥有海量、高增长率和多样化的信息资产；

◇ 智能化是指事物在网络、大数据、物联网和人工智能等技术的支持下所具有的能动地满足人的各种需求的属性；

◇ 移动互联网则将移动通信和互联网二者结合起来形成一体，一般是指互联网的技术、平台、商业模式和应用，与移动通信技术相结合并进行商业实践的总称；

◇ 云计算是基于互联网的相关服务的增加、使用和交付模式。通常涉及通过互联网来提供动态、易扩展、且通常是虚拟化的资源。

“大智移云”时代，为企业利用资源创造了条件，企业开始从封闭变得开放，网络化的平台型组织应运而生。

2.2.3.1　平台型组织的内部结构、分类和特点

一般而言，平台型组织由大、中、小平台、小微和创客组成，详见图 2-15。大平台通常指集团总部，大平台和传统正三角形式的科层制组织结构、功能不同，大平台主要目标是把握市场趋势和经济走向，根据当前形势和企业自身状况，不断设定有针对性的、宏观的目标，并通过各个环节，组织各部门，清楚地传达至全公司，以更好地贯彻领导层的理念，从而推动更好地实现企业的价值和目标，并把握整体方向。

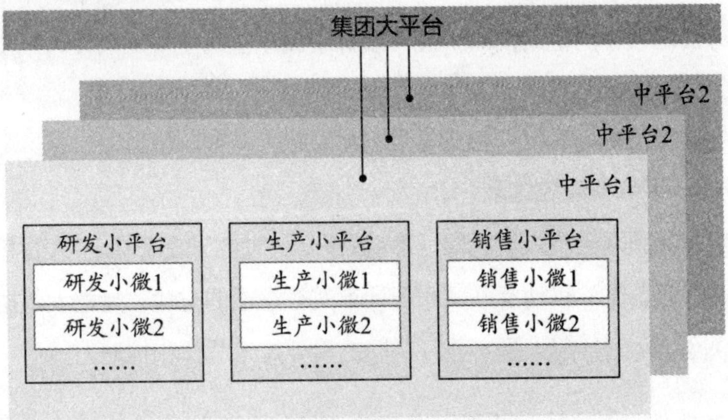
集团大平台
中平台2
中平台2
中平台1
研发小平台
研发小微1
研发小微2
……
生产小平台
生产小微1
生产小微2
……
销售小平台
销售小微1
销售小微2
……

图 2-15　平台型组织的内部结构

根据地域、职能等的不同，大平台上又可分为多个中平台。中平台属于参谋角色，主要履行组织、协调和服务职能，为小前端提供服务和资源，并作为前后端、上下级之间的过渡与辅助，在整体运行中十分关键，承担在平台型组织中，帮助、指导并协调前端的任务。中平台上根据流程等又可分为多个小平台，如研发、销售、服务小平台等等。

平台型组织中直接接触用户的部分，我们称为自主小前端，也是最基本的单元——创客和小微。创客是平台上的独立个体，通过竞争上岗，按单聚散，选择小微主，组成小微创业企业；小微由创客组成，主要通过与客户进行直接沟通和交流，采用研发、制造、销售等手段，创造需求，创造市场，从而创造企业价值。

平台型组织一般采用两种分类方法：

第一种分类方法是根据本书前面简单集团和复杂集团的定义，将平台型组织划分为简单平台型组织和复杂平台型组织，如表 2-3 所示。简单平台型组织，一般而言分为两种类型：一种是只有一个大平台，大平台上的创客和小微直接面对客户，进行无差别的经营活动，大平台主设立一定的规则对这些创客和小微进行直接管理，如淘宝。这种平台型组织有时可看作是复杂平台型组织的一个中平台，如上图。另一种是在一个大平台上有多个相似的中平台（有学者将其称为分布型组织），这些中平台一般按照地域等进行划分，每个中平台的业务相似且较为单一，大平台主对中平台的管控采用单一化的管控方式，如“滴滴”是一个大平台，每个省的业务是一个中平台，根据大平台制定的规则负责中平台的运作。而复杂平台型组织则是指，在一个大平台上有多个中平台，这些中平台各自经营不同业务，采用多样化的管理方式，如阿里巴巴上的中平台有淘宝、蚂蚁金融等。因此，从一定程度上来说，简单平台型组织可以看作是复杂平台型组织的一个部分，其管控方式相当于复杂平台型组织对一个中平台的管控，因此，本书不作过多介绍。

第二种分类方法来自波士顿咨询公司和阿里研究院[①]，根据实验带来的价

① 波士顿咨询公司，阿里研究院．平台化组织：组织变革前沿的“前言”[EB/OL]. https://

值和实验成本两个维度，对企业进行环境评估后，将平台型组织分成三种类型，分别是：实验型平台组织、混合型平台组织和孵化型平台组织。这样分类的原因在于平台型组织通过进行实验，来寻找客户不断变化的需求方向，实现对客户需求的精准把握，从而获得市场致胜的机会。然而不同市场环境有各自的特性，一种平台型组织形态不能适用全部的市场环境，在不同环境中，企业进行创新尝试的成本及价值有所不同，其适合采用的平台型组织机制也有所不同。

表 2-3　简单平台型组织和复杂平台型组织

	简单平台型组织	复杂平台型组织
业务类型	单一化	多元化
业务间关系	高度相似化	差别化
管理流程	统一管理	差别管理
平台组成	单一大平台或根据地域等划分的多个中平台	多个不同业务的中平台

在实验成本较低且通过实验能大幅提升业务价值的环境中，组织会演进为实验型平台组织，通过全面尝试来获取市场致胜机会；若在实验成本较高的环境中，实验型平台组织会演进为混合型平台组织，前端业务的发展更加具有选择性；而如果创新实验只是带来部分增量价值，实验型平台组织就会转变为孵化型平台组织，如图 2-16 所示。

图中根据实验带来的价值（带来部分增量价值 / 大幅提升业务价值，由市场不确定性、市场可塑性、业务起点三个因素共同作用）以及实验成本（受客户数量、资产运作模式的轻重影响），可将市场环境划分为传统组织、实验型组织、混合型组织、孵化型组织四大类，其中实验型组织、混合型组织、孵化型组织三类环境适宜发展平台型组织。基于各市场环境的禀赋和特征，会有适应于该环境下发展的组织形式。需要特别说明的是，这种分类是基于行业的市场环境推导而来，而目前许多企业都在进行积极的平台型组织设置的尝试，但由于很多企业都是多元化经营，面临的市场环境复杂多样，故不能简单地将企

i.aliresearch.com/file/20161017/20161017154133.pdf, 2016-10-17.

业的尝试归纳为某一类型，因而，在一些集团企业存在多种类型平台组织并存演化的情形。

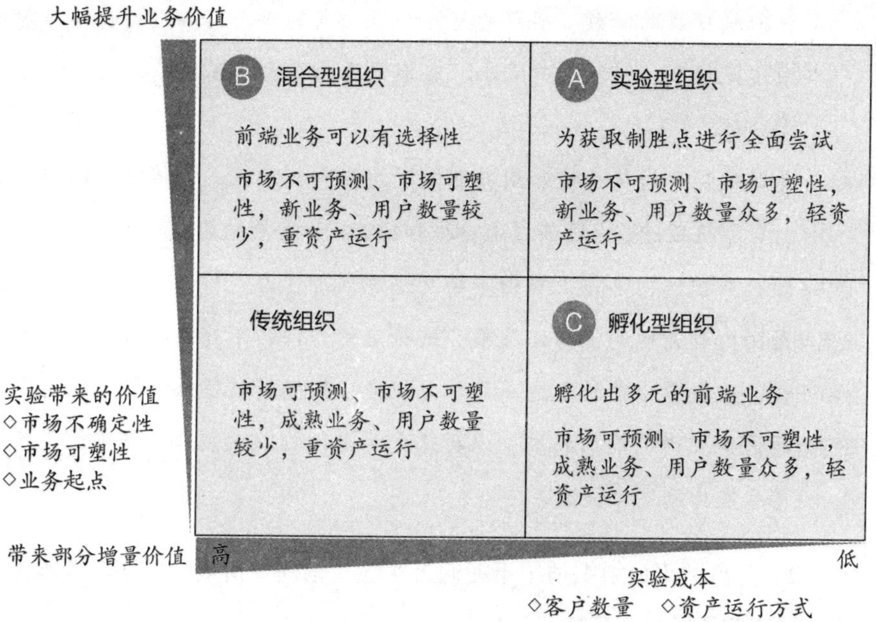
大幅提升业务价值
B 混合型组织
前端业务可以有选择性
市场不可预测、市场可塑性，新业务、用户数量较少，重资产运行
A 实验型组织
为获取制胜点进行全面尝试
市场不可预测、市场可塑性，新业务、用户数量众多，轻资产运行
传统组织
市场可预测、市场不可塑性，成熟业务、用户数量较少，重资产运行
C 孵化型组织
孵化出多元的前端业务
市场可预测、市场不可塑性，成熟业务、用户数量众多，轻资产运行
实验带来的价值
◇市场不确定性
◇市场可塑性
◇业务起点
带来部分增量价值
高
低
实验成本
◇客户数量 ◇资产运行方式

图 2-16 以“实验带来的价值”和“实验成本”两个维度展开的环境评估方法

根据波士顿咨询公司和阿里研究院的报告，三种平台型组织各具特点（见图 2-17）。

（1）实验型平台组织适用于实验能大幅提升业务价值、实验成本低的市场环境和业务场景，其特点包括：

◇ 针对其实验成本较低的特点，会涌现大量拥有较大自主权和独立性的小前端，这些前端拥有低试错成本并进行快速创新、快速迭代的能力。大量的小前端会自主设立适用于自身、拥有独立性的战略目标和针对目标的具体执行计划。每个独立的小前端对自身盈亏负有部分或者全部责任，其运行的主要目的在于以客户为中心，快速做出尝试，敏锐把握客户不断衍生的需求——如服装业界所称的“小（批量）、多（品种）、快（反应）”，并迅速确立自身的价值。

◇ 大量的小型前端会自下而上地从底层发起创新的项目，在项目的不断尝试与推进当中，组织结构中设立的风投型投资委员会发挥作用，根据前端项目的绩效、项目的反馈结果决定为哪个前端进行持续投资；通过此机制，根据客户需求，实现资源面向大量不同前端的智能化有效分配。

◇ 大型赋能平台将传统和新兴职能模块化和标准化，对传统职能部门进行数字化改造，通过新增的特征和功能，为灵活的前端提供支持帮助；同时在组织内部建立自由市场，通过内部资源定价、交换等手段，为面向内部前端的资源以及服务进行定价与评估；建立整体和大型的平台，为大量小前端迅速高效扩大规模、提高效益提供可能；同时需要通过建立新的能力特征，以及建立共同词典以便联合共享术语，实现平台能力的综合提高。

（2）混合型平台组织适用于能通过实验大幅提升价值，且实验成本高的市场环境和业务场景，其特点包括：

◇ 由于实验成本高昂，小前端只有被管理层选择并被批准之后，才能实现全面的自治。高昂的实验成本意味着较大的投资风险，领导层需要通过对全局的决策去控制风险，在各个前端起到分配资源、战略协同的作用。

◇ 前端也会从底层发起项目和创新，须由领导层批准商业案例并相应地分配资源。混合型组织中，自下而上和自上而下的决策过程被整合在一起。自下而上来看，拥有一定自主权的前端可以通过其对市场的观察以及有限的尝试了解可能的发展方向，这种自主性受到自上而下的管理与引导。项目的发起和资源的利用需要通过管理层的同意，然后前端才能开始实验、开发等一系列过程，后续的投入与决策也会受到领导层的监督。中层发挥协调和指导各个前端的作用，使得信息、工具在各个前端共享，同时新技术的使用也会降低协调沟通成本。

◇ 大支撑平台构建模块化职能，采用大数据分析、机器深度学习、创新词典等新技术建立资源库；同时保留部分传统的职能部门，赋能平台与职能部门相互混合。

（3）孵化型平台组织适用于通过实验提升部分增量价值，且实验成本低的市场环境和业务场景，其特点包括：

◇ 针对新型业务，员工自发搭建灵活的小前端以催生新思路和新业务，寻找业务优化的机会，采用平台型组织模式运作，催生新思路、新业务的小前端，甚至可以由组织外部的人员组成，前端创新业务独立核算成本。

◇ 在平台化的新业务组织架构中，在上层设置风投类投资委员会为各前端分配资源，领导层不再进行事无巨细的管理。项目的价值由市场和企业内部共同决定，前端进行试验，风投型投资委员会根据市场与企业情况选择合适的项目进行投资。

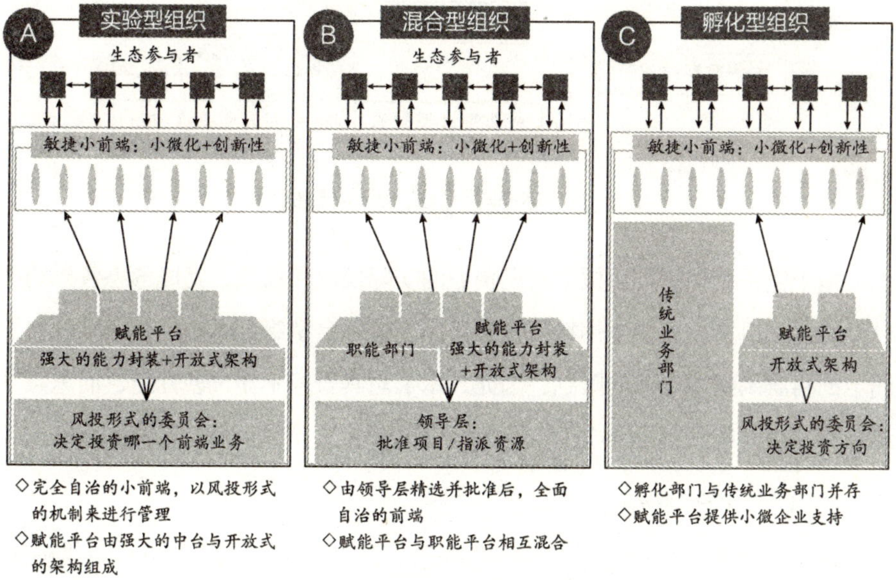
A
实验型组织
生态参与者
敏捷小前端：小微化+创新性
赋能平台
强大的能力封装+开放式架构
风投形式的委员会：
决定投资哪一个前端业务
◇完全自治的小前端，以风投形式的机制来进行管理
◇赋能平台由强大的中台与开放式的架构组成
B
混合型组织
生态参与者
敏捷小前端：小微化+创新性
职能部门
赋能平台
强大的能力封装
+开放式架构
领导层：
批准项目/指派资源
◇由领导层精选并批准后，全面自治的前端
◇赋能平台与职能平台相互混合
C
孵化型组织
敏捷小前端：小微化+创新性
传统业务部门
赋能平台
开放式架构
风投形式的委员会：
决定投资方向
◇孵化部门与传统业务部门并存
◇赋能平台提供小微企业支持

图 2-17　三种平台型组织及其特点

如上图所示，我们可以看出，混合型平台组织在一定程度上并没有摆脱自上而下的科层制结构的限制，领导层依然具有绝对权威。孵化型平台组织则在企业内部进行了分化，既有自上而下的科层制结构如传统业务部门，也有自下而上的网络化结构，如具有开放式架构的赋能平台。实验型平台组织则是完全意义上的平台型组织，企业已不再是一个集团公司，而是进化成一个开放的平台，平台上的主体具有较大自主权，自负盈亏。

综上所述，参照第一种和第二种平台型组织分类方法，按照组织形态、决策方向和发展程度，本书依据波士顿咨询公司和阿里研究院的报告，将平台型组织概括为两大类、三种类型（见图 2-18）：

◇ 偏平台型组织：如混合型和孵化型平台组织。这种类型的平台型组织一部分由于组织实际情况的限制只能发展到这种程度，另一部分处于试水阶段，经过后期的不断完善和升级，会发展到全面平台型组织阶段。

◇ 全面平台型组织：如实验型平台组织，是发展较为完备的平台型组织。

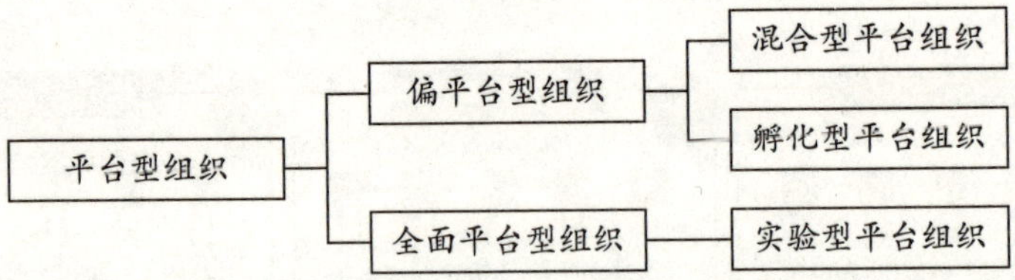
平台型组织
偏平台型组织
全面平台型组织
混合型平台组织
孵化型平台组织
实验型平台组织

图 2-18　本书对平台型组织的概括分类

由于偏平台型组织可根据自己企业的实际情况和需求，完成形态各异的平台型转化，具有企业的个体特殊性，再加上偏平台型组织本质上并未摆脱自上而下的科层制组织形态的限制，因此，本书对其管控不作过多介绍，而重点介绍具有平台型组织共性的全面平台型组织的管控（简称平台型管控）。

2.2.3.2　平台型管控体系

两百多年来，传统管理的理论依据是“分工理论”，最早由亚当·斯密在其 1776 年出版的《国富论》上提出。在分工理论的基础上，诞生了古典管理理论的三位先驱：泰勒、马克斯·韦伯和亨利·法约尔。美国人泰勒作为科学管理之父，其贡献是到今天为止还在使用的流水线；德国人马克斯·韦伯作为组织理论之父，其贡献是到今天为止还在使用的科层制；法国人亨利·法约尔作为现代经营管理之父，其贡献是到今天为止还在使用的职能部门。

然而经典传统理论在互联网时代不再具有普适性，互联网的发展带来了全球经济一体化，加速着企业的全球化进程。互联网的三个特征（同时也是平台型管控所具有的三个特点）——零距离、去中心化、分布式，已开始颠覆四位先驱者的古典管理理论（见图 2-19）。新的时代规则和新的组织形式要求企业管控模式的重塑，互联网时代呼唤平台型组织，平台型组织需要平台型管控。

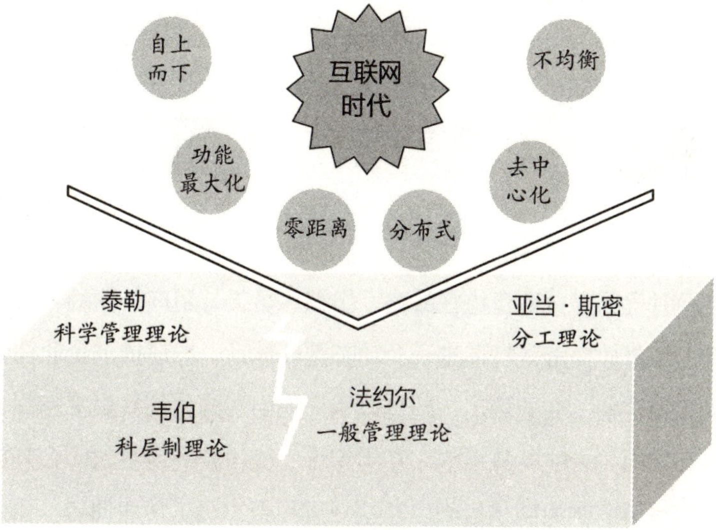
自上
而下
互联网
时代
不均衡
功能
最大化
去中
心化
零距离
分布式
泰勒
科学管理理论
亚当·斯密
分工理论
韦伯
科层制理论
法约尔
一般管理理论

图 2-19　互联网对传统理论的突破[①]

不同的组织结构需要不同的管控模式，本书提出的平台型管控，和传统集团管控三种模式不同，是指企业通过建立三级（或多级）经营体成为一个开放的支撑平台，以创客和小微作为基本单元的自主小前端，以客户为中心，通过价值链并联、协作关系、资源配置等创新手段来管理平台、服务客户，快速聚散企业内外部优质资源，最终实现各方利益最大化的一种管控方式，如图 2-20 所示。集团企业的主要功能是对开放平台进行管理，企业内外部人员都可以在

① 海尔集团.人单合一[EB/OL].http://www.haier.net/cn/about_haier/one_person alone/, 2018-10-23.

这个平台上创新、创业，成立自治小微公司，并不断做大、做强。

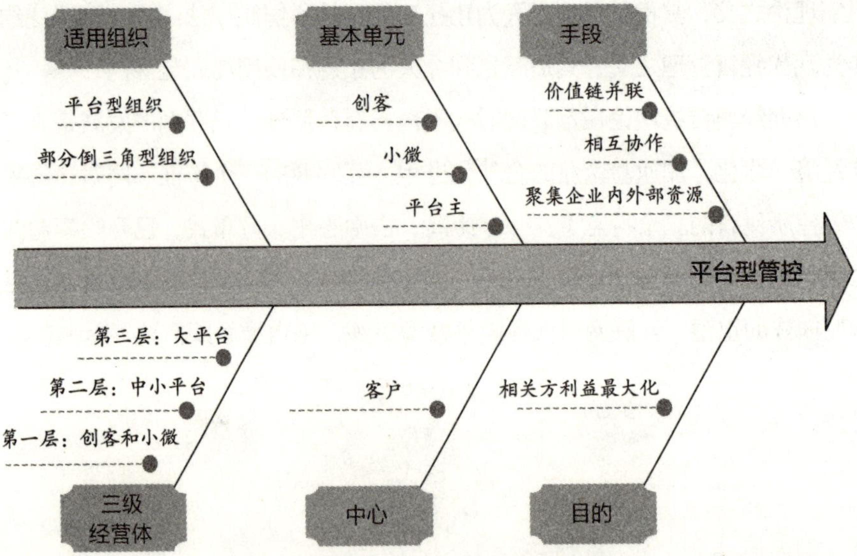
适用组织
平台型组织
部分倒三角型组织
基本单元
创客
小微
平台主
手段
价值链并联
相互协作
聚集企业内外部资源
平台型管控
第三层：大平台
第二层：中小平台
第一层：创客和小微
三级
经营体
客户
中心
相关方利益最大化
目的

图 2-20　平台型管控

互联网时代的平台型管控在战略、组织、员工、用户、薪酬、管理等多个方面进行了颠覆性探索，打造出一个动态循环体系，加速推进企业往更深层次的互联网组织转型。在战略上，建立以用户为中心的共创共赢生态圈，实现生态圈中各利益相关者的共赢增值；在组织上，变传统的自我封闭到开放的互联网节点，颠覆科层制为网状组织。在这一过程中，员工从雇佣者、执行者转变为创业者、动态合伙人，目的是要构建社群最佳体验生态圈，满足用户的个性化需求。在薪酬机制上，将“企业付薪”变为“用户付薪”，驱动员工转型为真正的创业者，在为用户创造价值的同时实现自身价值；在管理创新上，通过对非线性管理的探索，最终实现引领目标的自组织和自演进。

从平台型管控的成因来看，主要因为科层制的弊端和互联网时代的深入发展，诞生了新的组织形式，如图 2-21 所示。自上而下的科层制是目前为止最成熟的组织形式，但也是各种创新组织形式的假想敌。科层制对应的是正三角的组织形式，其最大优势在于效率，表现为产量和规模，而效率来自于对上级的服从，具体表现为员工听领导的，下级听上级的。随着时代的发展，员工听领导的弊端越来越明显，员工听用户的趋势逐渐显现，新的组织形式逐渐诞生，表现在自下而上的倒三角组织和与用户、环境互动的平台型组织，这两种组织形式强调激发员工的动力和创新精神，把员工转化为企业家，以企业家的标准要求员工。特别是平台型组织，是平台型管控应用最为成熟也最适用的组织形式，本书将对其进行重点介绍。

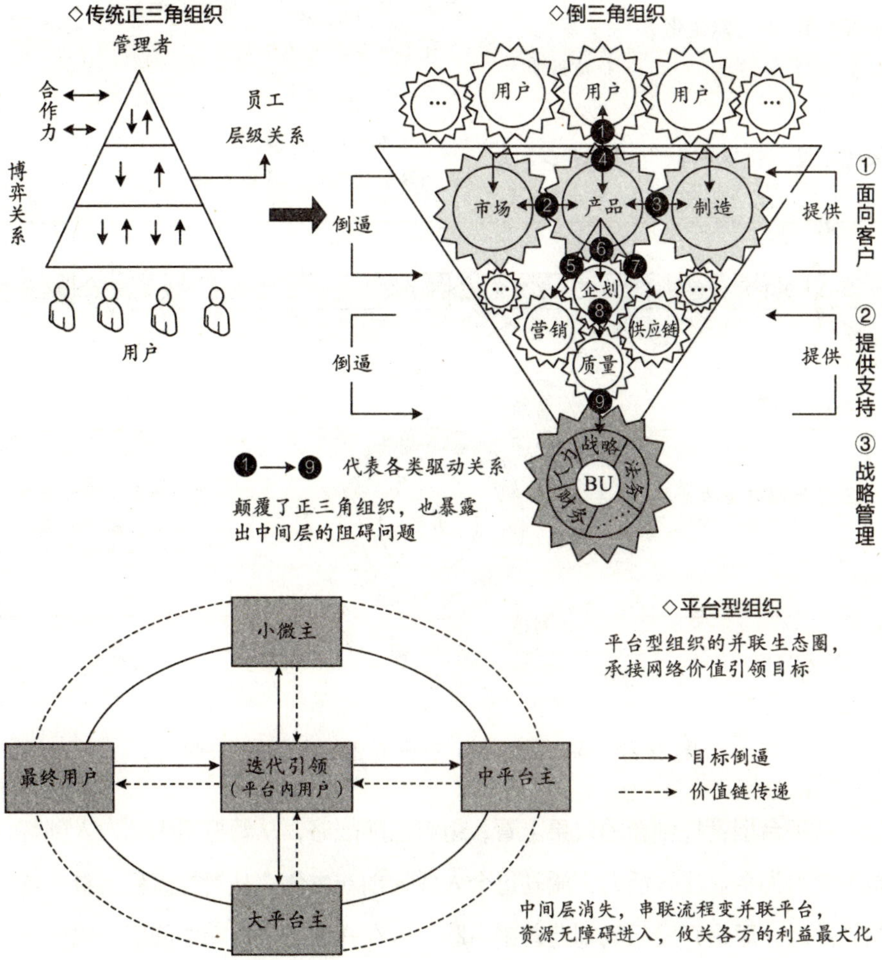
◇传统正三角组织
管理者
合作力
博弈关系
员工
层级关系
用户
◇倒三角组织
用户
用户
用户
市场
产品
制造
企划
营销
供应链
质量
倒逼
倒逼
提供
提供
① 面向客户
② 提供支持
③ 战略管理
战略
法务
财务
人力
BU
代表各类驱动关系
颠覆了正三角组织，也暴露出中间层的阻碍问题
小微主
最终用户
迭代引领（平台内用户）
中平台主
大平台主
◇平台型组织
平台型组织的并联生态圈，承接网络价值引领目标
目标倒逼
价值链传递
中间层消失，串联流程变并联平台，资源无障碍进入，攸关各方的利益最大化

图 2-21　组织变革历程

从平台型管控和其他管控模式的区别来看，首先是适用组织形式的不同，平台型管控主要适用于以用户为中心的平台型组织，其次是适用平台型管控的

组织在价值链、协同关系、资源配置上出现的新特点，详见表 2-4 和图 2-22。

表 2-4 平台型管控的特点[①]

	原组织	平台组织	创新表现
价值链	直线串联	同步并联 闭环迭代优化	◇ 产品与服务结合，满足有效需求 ◇ 公司价值链向社会价值链转变
协同关系	部门职能化	共享化 交易化 价值增值	◇ 全流程对最终结果负责的契约关系 ◇ 员工创客，利润共享
资源配置	归口管理	平台 零距离 权责关联模式	◇ 市场交易化、价值化 ◇ 无障碍快速反应资源支持

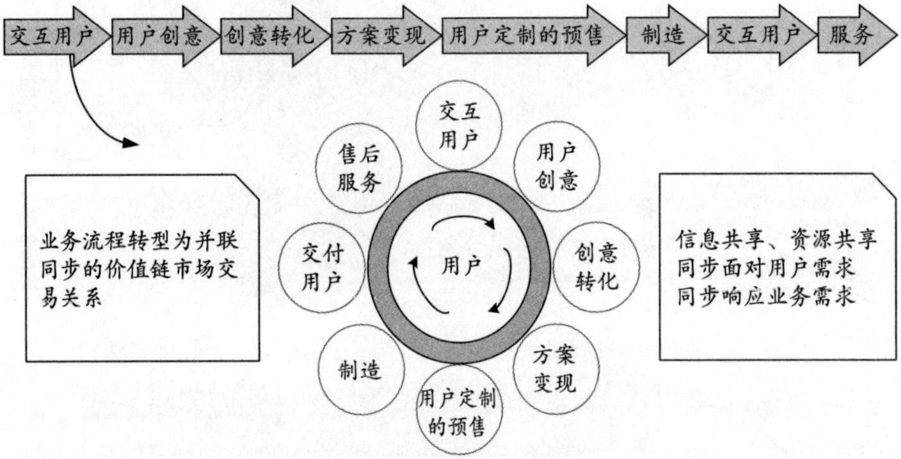
交互用户
用户创意
创意转化
方案变现
用户定制的预售
制造
交互用户
服务
业务流程转型为并联同步的价值链市场交易关系
交互用户
用户创意
创意转化
方案变现
用户定制的预售
制造
交付用户
售后服务
用户
信息共享、资源共享
同步面对用户需求
同步响应业务需求

图 2-22 平台型管控特点——价值链由串联到并联

从平台型管控创新的效果上看，组织追随战略，从管控组织到人人创客，自下而上为企业注入活力，激励每个人成为创新主体。从管控流程上看，从串联到并联，原来开发采购制造营销串联，现在并联系统取消中间层、隔热墙，提升了效率，如表 2-5 所示。

总之，平台型管控的显著特点是“组织中间层消失，流程可由串联节点到

① 纪婷琪，张颖，孙中元．打造孵化小微创客的平台型组织 [J]. 中国人力资源开发，2015 (10):11-18.

并联平台，使资源可以无障碍进入”，追求利益相关者的共赢共享、利益最大化。

具体到企业经营实践层面，平台型管控把员工和用户连在一起，“激活”每个员工，让员工在为用户创造价值的同时实现自身价值，让每个人成为自己的 CEO。另外，内部员工全部变为接口人，接入全世界一流资源，将世界变成企业的研发部和人力资源部。

表 2-5　平台型管控和传统管控模式的区别

	三种经典管控模式	平台型管控
适用企业	自上而下的科层制组织	网状组织如部分倒三角组织和平台型组织
管控对象	对分 / 子公司、下属单位的管理	对开放平台的管理
管控目的	以股东利益为中心，实现集团利益最大化	以客户为中心，实现利益相关者的利益最大化
管控手段	分部—分层、集权—统一、指挥—服从	建立开放的多级、多层经营体，对这些层级进行管控
管控流程	串联管控	并联管控
管理模式	线性管理	非线性管理
薪酬机制	企业付薪	用户付薪

注：根据公开资料整理

平台型管控体系是对平台型组织大平台的管控，其目的是实现共创共赢。为使资源可以无障碍进出，实现利益相关者的利益最大化，需要从以下几个方面进行设计（见图 2-23）：

◇ 价值体系设计：坚持员工和用户价值第一的核心价值观，坚持共创共赢和创业创新，平台型管控体系设计的驱动力来自于用户和市场，一切围绕用户和市场；

◇ 薪酬体系设计：用户和市场刺激薪酬体系由企业付薪变成用户付薪，变外界驱动为自我驱动，创客和小微被充分授权，主动寻找资源、发起项目、自负盈亏；

◇ 组织战略设计：组织战略专注用户而非领导层或竞争对手，以自主小前端为信息来源，以大规模支撑平台为基础，借力外部生态体系，实现利益相关者共赢增值；

◇ 组织层次设计：取消组织中的中间层和隔热层，流程由串联变成并联模式，建立三级经营体，最终实现量化分权；

◇ 财务体系设计：建立平台资源自由市场，为前端的平台资源进行定价；借助薪酬体系构建风投型投资委员会，并将资源快速分配至小前端，同时建立共赢增值报表；

◇ 组织平台、互联网和物联网建设：建立并联的多边平台和多边市场，以互联网和物联网时代特有的社群经济和共享经济为目标，注重与用户的交互。

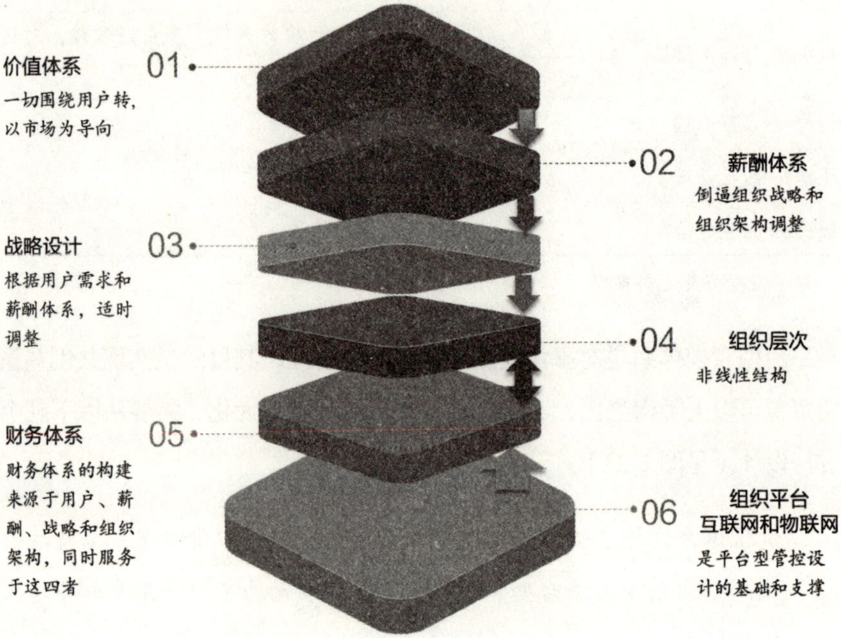
价值体系
一切围绕用户转，以市场为导向
01
02
薪酬体系
倒逼组织战略和组织架构调整
战略设计
根据用户需求和薪酬体系，适时调整
03
04
组织层次
非线性结构
财务体系
财务体系的构建来源于用户、薪酬、战略和组织架构，同时服务于这四者
05
06
组织平台
互联网和物联网
是平台型管控设计的基础和支撑

图 2-23　平台型管控体系设计结构图

2.2.4　生态型自管控体系

生态型组织是企业多元化扩展的新模式，消除了传统战略型管控和平台

型管控中多元化产业之间的边界，推进了产业融合。无平台不生态，生态型组织是平台型组织发展到一定程度的形态，是平台型组织发展的高级阶段（见图2-24）。在企业集团中，单体企业是生态物种；在单体企业中，团队是生态物种。随着互联网技术的发展，企业通过平台搭建，以更加高效和公平的方式激活、整合、服务组织内外部的个体及团队的活力和创造力。与传统组织不同，生态型组织不再自己埋头发展，而是通过提供创新平台，连接、开放、共享一切资源，打通价值链的各个环节，与平台上的个体实现协同进化、互利共享、共生共赢。

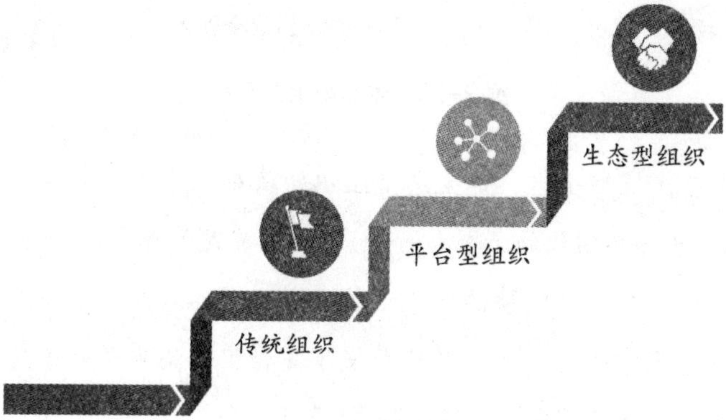
生态型组织
平台型组织
传统组织

图 2-24　组织发展类型

平台型组织的企业一般最终都以迈向生态型组织为目标。现实生活中，国内外有很多企业已经成功转型为平台型组织，甚至发展到由平台型组织向生态型组织进阶的过程中。目前在中国，大部分互联网企业更加偏向平台型组织，如百度、阿里、腾讯。传统企业中，少数优秀企业正努力向这个阶段转变，比如海尔集团。市场持续变化将刺激更多的企业向生态型企业转变，但还没有一个企业属于完全意义上的生态型组织，主要是因为这些企业或平台还不具备完全的新陈代谢和自我更新功能。

生态型组织具备四大特征：高度灵活、新陈代谢、自然选择、自我更新，这样的组织和大自然的生态系统具有类似特点。与平台型组织只具备局部特征相比，生态型组织自我繁殖、自我发展、自我修复并自然选择的特征更加突出，功能也更为完备。和大自然的生态系统相似，生态型组织有四个要素，土壤、树木、阳光、链接，如图 2-25 所示。

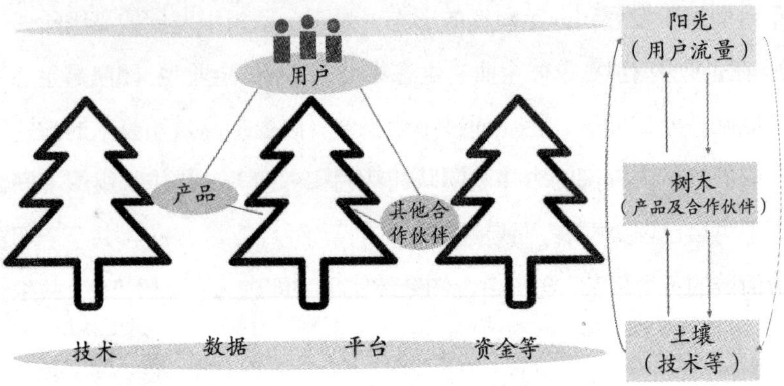
用户
产品
其他合
作伙伴
技术
数据
平台
资金等
阳光
（用户流量）
树木
（产品及合作伙伴）
土壤
（技术等）

图 2-25　生态型组织示例

◇ 土壤。土壤即平台，是生态型组织的基础。相较以品牌共享为基础的平台，生态型组织的土壤（平台）需要有充足的养分，将其对应到组织，即平台发展不可或缺的要素如技术。比如谷歌开发了安卓系统，腾讯开发了微信平台，阿里巴巴开发了支付宝、淘宝等电子支付和电子商务平台，百度开发了百度大脑 AI 平台等等。

◇ 树木。树木即平台上组织内部或外部的子成员及合作伙伴，不同品类的树木（成员）依靠土壤（平台）的养分供给彼此联系、互相依存、共享资源、协同发展。比如腾讯基于其微信平台，除了扶持腾讯微信、QQ、微视等产品，同时通过公众号、小程序等入口，为滴滴、京东、拼多多、唯品会等合作伙伴提供入口，帮助其发展，实现合作共享、共生共赢。

◇ 阳光。一方面，土壤吸收阳光，转化为养分，用于养护树木；另一方面，树木吸收阳光，用于滋润土壤。土壤和树木相互依存，互相哺育。对应到互联网企业，即顾客流量，用户如水、如风、如阳光，源源不断地为组织提供能量，驱动组织的自我运转。如腾讯的微信平台，微信用户给滴滴、京东、拼多多等第三方企业提供入口以及巨大的资金、技术与流量支持，帮助其发展。一方面，这些企业通过微信强大的社交流量不断成长；另一方面，微信也因为这些产品的活跃而不断发展，进一步扩大其影响力。

◇ 链接。即各部分之间彼此依存的关系。土壤和树木之间的关系，土壤和阳光之间的关系，树木和树木之间的关系，以及树木和阳光之间的关系，三者彼此链接，良性循环。

生态型组织比平台型组织更进一步地颠覆了金字塔结构，使组织结构更加开放。生态型组织起源于对大自然生态系统的比拟。进入生态型组织后，企业内部市场逐渐成熟，内部商品频繁进行交换，内部竞争让新陈代谢功能加快，使生态系统更加繁荣，这时企业形态从平台型组织的半开放型迈向了生态型组织的全面开放型，企业与客户的边界逐渐模糊，客户也可以参与到企业生态系统中。同时，员工也可以走出生态进入到客户中去。同平台型组织一样，生态型组织也属于网状弹性结构，其基本特性是流动性大，规章制度少，鼓励员工组成团队工作及大幅度的分权，这种开放性让企业价值创造能力突飞猛进的增长，促进企业创新能力的提高。整个生态通过不同行业的深度链接，甚至跨界链接，从而持续产生更多的新元素、新物种，并创造出新价值。

在自然界的生态系统里，没有必然的中心，各个组成部分也没有必然的中心，而是互为中心，更准确地说，是相互依存、合体为一，最终实现共生、共荣。这种对生态型组织相对应的管控方式，我们称为生态型自管控。在生态型自管控模式下，生态系统内的基本单元能够自己发现市场机会，同时根据自己发现的机会组织自己需要的资源。

生态型组织内部任何一个模块的运转和变化以及外部的时代发展、市场进步、用户需求及与组织相关的一切力量，都将带动组织进行自我繁殖、自我更新、新陈代谢和优胜劣汰，使得组织像永动机般自行运转，通过自驱动来实现目标，实现整个生态的收益共享、风险共担和共同决策。

如果说扁平化组织管控模式更接近儒家“入世”、自上而下、强调等级的管理思想的话，平台型管控则开始向道家思想转变，而生态型组织的管控模式则完全意义上体现了道家思想的精髓——无为而治、万物和谐、共生共赢。

老子认为“我无为，而民自化；我好静，而民自正；我无事，而民自富；我无欲，而民自朴”，强调“无为无不为”。“无为而治”并不是什么也不做，而是不过多地干预，充分发挥组织内外的创造力，做到自我繁殖、自我发展、自我修复，不断成长和发展。

由于生态型组织具有高度灵活、新陈代谢、自然选择和自我更新的特点，企业能够依据市场变化及时改变企业规模，做到可大可小、即时响应，并形成内部价值交换市场，通过建立市场规则提升企业整体运行效率，降低内部价值消耗。此外,企业还能够不断吸收新鲜血液,排除内部“垃圾”,进行自然选择，始终保持旺盛的生命力，成为生态的构建者、维护者与利益获取者。

基于这些特点，生态型组织的管控方式也愈加趋向于自管控，如海尔提倡的“自创业、自组织、自驱动”，理论意义上属于生态型组织的范畴。

◇ 自创业，指自己发现市场机会；

◇ 自组织，指自己根据自己发现的市场机会组织自己需要的资源；

◇ 自驱动，指由市场驱动企业再创新，即资本和人力市场化，资本来源于市场，又通过市场不断驱动组织再创新。

生态型组织本身是一个动态而非静态的组织，具备足够的灵活性和协作性来快速适应市场变化，快速推进业务开拓与发展（见图 2-26）。平台型管控主要基于外部用户和大平台主的引导运转，而生态型组织的自管控则依靠内外部的一切力量，如图 2-25 所示。对于组织内部来说，员工在企业生态系统内，按照市场的原则生长壮大，一切以用户为中心，优胜劣汰，最终培育出新品种和新团队。[①] 人力资源通过网络化的项目型组织来打破管理型组织不可避免带来的部门边界，实现真正意义上的无边界协作和灵活性。

生态型组织以用户为中心，其平台周围有大量用户，刺激平台型组织的运

① 胡明．阿里巴巴所建立的生态式组织是什么样的 [EB/OL].https://www.hrloo.com/rz/14169752.html,2017-04-18.

行，加速平台上成熟内部市场的形成，使得内部市场上的商品可以频繁进行交换，带动内部竞争，通过内部竞争让新陈代谢功能加快，自然淘汰劣质物种，使平台成为一个生生不息、自我运行、自动修正的永动机，让其所在的生态系统更加繁荣。平台型组织中，集团总部或大平台主的影响力进一步弱化，管控方式过渡到自我更新、自我修正的自管控阶段。

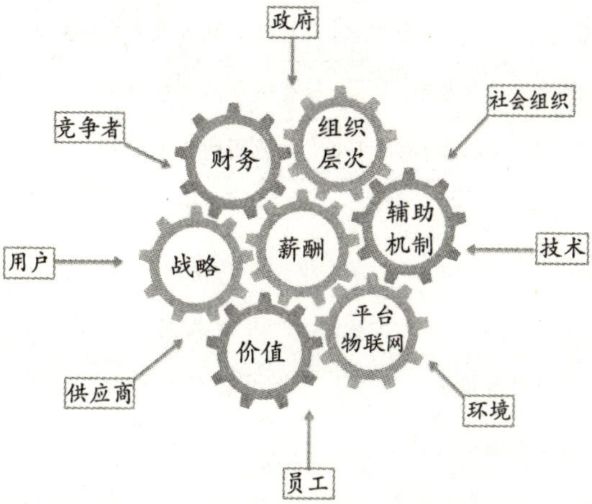
政府
社会组织
竞争者
财务
组织层次
辅助机制
用户
战略
薪酬
技术
平台物联网
价值
供应商
环境
员工

图 2-26 生态型组织自管控动力模型

2.2.5 三种复杂集团管控体系对比

战略赋能型管控、平台型管控和生态型自管控是三种具有代表性，并适应时代发展趋势的复杂集团公司管控模式。其中，战略赋能型管控属于科层制组织的一种管控方式，强调对战略的宏观把控和对下属企业的赋能，在国内很多传统的大型复杂集团中应用较为普遍。平台型管控和生态型自管控顺应大智移云时代的进步和发展而生，不同于以往的集团自上而下的管控模式，平台型管控逐渐强调网状化、多层次、价值链并联的自下而上的管控模式，以用户为中心，打造较为开放的平台，实现多方利益的最大化。生态型自管控则在平台型管控的基础上发展而来，是“道法自然”的阶段，有自己的生态链，环环相扣又能各自独立运转，能根据企业生态系统内外逐渐形成的适合本企业发展优胜劣汰、新陈代谢的规律自行运转。生态型自管控模式下，企业能迅速应对系统内外的变化，往往可以做到牵一发而迅速动全身，更加强调整个系统的开放、灵活、动态与自由。三种管控模式各具特色，见表 2-6 所示。

表 2-6　三种复杂集团管控模式比较

	战略赋能型管控	平台型管控	生态型自管控
适用组织	科层制组织	平台型组织	生态型组织
管控目标	股东利益为中心，集团最大化	相关者利益最大化	系统内外整体价值最大化
管控机制	激励、约束机制	有组织的市场机制	自我驱动
管控内容	企业控制权和索取权的制度安排	企业间的关系安排	生态系统的协调
管控时效	较为滞后	及时	及时，甚至具有前瞻性
管控渠道	少	多	多
管控成本	高	低	低
管控行为	被动与消极	主动与积极	主动与积极
开放状态	封闭或者半封闭	半开放	全开放
制度形态	企业内的制度安排	参与者的关系安排	生态系统内部的自我更新

第二篇　简单集团公司管控体系设计

本篇内容将详述简单集团公司管控体系的设计。简单集团公司管控体系设计的指导思想是以集团发展战略为统领，实现管控有度、组织高效、责权明晰、流程规范、制度科学、业绩管理体系优化、企业文化先进的管控体系的目标，从而全面提升简单集团公司的管理水平。本书第 1.3 节已经分析了如何确定管控模式，故本篇共分为四大部分：组织结构设计、权责体系设计、流程体系和制度体系设计、业绩管理体系设计。

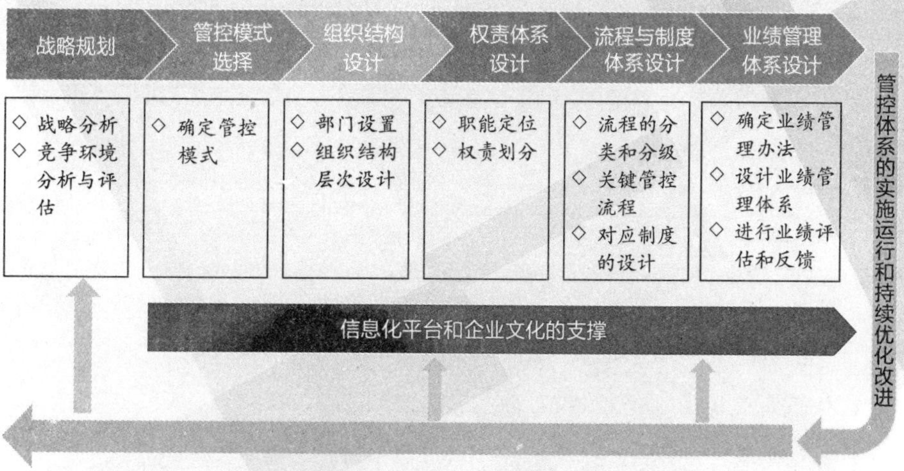

战略规划
管控模式选择
组织结构设计
权责体系设计
流程与制度体系设计
业绩管理体系设计
◇ 战略分析
◇ 竞争环境分析与评估
◇ 确定管控模式
◇ 部门设置
◇ 组织结构层次设计
◇ 职能定位
◇ 权责划分
◇ 流程的分类和分级
◇ 关键管控流程
◇ 对应制度的设计
◇ 确定业绩管理办法
◇ 设计业绩管理体系
◇ 进行业绩评估和反馈
管控体系的实施运行和持续优化改进
信息化平台和企业文化的支撑

图 3–1　简单集团公司管控体系建设图

如图 3-1 所示，这六部分并不是孤立存在的，它们相互支持、相互影响，共同组成简单集团公司的管控体系。简单集团公司管控体系的设计通过回答以下问题来实现：

第一，管控模式的选择，依据集团战略，进行基于管控模式的选择和管控分权界面的设计，确定集团母公司、分 / 子公司的职能定位和管理重点；

第二，组织结构的确立，即基于职能定位，优化组织结构，明确责任主体，从而形成清晰的职能界面；

第三，权责体系的设计，对简单集团公司总部、分 / 子公司，依据职能定位，进行决策权限、管理权限和业务权限的合理设计；

第四，流程和制度的梳理，通过对集团核心业务和管理支持流程进行分类和分级、优化关键流程以及相应制度的设计实施来实现集团管控；

第五，建立业绩管理体系，确立业绩管理办法，进行业绩评估和反馈。

其中战略分析部分结合业绩管理体系进行论述；确定管控模式部分参见 1.4 节内容，这里不再赘述。本篇第三章至第六章分别是组织结构设计、权责体系优化、流程与制度体系设计以及业绩管理体系的内容。每一章的最后一节内容，是作者服务过的某烟草工业集团公司的案例。

第三章　组织结构设计

组织结构是明确管控的责任主体及管控对象的依据，与管控体系各模块密切相关。具体而言，发展战略决定公司的主要业务活动及工作重点，会影响组织结构的类型、管理职能的设计、部门的定位及部门间关系的调整，而组织结构通过设计承担相关职能的部门，支撑战略目标的有效实现。设计组织结构，横向上是为明确劳动分工，确定管理幅度，纵向上是为说明各层级间的报告体系和指挥链，并为权责体系和制度体系的设计明确责任主体，为业绩管理体系的优化设计确定考核对象和考核实施主体。组织结构优化设计从组织结构类型的确定、部门设置及职能的梳理整合，到部门定位和部门间关系的确定，共同支撑简单集团公司管控体系和发展战略的实施。

组织结构设计的方法：采用依据管理活动的职能进行部门划分的方法，考虑外部环境、企业战略、技术因素、企业规模四方面的因素，并对常见集团组织结构的类型进行分析，明确符合本集团的组织结构类型及具体的部门设置。

通过该部分设计拟达到的效果：明确简单集团公司组织结构设计主要包含两部分工作内容：

（1）明确符合本集团的组织结构类型；

（2）依据集团公司的价值链，设计支撑简单集团公司管理活动实现的组织结构。

3.1　组织结构设计基础

组织结构（organizational structure）界定为对工作任务进行正式划分、组合和协调的方式。进行组织结构设计时，必须考虑六个关键要素：

公司设计组织结构时，需考虑以下四个关键要素：企业战略、外部环境、技术、企业规模。

3.1.1 组织结构设计要考虑的关键因素

设计组织结构时，必须考虑六个关键要素：工作专门化、部门化、指挥链、管理幅度、集权与分权以及正规化。每个关键要素对应一个重要的组织结构问题，如图 3-2 所示。

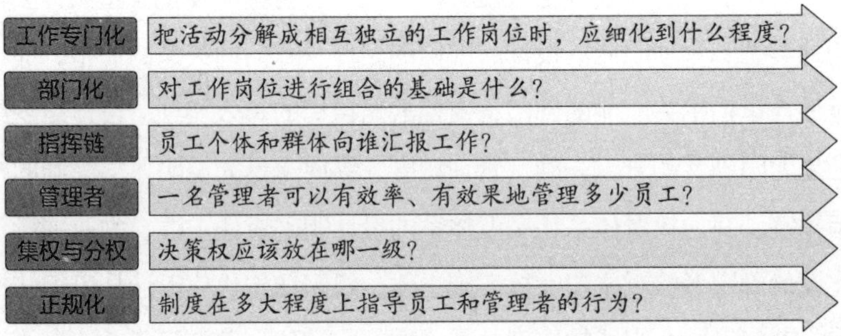
工作专门化
把活动分解成相互独立的工作岗位时，应细化到什么程度？
部门化
对工作岗位进行组合的基础是什么？
指挥链
员工个体和群体向谁汇报工作？
管理者
一名管理者可以有效率、有效果地管理多少员工？
集权与分权
决策权应该放在哪一级？
正规化
制度在多大程度上指导员工和管理者的行为？

图 3-2 集团公司组织结构设计的核心要点

3.1.1.1 工作专门化

工作专门化（work specialization）或者劳动分工，是指把组织中的工作活动分解成单独的工作岗位的程度。工作专门化的实质是把工作分解成若干步骤，每人只完成其中一个步骤，其核心是每人专门从事工作活动中的一部分，而不是全部活动。让员工从事专门化的工作，会提高他们的工作效率。

只要工作角色可以拆解为具体的任务和项目，专业化就有可能派上用场，从而公司就可以利用在线平台，将原本较为宽泛的功能性角色分配给不同的人来完成。过去的专业化主要是把同一个工厂中的生产任务分解成各个部分，而今天的专业化是把复杂的任务根据技术、专业知识分解成特定的部分，由不同的员工来完成。

3.1.1.2　部门化

通过工作专门化来划分工作岗位之后，需要对它们进行组合以协调相同或相似的工作任务。对工作岗位进行组合的基础叫部门化(departmentalization)。

对工作岗位进行组合的最常用的方法是依据所从事的职能，比如组建人力资源部、财务部、研发部、生产制造部等等。

也可以根据组织提供的产品和服务的类型，或者根据地域进行部门化。比如一个家电制造公司可以依据家电的品类组建电冰箱部、洗衣机部、厨具部等等。每一项主要的产品由一位高管负责。这种部门化的主要优势在于增加了对绩效的责任，因为公司中与这一具体产品和服务有关的所有活动都统一为高管负责。再比如营销工作可以根据地域划分为国内东西南北四个片区，实行分片负责。如果客户分布全球，也可以根据国外不同区域比如非洲、欧洲、澳洲等划分部门。

如果产品和服务需要分步骤进行时，也可以依据流程进行部门化。如果客户差异比较大，也可以依据客户的类型进行部门化。比如银行通常组建企业大客户部、个人客户部等。

3.1.1.3　指挥链

指挥链（chain of command）是一条从组织最高层贯穿到最基层，明确规定谁向谁汇报工作的不间断的职权线。在讨论指挥链之前，应该明确职权和统一指挥这两个概念。职权（authority）是管理岗位所固有的发布命令并且使下属遵从命令的权利，人们预计这种命令会被遵从和执行。为促进相互之间的协作，每个管理岗位在指挥链中都有自己的位置。为完成自己的工作职责，每位管理者都被授予一定的职权。统一指挥（unity of command）原则有助于保持职权链条的连续性和完整性。这意味着一名下属应该有且只有一位直接上司。如果违背统一指挥原则，一名下属可能就得忙于应付多位上司提出的相互冲突的要求或优先事项，这种情况在组织的上下级关系中经常发生。

随着时代变化，组织设计的基本原则也发生变化。伴随自我管理型团队和跨职能团队的日益流行以及新型结构设计（同时有多个汇报上级）的出现，职权和统一指挥变得越来越无关紧要。但是，还有不少组织发现，强化指挥链可以使得组织的生产效率最大化，底层员工对于决策层的依赖阻碍他们对于组织战略的支持和认可。

3.1.1.4 管理幅度

管理幅度（span of control）表示一名管理者可以有效率、有效果地管理多少名下属。管理幅度很大程度上决定一个组织要设置的部门和管理者数量。当其他条件相同时，一定程度下，管理幅度越宽，组织就越有效率。

管理幅度越宽，则组织内需要配备的管理者就越少。从成本方面来说，管理幅度宽的组织更有效率，但是当管理幅度宽到一定程度时，管理者就没有足够时间来提供必要的领导和支持，他们的效力会减弱，员工绩效会受到不利影响。相对较宽的管理幅度主要有以下优点：降低成本、削减一般的管理费用、加快决策速度、增加灵活性等。组织扁平化要求增加管理幅度。

较为狭窄的管理幅度有以下缺点：第一，管理层级增多，管理成本大幅增加；第二，使组织中的垂直沟通更加复杂，管理层级增多会减慢决策速度，并使管理者处于隔离状态；第三，管理幅度过窄容易造成对下属监督过严，妨碍下属的自主性。

3.1.1.5 集权与分权

集权（centralization）指的是组织的决策权集中于一点的程度。在集权组织中，高层管理者做所有的决策，基层管理者只负责执行高层管理者的指示。与此相反，分权组织把决策权下放给最接近实际行动的管理者或者工作群体。集权这个概念只包括正式职权，即某个岗位所固有的权利。

集权组织和分权组织在结构上有着本质的差异。分权组织采取行动解决问题的速度更快，更多的成员为决策提供建议并参与决策，员工与那些影响到自己工作生活的决策者之间隔阂更少。有研究表明：集权组织能更好地避免委托错误（如做出糟糕的战略选择），分权组织则能更好地避免战略遗漏错误（如错失重要的机会）。

3.1.1.6　正规化

正规化（formalization）指的是组织中的工作实现标准化的程度。一种工作的正规化程度越高，意味着从事该工作的人对于工作内容、工作时间、工作手段的自主权越低。员工被期望以完全相同的方式投入工作，从而保证稳定、一致的产出结果。在高度正规化的组织中，有明确的岗位说明书、大量的组织规章制度和工作流程的详细规定。当正规化程度较低时，工作行为相对来说不那么程序化，员工对自己工作的处理权限较大。

3.1.2　组织结构设计的影响因素

图 3-3 展示组织设计中两个极端模型，即机械模型和有机模型。机械模型特点是广泛的部门化、高度正规化和更多的管理层级；有机模型看起来更像无边界组织，其结构扁平化，正式决策程序较少，具有多个决策者，并鼓励灵活的工作实践。

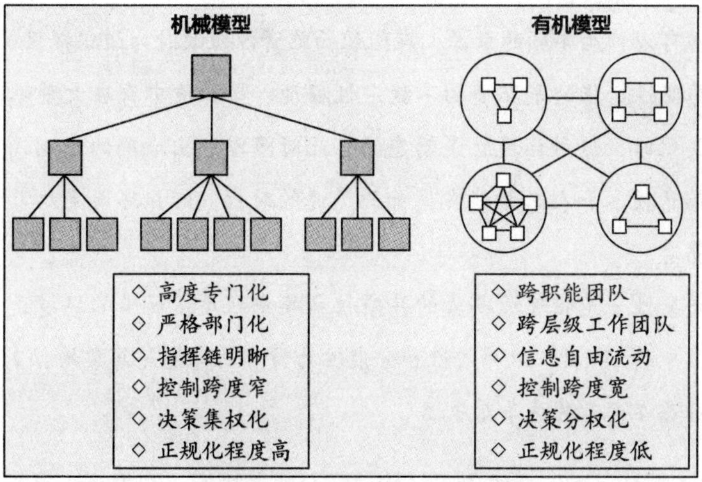
机械模型
有机模型
◇ 高度专门化
◇ 严格部门化
◇ 指挥链明晰
◇ 控制跨度窄
◇ 决策集权化
◇ 正规化程度高
◇ 跨职能团队
◇ 跨层级工作团队
◇ 信息自由流动
◇ 控制跨度宽
◇ 决策分权化
◇ 正规化程度低

图 3–3　机械模型与有机模型

组织结构的设计受到组织目标、环境、人员等多种权变因素的影响，不存在一种“最佳”的组织结构模式。其影响因素主要包括四个方面，见图 3-4。

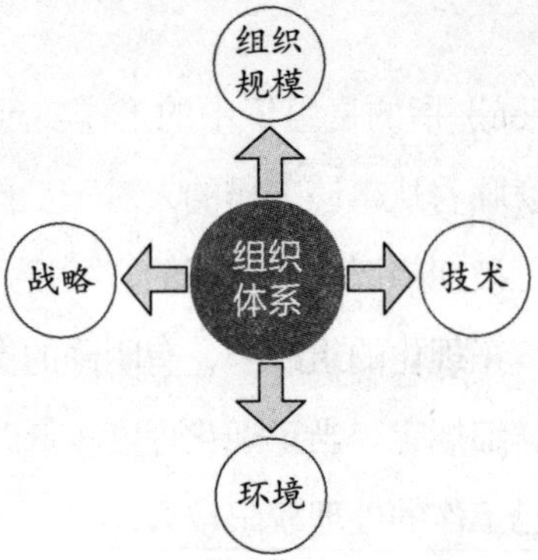
组织规模
战略
组织体系
技术
环境

图 3-4 影响集团公司组织结构设计的因素

3.1.2.1 外部环境

组织的外部环境是指存在于组织边界之外，并对企业组织具有潜在的直接影响的所有因素。组织环境存在三个关键维度：容量、易变性和复杂性：

◇ 容量：指的是环境支持组织成长和发展的程度。富饶的不断发展的环境可以产生丰硕的资源，在组织面临资源短缺时为组织提供缓冲。

◇ 易变性：指的是环境的不稳定性程度。当环境中存在大量不可预测的变化时，这种环境就是动态的，此时难以做出准确的预测。尤其是在信息技术和人工智能发展如此迅速的时代，组织环境更加趋于动态、易变。

◇ 复杂性：是指环境要素的异质性和集中程度。简单的环境是同质的、集中的；相反，以异质性和分散性为特点的环境是复杂的、多元化的，并存在大量的竞争对手。

图 3-5 概括了用三个维度对环境进行分析的模型。图中箭头表示不确定性更高的方向。当组织在稀缺的、动态的和复杂的环境中运作时，面临的不确定性最大，需要组织进行持续监控。环境的不确定性与组织结构的不同安排有关。具体来说，环境的稀缺性、动态性和复杂性越显著，就越应该采用有机结构；环境的丰富性、静态性和简单性越显著，就越应该采用机械结构。

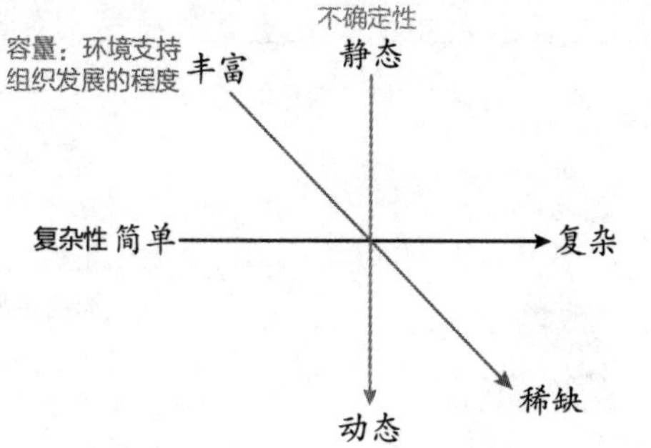
不确定性
静态
容量：环境支持组织发展的程度
丰富
复杂性
简单
复杂
稀缺
动态

图 3-5　环境分析的三维度模型

组织的外部环境对内部结构的影响主要表现在三个层次：

◇ 对部门设计的影响。当外部环境的复杂性增加时，组织中的职位和部门也会增加，这样反过来又增加了内部复杂性，这种关系是开放系统的一部分；

◇ 对各部门关系的影响。环境不同，使组织中各项工作完成的难易程度以及对组织目标实现的影响程度亦不相同，各部门在组织中的地位会相应地发生改变；

◇ 对组织结构总体特征的影响。在稳定环境中，组织设计出被称为“机械式管理系统”的稳固结构，管理部门与人员的职责界限分明，工作内容和程序经过仔细的规定。各部门的权责关系固定、等级结构严密；而多变的环境则要求组织结构灵活（称为“柔性的管理系统”），各部门的权责关系和工作内容需要经常做出适应性的调整，强调的是部门间的横向沟通与协调，而不是纵向的等级控制。

3.1.2.2　企业战略

组织结构是实现组织目标的一种手段，而组织目标源于组织的总体战略。如果集团母公司针对战略做出重大调整，则组织结构也必须做出相应变化，以适应和支持组织战略的变化，如图 3-6 所示。

◇ 不同的战略要求开展不同的业务活动，这会影响管理职能的设计；

◇ 战略重点的改变会引起组织工作重点的转变、各部门与职务在组织中重要程度的改变。因此，要求对各管理职能以及部门之间的关系作相应的调整。

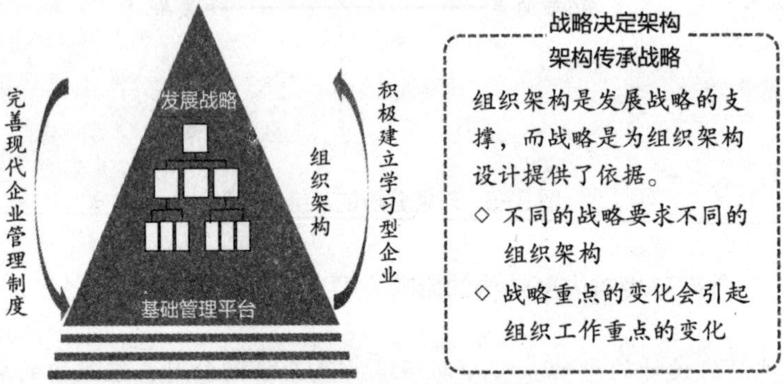
完善现代企业管理制度
发展战略
组织架构
基础管理平台
积极建立学习型企业
战略决定架构
架构传承战略
组织架构是发展战略的支撑，而战略是为组织架构设计提供了依据。
◇ 不同的战略要求不同的组织架构
◇ 战略重点的变化会引起组织工作重点的变化

图 3-6　企业战略 & 组织结构

3.1.2.3　技术因素

技术描述一个组织把投入转化为产出的方式。按常规化程度把技术区分为以自动化和标准化的操作为特点的常规化技术，以及需要根据客户要求而专门实施的并且需要不断修改完善和升级的非常规化技术。前者更适合机械式组织，后者更适合有机式组织。

3.1.2.4　企业规模

企业规模的大小直接影响到组织结构的设计。规模越大，管理复杂性程度越高，越需要设计运转良好的组织体系。企业规模的大小是影响组织结构特别是权力层级和专业化分工的重要因素。规模较小的企业，经营范围窄、业务量小，不需要严格的专业化分工，可以一职多责。大规模的企业，经营管理复杂性程度较高，需要专业化分工与合作。

3.1.3　组织结构设计的目标与原则

简单集团公司组织结构设计的目标主要是为了支持简单集团公司战略目标的实现，提高整个集团运作效率，明确职能部门定位，整合资源与能力，创造协同效应，从而提升抵御风险能力，具体如图 3-7 所示。

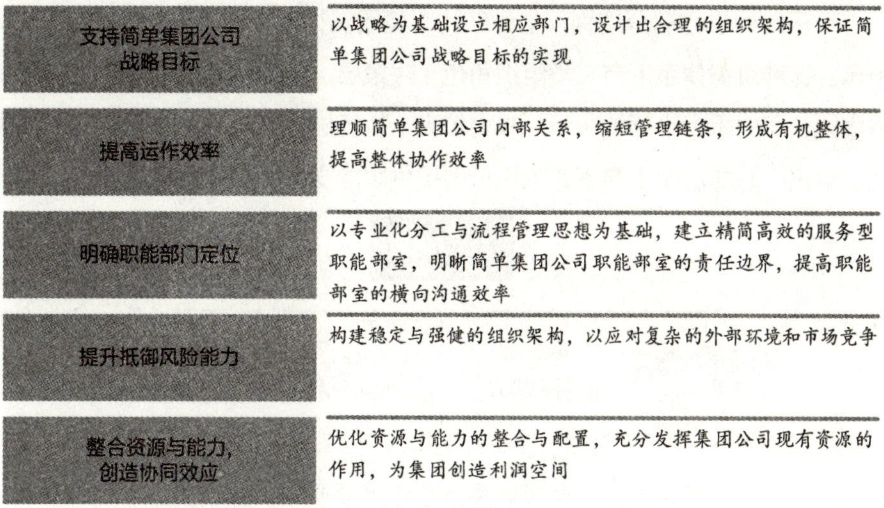
支持简单集团公司战略目标
以战略为基础设立相应部门，设计出合理的组织架构，保证简单集团公司战略目标的实现
提高运作效率
理顺简单集团公司内部关系，缩短管理链条，形成有机整体，提高整体协作效率
明确职能部门定位
以专业化分工与流程管理思想为基础，建立精简高效的服务型职能部室，明晰简单集团公司职能部室的责任边界，提高职能部室的横向沟通效率
提升抵御风险能力
构建稳定与强健的组织架构，以应对复杂的外部环境和市场竞争
整合资源与能力，创造协同效应
优化资源与能力的整合与配置，充分发挥集团公司现有资源的作用，为集团创造利润空间

图 3-7　简单集团公司组织结构设计目标

简单集团公司组织结构设计应该坚持执行与监督分设、管理明确、精干高效、权责利对等、专业化分工与协作、灵活稳定与快速变革相适应等原则，如表 3-1 所示。

表 3-1　简单集团公司组织结构优化设计的原则

原则	说明
执行与监督分设	保证监督机构发挥应有的作用
管理明确、精干高效	避免多头指挥和无人负责现象 在保证公司任务完成的前提下，力求做到机构精简、人员精干、管理高效
权责利对等	公司在每一管理层次和每个部门的职能、责任、权力和激励、收益都要对等
专业化分工与协作	既体现专业化分工，又能加强部门之间的横向沟通和协调联动，还能兼顾快速反应市场和管理效率提升
灵活稳定与快速变革相适应	有效支撑公司的愿景和发展战略的实现 对外部环境及相关方需求的变化能够做出及时的反应

3.1.4　集团公司组织结构常见类型

集团公司常见的组织结构设计有三种：母子结构、矩阵式结构、混合结构。

3.1.4.1　母子结构

母子结构也称总分结构，这种结构下集团实行自上而下的管控，如图 3-8 所示。这种组织体系下有三类组织角色：决策层、职能层和执行层。决策层负责集团公司的重大事项的决策，权力较大；执行层权力较小，主要决策依赖决策层给出；职能层承上启下，为执行层提供职能支持、决策层提供决策依据。

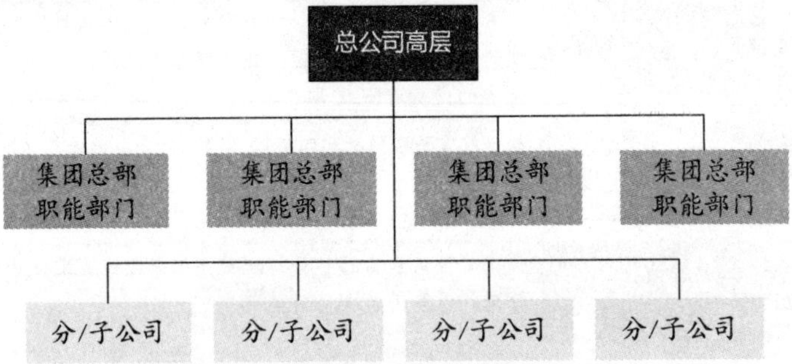
总公司高层
集团总部职能部门
集团总部职能部门
集团总部职能部门
集团总部职能部门
分/子公司
分/子公司
分/子公司
分/子公司

图 3–8　母子结构

由于总分结构强调管控中的集权化，总部的战略决策可以在下属分 / 子公司中得到快速的贯彻执行。由于母公司对于分 / 子公司的管控相对比较严格，组织效率相对较高。但是该结构要求母公司驾驭产业运作的能力较强，比较适用于专业化运作的集团公司。

一般来讲，集团母公司职能部门按照相似的职能组合成职能部门；分子公司按照区域、产品、业务等组建。

3.1.4.2　矩阵式结构

为适应日益复杂的市场竞争环境以及消费者需求的差异化，集团公司将有关人员从以前的职能部门中抽离出来，组成一个独特的功能集合，以满足市场或消费者的需要，由此产生矩阵式组织结构。矩阵式组织结构成员具有双重身份，其一是各自不同职能部门的成员，受其上级指挥；其二是项目组成员，受项目负责人指挥。

矩阵式结构是职能部门化和产品部门化两种部门化形式的融合，如图 3-9 所示。矩阵式结构最明显的特点是打破了统一指挥的原则。员工有两个上司：职能经理和产品经理。在矩阵式结构中，指挥链是双重的。

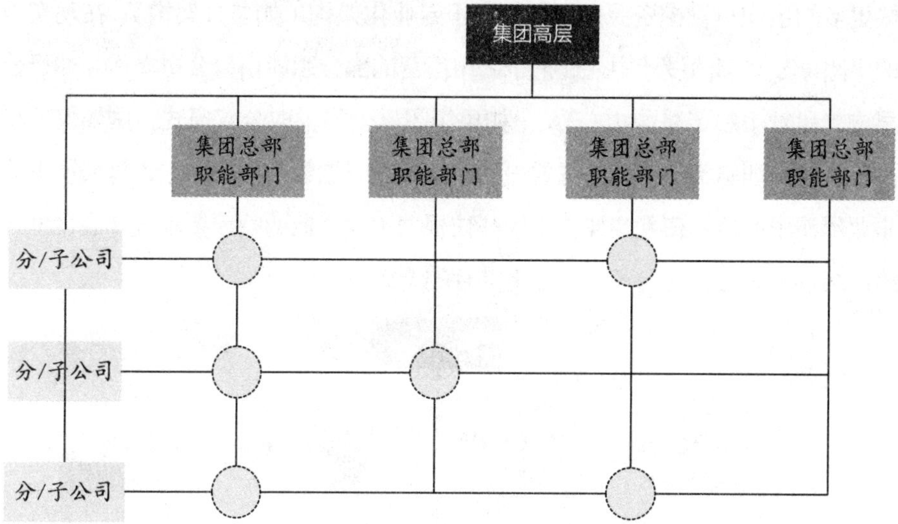
集团高层
集团总部职能部门
集团总部职能部门
集团总部职能部门
集团总部职能部门
分/子公司
分/子公司
分/子公司

图 3-9　矩阵式结构

矩阵式结构的优势在于，当集团公司具有比较复杂但又相互依存的活动时，有助于协调这些活动。在矩阵式组织中，不同类型的专业人员可以进行直接频繁的交流，达到更好的灵活性。矩阵式组织还可以更好地配置不同类型的专业人员来实现规模经济。

3.1.4.3　混合式结构

由于集团公司的业务相对复杂，组织结构很少单纯地以职能式母子公司结构或矩阵式结构的形式存在，可能同时兼具不同模式的特征，综合两种或多种特征的一种典型结构称为混合式结构，如图 3-10 所示。

集团公司整体组织结构的各种形态并无高低之分，关键在于是否能够与集团战略相吻合，是否能够为集团管控模式、权责划分与流程制度的落地提供组织保证。集团公司组织结构形式常常会依据环境的变化和战略的变化，不断进行动态演进。

在集团组织结构设计中，集团母公司对分 / 子公司管控模式和集分权要求的不同，会导致对组织结构提出不同的要求，如图 3-11 所示。一般而言，集团战略属于专业化运作，集团母公司要求集权化程度高，管控模式需要集团集成更多的运作与管控资源，更加倾向于专业化架构（如总分架构）。在现实中的集团母公司部门设计中往往把子公司运营的部分职能由母公司操作（如母公司成立研发中心、采购中心等）；如果集团母公司采取分权模式，例如仅关注投资收益，则总部部门设置主要以战略投资等职能管理部门为主，母公司下设事业部或子公司。在现实操作中则往往根据不同产业的管控要求设计混合型的组织结构，如总分与母子、事业部共存的方式。

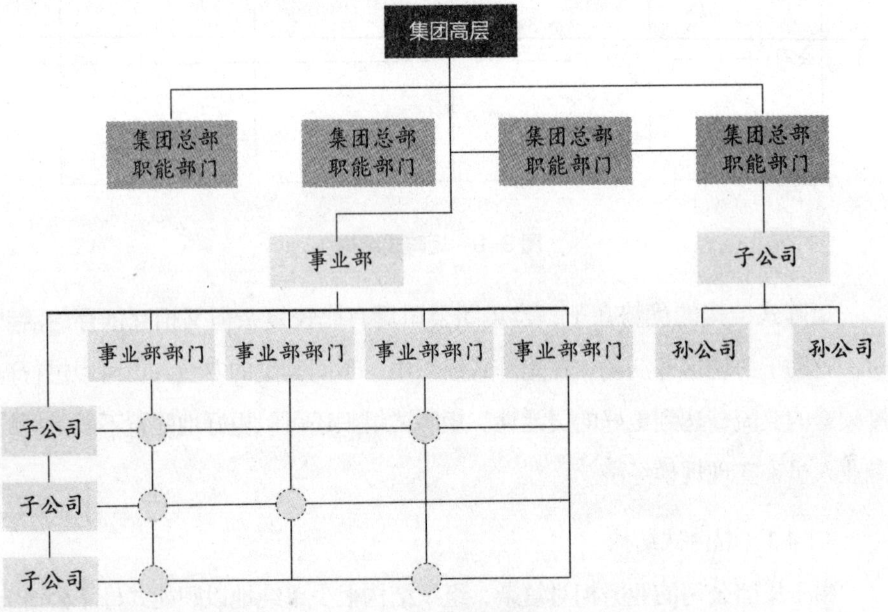
集团高层
集团总部职能部门
集团总部职能部门
集团总部职能部门
集团总部职能部门
事业部
子公司
事业部部门
事业部部门
事业部部门
事业部部门
孙公司
孙公司
子公司
子公司
子公司

图 3-10 混合结构

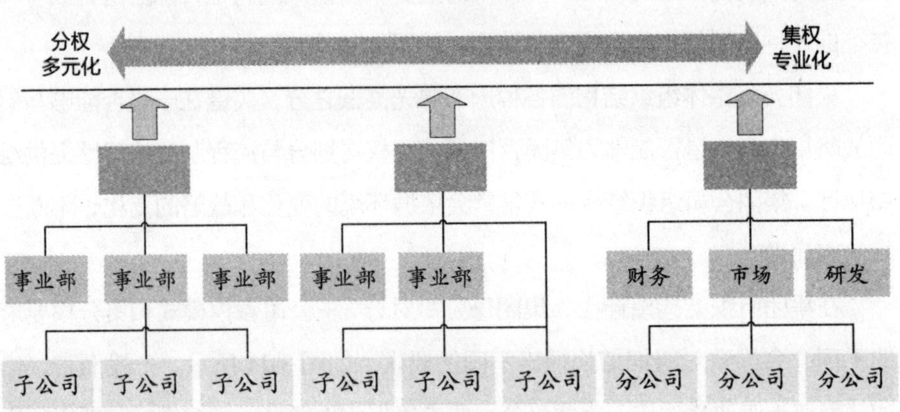
分权
多元化
集权
专业化
事业部
事业部
事业部
事业部
事业部
财务
市场
研发
子公司
子公司
子公司
子公司
子公司
子公司
分公司
分公司
分公司

图 3-11 集团管控模式与组织结构

3.2　组织结构设计关键问题

3.2.1　部门化和岗位设计

3.2.1.1　部门划分考虑的因素

进行部门划分要考虑的主要因素见表 3-2。

表 3-2　部门划分考虑的因素

因素	含义
系统性	打破以往按职能划分的习惯，通过业务流程重组，优化流程和组织结构，系统地建立面向客户、面向市场竞争、基于职能的主营业务流程和信息化管理体系
经济性	在设置一个部门时，考虑管理及办公费用
控制因素	各个部门在整个业务流程中的相互制约关系
协调	减少部门接口或工作环节
服务与保证	考虑部门之间的服务或保证关系。传统原则与观念是下级服从上级，现代企业在处理工作岗位或部门之间的关系时，应遵守工序服从原则，下道工序的管理者可以指挥上一道工序的管理者
专业化	划分部门时，要使其中的岗位尽可能地配备专业人员，相同的专业人员尽可能地集中在一个部门

3.2.1.2　部门划分方法

集团公司部门划分方法主要有五种，如图 3-12 所示。

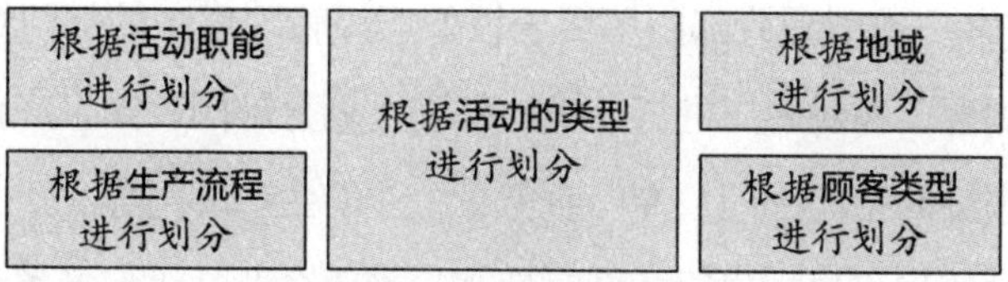
根据活动职能
进行划分
根据生产流程
进行划分
根据活动的类型
进行划分
根据地域
进行划分
根据顾客类型
进行划分

图 3-12　部门划分方法

（1）按职能划分部门是最普遍采用的方法，是根据专业化原则，以工作或任务的性质为基础来划分部门，并按照这些工作或任务在组织中的重要程度，分为基本的主要职能部门和派生的次要职能部门。基本的职能部门处于组织机构的首要一级，当基本的职能部门的主管人员感到管理幅度太大，影响到管理效率时，就可将母公司部门任务细分，从而建立从属的派生职能部门。

这种划分方法的优点是遵循分工和专业化原则，有利于充分调动和发挥企业员工的专业技能，有利于培养和训练专门人才，提高企业各部门的工作效率，加强上层控制手段，有利于目标的实现。其缺点是容易导致所谓的“隧道视野”现象，职能部门容易从自身利益和需要出发，忽视与其他职能部门的配合，横向协调性较差。

（2）按产品划分部门是按产品或产品系列来组织业务活动。这种划分方法的优点是能发挥专业设备的作用，部门内部上下级关系比较容易协调；各部门主管人员将注意力集中在特定产品上，有利于产品的改进和生产效率的提高。但是这种方法使产品部门的独立性比较强而整体性比较差，加重主管部门在协调和控制方面的负担，并要求具备全面管理的能力。

（3）按地区划分部门更适合于分布地区分散的集团公司，目的是调动地方和区域的积极性。当集团公司在空间分布上涉及广泛的地区，并且各地区的政治、经济、文化、习俗等存在差别并影响到企业的经营管理，就可以将某个地区或区域的业务工作集中起来，委派一位主管人员负责，实行区域化管理。

这种方法的优点是因地制宜，取得地方化经营的优势效益，有利于改善地区的协调，有利于培养管理人才。其缺点是需要更多的具有全面管理能力的人员，增加集团母公司对各部门控制的难度，地区之间不易协调。

（4）按客户类型划分部门多用于较低层级管理层中的部门划分。它根据服务对象的需要，在对客户进行分类的基础上划分部门，如生产企业可划分为专门服务于家庭的生产部门、专门服务于企业的生产部门等。

这种方法的优点是提供服务针对性强，便于企业从满足各类对象的要求出发安排活动。其缺点是按这种方法组织起来的部门，因客户不同，主管人员常常要求更多资源和条件支持，比如，列举某些原因要求给予特殊照顾和优待，从而使这些部门之间的协调产生困难。

（5）根据生产流程划分部门常常和其他部门划分方法结合起来使用。这种划分方法的优点在于能经济地使用机器设备，充分发挥机器设备的能力，便于机器设备的维修和材料供应，同时也有利于发挥专业技术人员的特长。

3.2.1.3 确定部门职能

（1）明确母公司功能定位

集团公司总部的功能定位是各管理层次功能定位的基础。在划分部门前，首先需要明确集团母公司的管理职能。集团公司的主要职能包括：战略管理、风险控制、运营协调、职能支持、成本控制和价值创造管理，如图 3-13 所示。

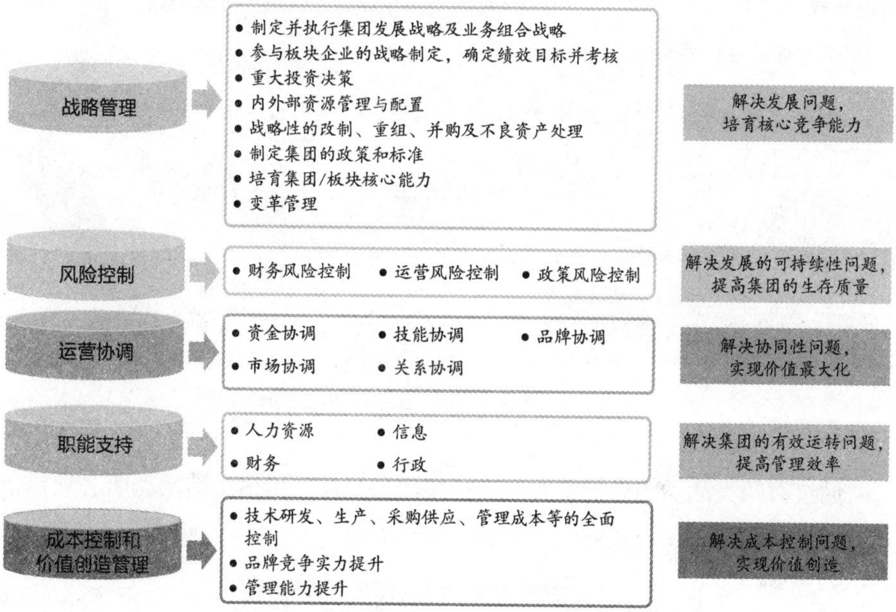
战略管理
• 制定并执行集团发展战略及业务组合战略
• 参与板块企业的战略制定，确定绩效目标并考核
• 重大投资决策
• 内外部资源管理与配置
• 战略性的改制、重组、并购及不良资产处理
• 制定集团的政策和标准
• 培育集团/板块核心能力
• 变革管理
解决发展问题，培育核心竞争能力
风险控制
• 财务风险控制 • 运营风险控制 • 政策风险控制
解决发展的可持续性问题，提高集团的生存质量
运营协调
• 资金协调 • 技能协调 • 品牌协调
• 市场协调 • 关系协调
解决协同性问题，实现价值最大化
职能支持
• 人力资源 • 信息
• 财务 • 行政
解决集团的有效运转问题，提高管理效率
成本控制和价值创造管理
• 技术研发、生产、采购供应、管理成本等的全面控制
• 品牌竞争实力提升
• 管理能力提升
解决成本控制问题，实现价值创造

图 3-13 母公司管理职能

（2）根据职能划分为四种活动

在明确集团母公司的管理功能后，就可以确定集团公司本部主要职能了，如图 3-14 所示。通过价值链分析明确母公司各职能部室需承担的各项管理活动及应具备的职能。集团公司职能部室需承担的活动主要可以分为四类：管理支持类活动、业务类活动、合规类活动和辅助类活动，如图 3-15 所示。

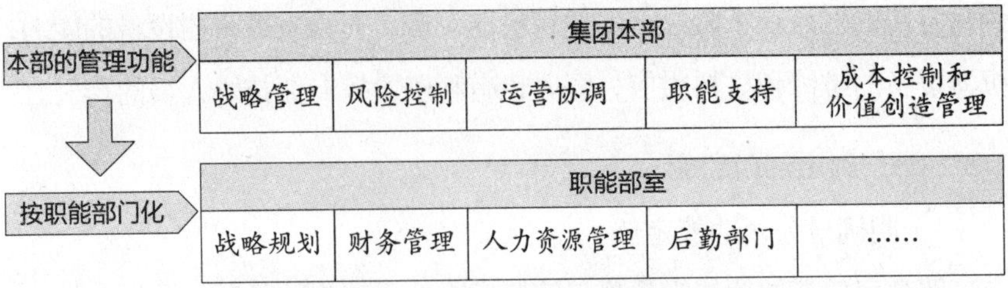
本部的管理功能
集团本部
战略管理
风险控制
运营协调
职能支持
成本控制和价值创造管理
按职能部门化
职能部室
战略规划
财务管理
人力资源管理
后勤部门
……

图 3-14　母公司管理功能及下属单位职能部门化

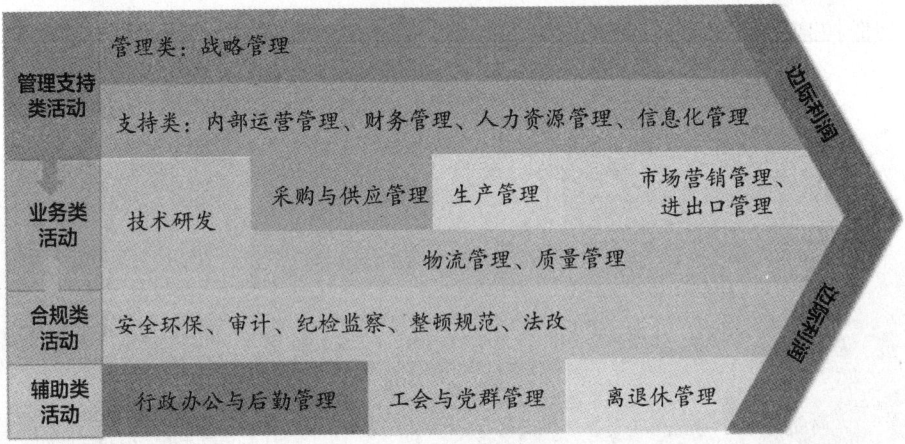
管理支持类活动
管理类：战略管理
支持类：内部运营管理、财务管理、人力资源管理、信息化管理
业务类活动
技术研发
采购与供应管理
生产管理
市场营销管理、进出口管理
物流管理、质量管理
合规类活动
安全环保、审计、纪检监察、整顿规范、法政
辅助类活动
行政办公与后勤管理
工会与党群管理
离退休管理
边际利润
边际利润

图 3-15　简单集团公司的价值链分析

通过对四类活动的分析，发现支持集团公司各项价值创造活动所必须具备的职能，明确需要建立的部门，见图 3-16。

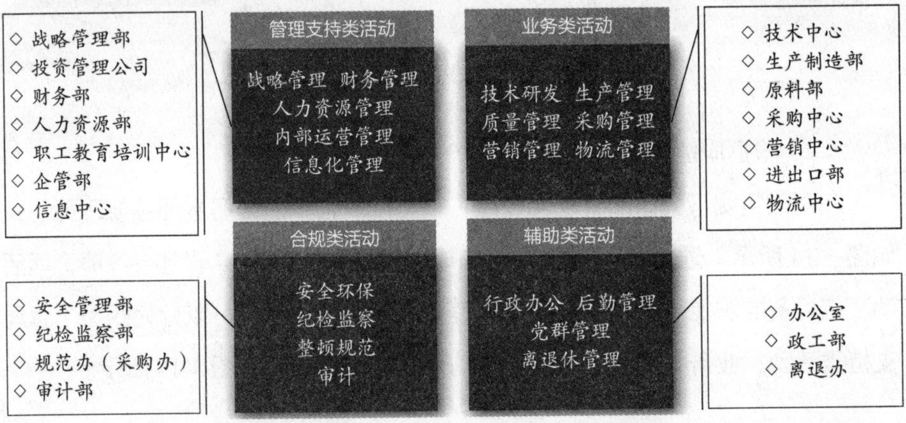
◇ 战略管理部
◇ 投资管理公司
◇ 财务部
◇ 人力资源部
◇ 职工教育培训中心
◇ 企管部
◇ 信息中心
管理支持类活动
战略管理 财务管理
人力资源管理
内部运营管理
信息化管理
业务类活动
技术研发 生产管理
质量管理 采购管理
营销管理 物流管理
◇ 技术中心
◇ 生产制造部
◇ 原料部
◇ 采购中心
◇ 营销中心
◇ 进出口部
◇ 物流中心
◇ 安全管理部
◇ 纪检监察部
◇ 规范办（采购办）
◇ 审计部
合规类活动
安全环保
纪检监察
整顿规范
审计
辅助类活动
行政办公 后勤管理
党群管理
离退休管理
◇ 办公室
◇ 政工部
◇ 离退办

图 3-16　简单集团公司各种活动应具备的职能及对应的部门

（3）部门职责设计和岗位职责设计

在确定了部门职能之后，就应该对部门职能界面进行界定并细化为部门职责。部门职责设计应以集团发展战略为导向。通过集团总部与下属单位各部门之间的沟通与协作，实现战略目标。同时，部门职责优化的过程中，权力应当与责任相互匹配，有重点、有步骤地对部门职责存在的问题进行优化。

步骤 1：调研并分析集团部门职责设计存在的问题。首先确认集团发展战略，以明确发展方向，在战略初期梳理基础职责，明确各级别职责设计的要求。

步骤 2：优化部门职责。依据战略梳理和层级职责管理，结合集团各部门职责设计存在的问题和内部职能发挥问题，对原有部门职责进行优化。明确各部门间发挥的主要作用，划清部门间职能界面，并以此为基础确定各部门的核心职能和基本职能。

步骤 3：规范部门职责。运用平衡计分卡的原理，形成标准化的部门职责说明书模板，编制部门职责说明书，为部门职责的充分发挥夯实基础。在部门职责优化的过程中，需要不断与部门人员进行沟通，结合工作实际，通过标准化的模板形式，不断规范部门职责的描述，形成部门职责说明书。

部门职能职责梳理完成之后，就需要通过岗位分析对岗位设置进行优化，并明细岗位职责，形成岗位说明书。岗位分析的目的是尽可能消除管理者和员工对岗位认识上的差异。

设计岗位和明细岗位职责，需要对三个要素进行分析，被称为岗位规范化三要素：

◇ **专业要素**。通过分析流程，明确流程各环节需要的活动或任务，界定实现流程的工作内容和专业领域，这是岗位设置的基础；

◇ **工作层次要素**。通过对完成流程活动或任务的纵向分析和组合，明确岗位的工作层次，根据不同层次工作所需能力的不同要求，设置不同层次的岗位；

◇ **工作量要素**。通过对完成活动或任务所需的时间和精力投入的分析，参考合格员工的全日制工作时间，判断岗位工作量的饱和程度，以进一步确定人员配备的必要条件。

岗位设置的五项核心原则是：

◇ 原则 1：因事设岗。设置岗位既要着眼于企业现实，又要着眼于企业发展。按照组织职能要求设定岗位，而不应因人设岗；岗位和人应是设置和配置的关系，而不能颠倒。

◇ 原则 2：规范化。岗位的命名及工作职责界定应规范；岗位名称要避免歧义，能够反映岗位的工作内容和特征，岗位职责要清晰明确，同类职责尺度要求一致。

◇ 原则 3：长期性。尽量保证设置的岗位职责是长期的，并具稳定性；临时性职责可以通过暂时增加长期岗位工作职责，以及设置最少量临时性岗位；临时性岗位在临时性职责完成后应该撤销；一个岗位的长期存在必须有基本饱和的工作量。

◇ 原则 4：最少岗位数。在满足企业经营运作的前提下，尽可能减少岗位数量，以最大限度地节约人力成本，并缩短岗位之间信息传递环节，提高组织的效率。

◇ 原则 5：风险与内控。根据风险与内控要求，实施必要的岗位分设及增加控制点岗位。

在完成了岗位设计并明晰了岗位职责之后（即通常所说的“定岗”），就需要编写岗位说明书。这是明确岗位目的、主要职责、工作关系、任职要求等的说明性文件，也是最基本的管理工具之一。岗位说明书是岗位价值评估和岗位绩效目标设定的基础，也是绩效辅导的参照。此外，还可用于招聘和入职培训。

通常所说的“定编”是指每一岗位需要安排多少个人去完成任务，并最终形成部门的人数编制。可以一岗多人，也可以一人多岗。定编是依据工作任务、工作量的大小来确定的，而定岗是依据工作性质来确定的。

总之，部门化和岗位设计是管控体系设计中重要的基础性工作，在管控流程中发挥承上启下的作用，如图 3-17 所示。

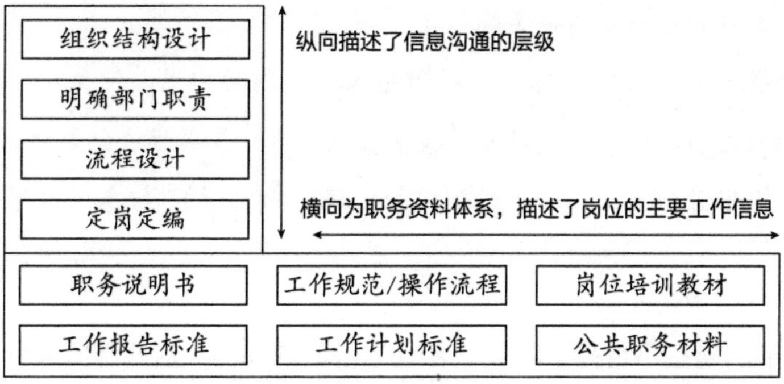
组织结构设计
明确部门职责
流程设计
定岗定编
纵向描述了信息沟通的层级
横向为职务资料体系，描述了岗位的主要工作信息
职务说明书
工作规范/操作流程
岗位培训教材
工作报告标准
工作计划标准
公共职务材料

图 3-17　部门化和岗位设计在管控流程中发挥承上启下的作用

3.2.2　组织结构层次设计

集团公司组织结构与单体公司组织结构最大的不同是前者带有明显的层次化特征。随着集团组织层次的增加，集团的控制力会逐步减弱。

集团公司组织架构通常包括集团总部职能部室组织架构、一级利润中心组织架构、二级利润中心组织架构等等。其中集团总部职能部室组织架构可以参照前面部门划分的办法进行部门设计。下属各级利润中心和实体公司的组织架构可以参照集团总部组织架构进行设计。一个需要遵循的原则是“上下对应”原则：即下级单位的组织架构和上级部门原则上需要一一对应，以便职能顺利贯穿。但可根据工作任务量的大小,进行职能职责合并,组建多职能联合部门。

对各职能部室，需要综合考虑各个职能部门对产品及利润的直接贡献、在公司总体战略规划中的地位，以及对公司总体发展的贡献度，将集团公司各职能部室划分为一级部门和二级部门，并将部门层级与薪酬体系挂钩，以通过业绩奖惩资源的优化配置，激发各部门的工作积极性。

3.2.2.1　一级部门

一级部门承担核心职能，在公司整体价值链和商业模式中必不可少，其作用能覆盖到公司整体，对公司整体发展和价值创造的贡献度较大，主要包括：

◇ 业务类部门（一线生产及利润部门），它们的绩效好坏与企业的利润直接相关，包括技术中心、采购中心、生产制造部、营销中心、物流中心、进出口部等核心业务类部门；

◇ 管理支持类部门，对企业利润起间接的辅助作用，但是对公司战略方向确定和总体运行发展至关重要，包括战略管理部、企管部、财务部、人力资源部、职工教育培训中心（技能鉴定站）、信息中心等部门。

3.2.2.2 二级部门

二级部门是指不直接贡献利润和创造价值的部门。这些部门起到间接的辅助作用，比如仅承担辅助管理职能和合规性监督职能的部门，对公司发展和价值创造的贡献度相对较小。主要包括合规类和辅助类部门，比如纪检监察部、审计部、规范办、安全管理部、办公室、董事办、法改部、政工部、机关党委、工会等。

对于部门层级与薪酬体系挂钩的方式，可以在业绩管理体系的基础上，依据部门层级设置相应的绩效系数。比如可以设计一级部门绩效系数 1.0，那二级部门绩效系数就可以赋值 0.8。最终通过部门绩效系数与部门工资标准相乘的方式进行绩效挂钩，因一二级部门的价值创造的直接性和对公司总体发展的贡献度不同实现差异化薪酬，从而激发各部门的工作积极性。

3.3 某烟草公司的组织结构设计案例

3.3.1 某烟草公司概况及其管控现状

本节以作者服务过的某烟草集团公司为例，说明简单集团公司组织架构设计的步骤和内容。

某烟草公司以集团总部为中心，在省内不同地点分别设立多个生产经营实体。另外，国家烟草局于近几年提倡各烟草公司完善物流、营销、技术、采购中心建设，并对四大中心采取非法人实体的方式进行运作。

市场化改革之后，该烟草公司整体规模扩大，出现“上下博弈、管理复杂、信息不对称、对市场变化不敏感、管理水平和效率有待提升”等问题（见表 3-3），需要公司总部统一协调、统筹规划，需要设计和建立该烟草公司对下属烟厂、各中心和职能部室的管控体系，以实现协同效应。

表 3-3　某烟草集团公司当前运营中存在的突出问题和问题成因

序号	存在的问题	问题的成因
1	职责界定还不够清晰，部门之间的协作联动有待加强	机制还不够健全
2	公司战略规划与绩效管理的衔接还不够紧密	绩效管理体系还需要进一步优化设计
3	授权与管控的关系还需进一步理清	管控的重点还不够突出
4	行政体制如何尽快转向企业机制也是需要进一步研究的问题	企业化运作观念和机制还需要不断加强和完善
5	部门间合作有待加强	核心业务流程还不够精细

该集团公司面临着来自利税增长、品牌竞争、已有市场竞争、新兴市场开拓等各方面的压力，严峻的竞争态势要求该集团公司建立一套符合自身特色的能高效运作的管控体系，以有效应对激烈的竞争。

在强大的竞争压力下，需要明确该集团公司要做什么、怎么做，才能应对新形势下的行业竞争，以提高公司竞争力。该烟草公司价值链如图 3-18 所示。

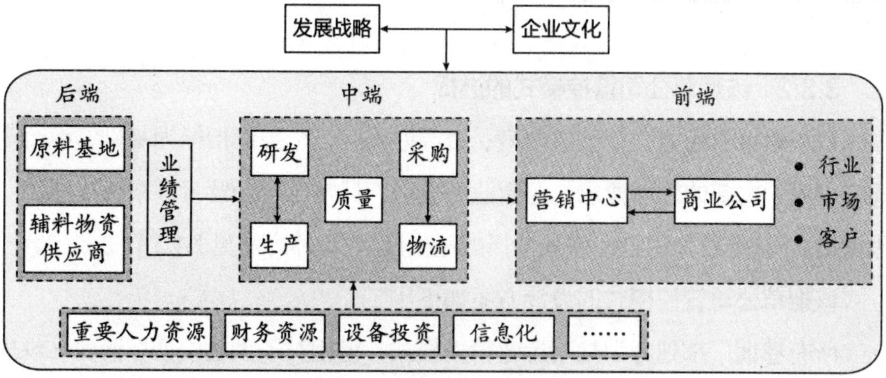
发展战略
企业文化
后端
中端
前端
原料基地
辅料物资供应商
业绩管理
研发
采购
质量
生产
物流
营销中心
商业公司
行业
市场
客户
重要人力资源
财务资源
设备投资
信息化
……

图 3-18　该烟草公司的价值链

为应对强大的竞争压力，该烟草公司应以价值创造为中心，在集团公司发展战略的引领下，以及企业文化的有效支撑下，针对价值链的不同模块，明确各自的工作重点：

◇ 前端：营销中心应与商业公司相互协作，以面向市场为中心，及时研究市场的发展变化，快速满足客户的要求；

◇ 中端：研发、生产、质量、采购、物流管理等各环节应精诚合作、协调联动，着重提高精益管理水平，从而提高效率；

◇ 后端：原料、辅料物资供应应力求质优价廉，并通过精益管理实现成本优化。

在明确该烟草公司应该做什么之后，要解决的问题是各模块如何实现相关目标，即：

◇ 前端：如何快速反应市场变化和客户需求的变化；

◇ 中端：如何有效提高效率和管理水平；

◇ 后端：如何确保质优价廉的原料和辅料物资的供应，以及如何开展精益管理。

在这个过程中，如何围绕创造价值这个中心，梳理、整合，特别是优化内部管理体系，是至关重要的。

3.3.2 该烟草公司管控模式的选择

以战略重要程度、管理成熟度、资源匹配度三个关键指标为基础，综合考虑“规模、本部的管理要求、经营业务重点、日常生产经营管理事务比重等”因素，构建该烟草公司管控模式选择的量化模型，具体方法见1.4.2节主要内容。

该烟草公司管控模式的设计方案如下：

所有卷烟厂都划分为战略运营管控模式，但相对于大规模烟厂而言，规模较小的烟厂，其战略地位、重要程度相对较低，两者有一定的区别：大型卷烟厂位于战略核心地位，对于集团的业务影响较大，应该加大管控力度，集中优势资源培育核心竞争优势；小型卷烟厂处于战略从属地位，总部可适当减小管控力度，保证小型烟厂完成战略目标即可。

表 3-4 某烟草公司管控模式优化设计方案

战略运营管控	战略管控	战略财务管控	财务管控
原料生产制造中心	营销中心	烟草薄片有限公司	投资管理公司
卷烟厂 1（大型）	物流中心		
卷烟厂 2（大型）	技术中心		
卷烟厂 3（小型）	采购中心		
卷烟厂 4（小型）			
卷烟厂 5（小型）			
卷烟厂 6（小型）			

3.3.3 该烟草公司组织结构的优化

该烟草公司组织结构优化的目标是合并一些性质相近的部门、职能遗漏的补充完整，并把职能重新梳理清晰。

该烟草公司组织结构优化设计方案对现有组织结构的调整优化主要体现在五个方面（具体见图 3-19 所示）：

◇ 新增战略管理部，企划部职能调整后更名为企管部，并将办公室、信息中心的职能中与战略管理相关的职能调整到战略管理部统一管理；

◇ 成立采购中心，负责物资、原料的统一规划和集中采购；

◇ 将工会（机关党委）与政工部合并，其职能调整到政工部统一管理；

◇ 对质量管理职能进行界定，对物流职能、营销职能进行梳理、整合；

◇ 依据战略、市场、效率导向的要求，对物流中心、投资管理公司进行重新定位。

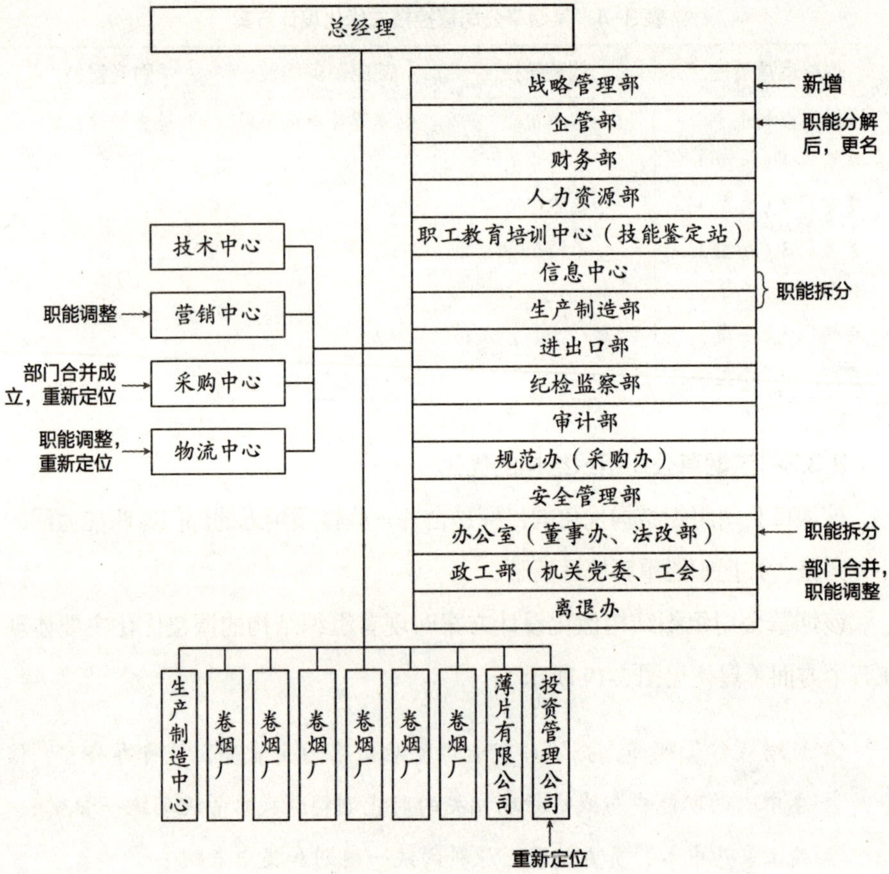
总经理
战略管理部
新增
企管部
职能分解后，更名
财务部
人力资源部
职工教育培训中心（技能鉴定站）
信息中心
生产制造部
职能拆分
进出口部
纪检监察部
审计部
规范办（采购办）
安全管理部
办公室（董事办、法政部）
职能拆分
政工部（机关党委、工会）
部门合并，职能调整
离退办
技术中心
职能调整
营销中心
部门合并成立，重新定位
采购中心
职能调整，重新定位
物流中心
生产制造中心
卷烟厂
卷烟厂
卷烟厂
卷烟厂
卷烟厂
卷烟厂
薄片有限公司
投资管理公司
重新定位

图 3-19　某烟草集团组织结构优化设计图

第四章　权责体系设计

权责体系是指公司在既定的发展战略、组织结构的基础上，就其各项活动参与者的责任和权力界定划分所形成的管理体系。它是实现母公司与分 / 子公司适度集权与分权的有效手段，与管控体系各模块密切相关。具体而言，权责体系通过将部门职能层层分解，对集团母公司和分 / 子公司权限的合理划分，将母公司各职能部室和分 / 子公司有机统合于公司整体战略体系下，共同支撑战略目标的实现。

管控模式明确了在不同管控模式下的管理手段和管控重点。组织结构的确定，为权责体系的划分确定责任主体。制度和业绩管理体系通过制度规定和考核、奖惩手段的确定为权责体系的有效实施提供保障和支撑。权责体系的优化设计通过部门职能界定、梳理及权限划分支撑简单集团公司管控体系的战略、市场、效率导向的特征。

权责体系设计的方法：

◇ **部门职能界定**：采用部门层级分析法明确母公司各职能部门和分 / 子公司的职能定位和部门职责。具体步骤如下：（1）从公司的战略规划和总体职能出发，能使各部门员工理解部门职能职责与企业总体职能的关系，明确自身部门对实现企业总体职能的价值；（2）自上而下的职能职责分解，更有利于体现职能职责之间的逻辑关系，才能真正消除部门职能之间的真空地带和交叉地带；（3）通过三级职能分解，为部门工作的开展、绩效的考核提供明确的指导。

◇ **权限划分**：在部门职能界定清晰的基础上，从管理层级、管理对象、管理职能三个方面对集团总部和分 / 子公司的权限进行界定、划分。三种划分方式相互补充，从不同的侧面明晰集团总部和分 / 子公司之间的权限划分。

权责体系设计拟完成的效果：简单集团公司权责体系设计主要完成以下两部分工作：

（1）明确集团总部各职能部门和分 / 子公司的权力和职责；

（2）明晰集团总部和分 / 子公司的权限划分。

4.1 权责体系概述

企业集团内部的横向分工会在企业内部形成不同的职能部门，而纵向分工则使企业内部形成多个管理层次。为更好地管理企业，企业集团内部各个职能部门、各个子公司、每个岗位的权责都应该划分清楚，否则就会造成职责不清的混乱现象，影响集团公司的有序运行和经济效率的提高。

4.1.1 权责体系设计目标与原则

4.1.1.1 权责体系设计目标

权责定位的目的是通过梳理权责，营造出这样的机制环境：

◇ 职能中心、下属单位能相对独立、灵活地适应市场的变化，发挥最大的效能；

◇ 使集团母公司能取得最大的整体效能。

集团公司权责体系优化设计的具体目标体现在以下三个方面：

◇ 明晰各职能部室的职能界面划分，减少推诿扯皮，提升管理效率，促进集团公司管理效率的持续改进；

◇ 有效支撑集团公司发展战略的落地实施；

◇ 确定合理的集权与分权限度，调动下属单位的积极性，提升决策效率及对市场环境的反应能力。

4.1.1.2　权责体系设计原则

简单集团公司权责体系设计过程中，应遵循可控原则、对等原则、分层决策、分层授权、统一管理的原则（见图 4-1），以确保实现简单集团公司权责体系优化设计的目标。

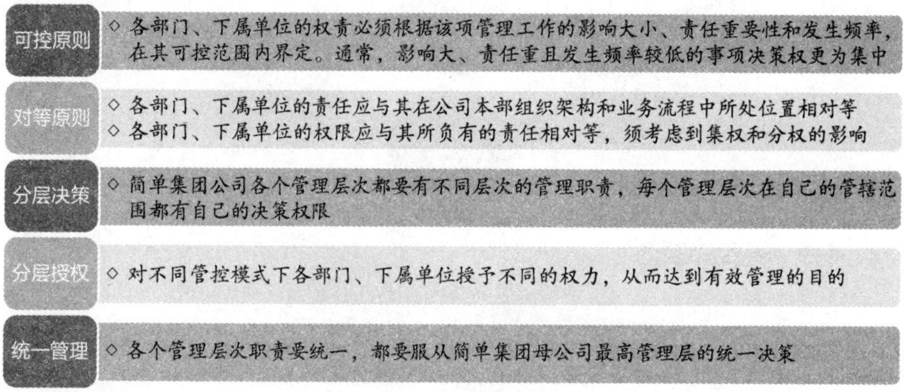
可控原则
◇ 各部门、下属单位的权责必须根据该项管理工作的影响大小、责任重要性和发生频率，在其可控范围内界定。通常，影响大、责任重且发生频率较低的事项决策权更为集中
对等原则
◇ 各部门、下属单位的责任应与其在公司本部组织架构和业务流程中所处位置相对等
◇ 各部门、下属单位的权限应与其所负有的责任相对等，须考虑到集权和分权的影响
分层决策
◇ 简单集团公司各个管理层次都要有不同层次的管理职责，每个管理层次在自己的管辖范围都有自己的决策权限
分层授权
◇ 对不同管控模式下各部门、下属单位授予不同的权力，从而达到有效管理的目的
统一管理
◇ 各个管理层次职责要统一，都要服从简单集团母公司最高管理层的统一决策

图 4-1　简单集团公司权责体系设计原则

4.1.2　权责体系设计要考虑的因素

简单集团公司权责体系设计，首先，从分析框架入手，需要考虑集团企业的发展战略、功能定位、组织结构、业务流程和集权与分权、管理能力等方面的匹配性；其次，从实现权责体系的条件出发，由于权责体系所涉面广，需要考虑各方面的利益分配、完善管理与业务流程及建立全面的预算管理体系；最后，以此为基础，阐述如何进行集团公司的权责体系设计。

分析评价简单集团公司的权责体系，一般考虑如下基本要素，如图 4-2 所示：

简单集团公司的功能定位、管控模式、组织结构设计都要符合整个集团公司的发展战略，权责体系也必须和集团公司发展战略相符合。

职能定位是否得当，也是分析权责体系的一个前提条件，职能定位不同，权责必然不同，二者是密切相关的，权责体系必须和职能定位相一致。在考察一个部门或业务单元的权责时，必须首先考察它的功能定位。

分析权责体系时，必须要考虑的一个因素就是组织结构和业务流程是否有效。因为组织结构和业务流程是权责体系的基础，如果组织结构和业务流程无效，权责体系便无法建立。权责体系还必须与组织结构和业务流程相一致，只有这样才能保证组织的高效运转。

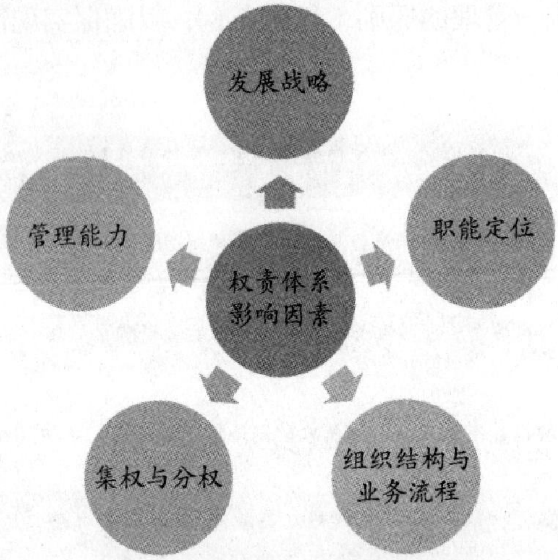
发展战略
职能定位
组织结构与业务流程
集权与分权
管理能力
权责体系影响因素

图 4-2　权责体系设计影响因素

进行权责体系设计时，集权和分权也是必须考虑的一个重要因素，这也是权责体系设计的一项重要内容。不同的集权和分权方案会导致权责体系设计的大相径庭。适当的集权和分权是权责体系设计的必备条件。

权责体系的运转是否高效还与管理能力有着密切的关系。如果一个人管理能力极差,却赋予他较高的责任和权力,那么这种权责关系必然导致管理混乱。权责体系必须和管理能力相适应。

集团公司各管理层次的权责是不同的，这就涉及到集团各管理层次的权责划分问题。总的来说，集团母公司、下属单位、各职能部门之间的权责划分原则是统一领导、统一政策、分散经营。

4.2　权责体系设计关键问题

4.2.1　职能与权责定位

4.2.1.1　对职能进行层级划分

对职能进行层级划分（如图 4-3 所示）的主要优势包括：

一级职能	主要是从公司的**战略规划和总体职能**出发，描述部门在公司的职能定位和存在的价值
二级职能	主要是指部门为了实现公司赋予该部门的总体职能，体现部门存在的价值，而从事的一些**管理活动**
三级职能	主要是指各个职能单元为承担起相应的管理功能所需要完成的各项**具体业务活动**

图 4-3　对职能进行层级划分

◇ 从公司的战略规划和总体职能出发，能使各部门员工理解部门职能职责与企业总体职能的关系，明确自己部门对实现企业总体职能的价值；

◇ 自上而下的职能职责分解，更有利于体现职能职责之间的逻辑关系，才能真正消除部门职能之间的真空地带和交叉地带；

◇ 通过三级职能分解，为部门工作的开展、绩效的考核提供明确的指导。

4.2.1.2　定位过程——以某简单集团公司为例

职能定位过程以某烟草公司为例，结合烟草公司的具体情况将母公司的一级职能拆解为二级职能、三级职能，为部门设置提供依据。

（1）集团母公司职能定位

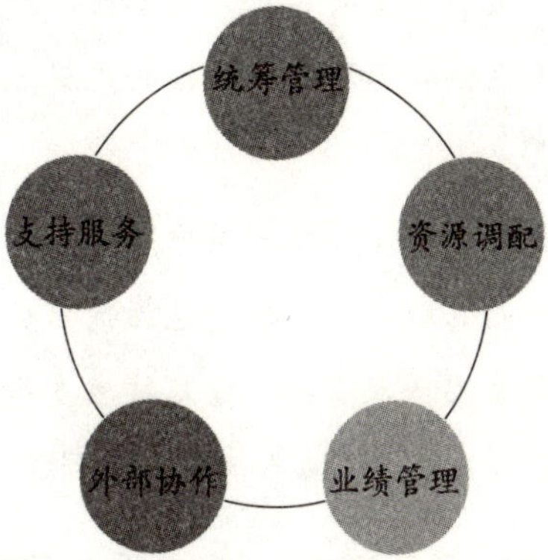
统筹管理
资源调配
业绩管理
外部协作
支持服务

图 4-4　简单集团母公司的五大核心职能

集团母公司的职能定位为——宏观调控中心、战略管控中心、投融资决策中心以及职能支持与服务中心。

集团母公司的核心职能是：

◇ 统筹管理：集团母公司根据企业发展阶段及发展目标明确战略发展方向及目标，树立集团企业的共同使命、愿景及价值观，培养集团企业文化；依据战略规划将现有集团业务进行组合，对集团投资并购行动进行全面分析，在集团内部建立统一的管理流程、制度体系，培养企业集团的核心竞争力。

◇ 资源调配：集团公司为实现战略规划及发展目标，将下属单位的资源进行统一整合、统一调配，集团母公司对资金进行统一管理，并对开拓市场渠道、维护供应链等关键环节进行协调安排，形成集团公司内部下属单位间的资源共享机制，以实现产业协同效应。

◇ 业绩管理：根据集团发展战略规划及目标，分解出各下属单位每一个经营周期的业务目标，对下属单位进行业绩考核管理，监督和管理下属单位日常工作状况及财务状况，以此降低集团公司运营风险。系统的业绩管理体系还能更好地激发员工工作的积极性，培养和吸引核心人才。

◇ 外部协作：集团母公司负责企业品牌建设和培育，建立集团与政府的良好关系，维护集团与重要客户、供应商、产业协会等利益相关者之间的合作互惠关系，对集团公司面临的危机进行危机公关管理，维护集团的良好形象。

◇ 支持服务：为保障集团公司日常工作中的正常运营，集团母公司对下属单位提供各方面的服务与支持，包括提供相互间的资源共享服务、政策信息、外部专家技术支持、信息技术支持、教育与培训、关键的人力资源服务、质量标准、各类保障与福利等。

在不同的管控模式下，集团母公司的职能重点不同（如图 4-5 所示）：

①运营管控模式的集团母公司职能定位

集团母公司负责制定集团整体战略规划，包括分 / 子公司及下属单位的具体业务战略规划，并负责分 / 子公司及下属单位的战略实施管理，其目的在于强调集团公司资源的集中控制和过程控制，追求简单集团经营活动的统一和优化。

运营管控模式	战略管控模式	财务管控模式
◇ 运营控制预算管理 ◇ 中央管理功能/系统 ◇ 产品发展的协调 ◇ 经营的协调 ◇ 采购的协调	◇ 集团战略计划/控制 ◇ 通过委员会进行协同效应管理 ◇ 下属单位计划的协调 ◇ 主要人力资源问题 ◇ 管理能力发展 ◇ 需要设立中央服务/专业功能	◇ 组合战略/参股组合 ◇ 投资回报 ◇ 资源配置财务管理 ◇ 参股管理/报告制度 ◇ 投资导向/投资审查

图 4-5　不同管控模式下集团母公司职能重点

②战略管控模式的集团母公司职能定位

集团母公司以追求集团公司总体战略控制和协同效应培育为目标，主要根据集团统一的战略部署，为下属单位提供战略指导和规范管理，通过影响下属单位的战略实施活动来达到管控目的。

③财务管控模式的集团母公司职能定位

集团母公司作为投资决策中心，主要以资本为纽带，以财务管理和资产运营为核心，以财务规划、投资决策和实施监控为重点对下属企业进行间接监控，强调结果控制。

简单集团公司管控的目的就是提高集团公司的管理能力，为简单集团创造更多的利益。集团母公司是为整个集团创造更多价值和服务，若集团母公司职能定位不合理，不仅不会为集团创造价值，反而会因为管理权责不清而损害集团的价值。

集团母公司的五大主要职能并非在任意时期都同等重要，集团企业发展到不同阶段，集团母公司职能的侧重点也各不相同。例如，若集团处于快速发展阶段，集团母公司对下属业务单位需要更多地发挥资源调配、绩效管理及支持服务的职能，以合理的激励来调动员工的积极性，整合优势资源快速扩张；若集团处于稳定成熟阶段，集团母公司对下属单位应更多地发挥统筹管理、外部协作的职能，集团母公司明确战略发展规划、加强风险管理，以稳步发展，保障集团公司运营顺畅。

（2）一级职能

以某烟草集团公司为例，集团公司本部的职能主要定位于管理支持职能、业务职能、合规职能以及辅助职能四类，每一类职能的具体职能如图 4-6 所示。

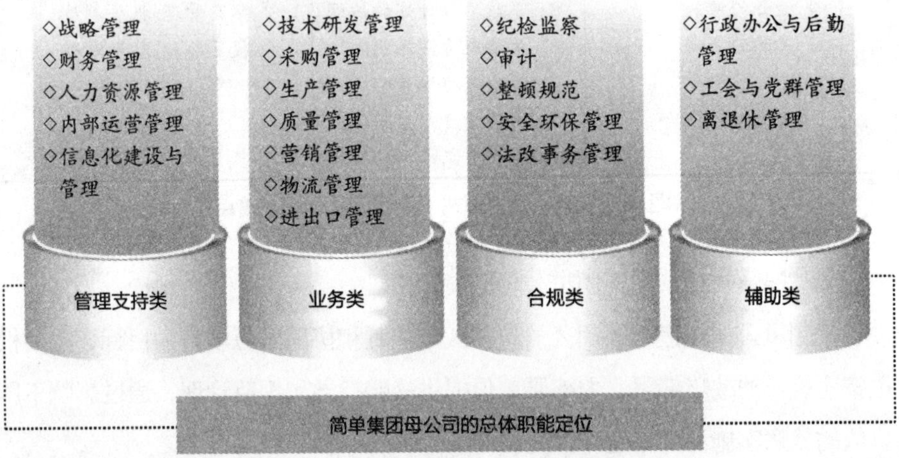
◇战略管理
◇财务管理
◇人力资源管理
◇内部运营管理
◇信息化建设与管理
◇技术研发管理
◇采购管理
◇生产管理
◇质量管理
◇营销管理
◇物流管理
◇进出口管理
◇纪检监察
◇审计
◇整顿规范
◇安全环保管理
◇法政事务管理
◇行政办公与后勤管理
◇工会与党群管理
◇离退休管理
管理支持类
业务类
合规类
辅助类
简单集团母公司的总体职能定位

图 4-6　简单集团母公司的总体职能定位

（3）一级职能细化分解形成二级职能

为保证集团母公司总体职能的有效实现，运用组织设计相关理论，将一级职能细化、分解为二级职能，为部门设置提供依据。每个一级职能对应一个部门，每个二级职能对应部门内一个科室。具体内容如下表 4-1 至表 4-4。

表 4-1　管理支持类职能的细化分解

一级职能	二级职能		对应部门
战略管理	1. 战略规划管理 3. 外部环境分析	2. 品牌战略管理 4. 产成品价格管理	战略管理部
内部运营管理	1. 产销计划管理 3. 标准化管理和管理体系管理 5. 管理创新	2. 公司内部经济运行分析 4. 目标考核 6. 公司制度建设	内部运营管理部
财务管理	1. 日常财务管理、会计核算 3. 资金管理 5. 风险分析监控	2. 预算管理 4. 资产管理	财务管理部

续表 4-1

一级职能	二级职能	对应部门
人力资源管理	1. 组织与岗位管理　2. 人力资源规划 3. 招聘与选拔　4. 教育培训、技能鉴定管理 5. 绩效考核、薪酬福利及社保工作 6. 人事管理　7. 劳动管理	人力资源管理部
信息化建设与管理	1. 公司信息化建设　2. 信息安全管理 3. 系统运行维护　4. 综合统计 5. 信息化项目管理　6. 信息化资产管理	信息化部门

表 4-2　业务类职能的细分化解

一级职能	二级职能	对应部门
技术研发管理	1. 产品研发　2. 科技管理　3. 质量监督管理	技术研发部
采购管理	1. 制度与规划管理　2. 采购业务管理　3. 烟叶基地管理 4. 委外烟叶加工管理　5. 再造烟叶加工管理	采购管理部
生产管理	1. 生产作业计划管理　2. 制造及精益生产管理 3. 生产过程、现场管理　4. 工程投资　5. 设备管理	生产管理部
营销管理	1. 市场研究与开发　2. 品牌培育、维护及品牌营销管理 3. 卷烟产品销售　4. 客户关系管理　5. 全员营销管理	营销管理部
物流管理	1. 综合管理　2. 计划管理　3. 运输、调度管理 4. 仓储管理　5. 设备信息管理	物流管理部
进出口管理	1. 国际市场开拓　2. 卷烟出口管理　3. 其他进出口业务管理	进出口管理部

表 4-3　合规类职能的细化分解

一级职能	二级职能	对应部门
纪检监察审计	1. 监督职能　2. 执纪职能　3. 协助职能	纪检监察部
整顿规范	1. 整顿规范和内部监管　2. 内部专卖管理 3. 招标采购监督与管理	整顿办
审计	1. 经济责任审计　2. 工程审计　3. 管理审计和专项审计	审计部
安保	1. 安全技术管理　2. 消防安全管理　3. 环境保护	安全管理部

表 4-4　辅助类职能细化分解

一级职能	二级职能	对应部门
行政办公、后勤与法改事务管理	1. 文秘工作　2. 新闻宣传　3. 后勤保卫 4. 董事办工作　5. 法改事务	办公室（董事办）
工会与党群管理	1. 党建及党组织日常管理　2. 思想政治教育工作 3. 企业文化建设和精神文明建设　4. 工会工作	政工部（工会）
离退休管理	1. 离退休日常管理　2. 离退休人员管理　3. 离退休待遇管理	离退办

（4）集团公司本部各职能部室之间的关系

按照集团公司本部职能定位，相应地把本部部门也划分为四类：管理支持类部门、业务类部门、合规类部门、辅助类部门。四类部门之间的关系见图 4-7 所示。

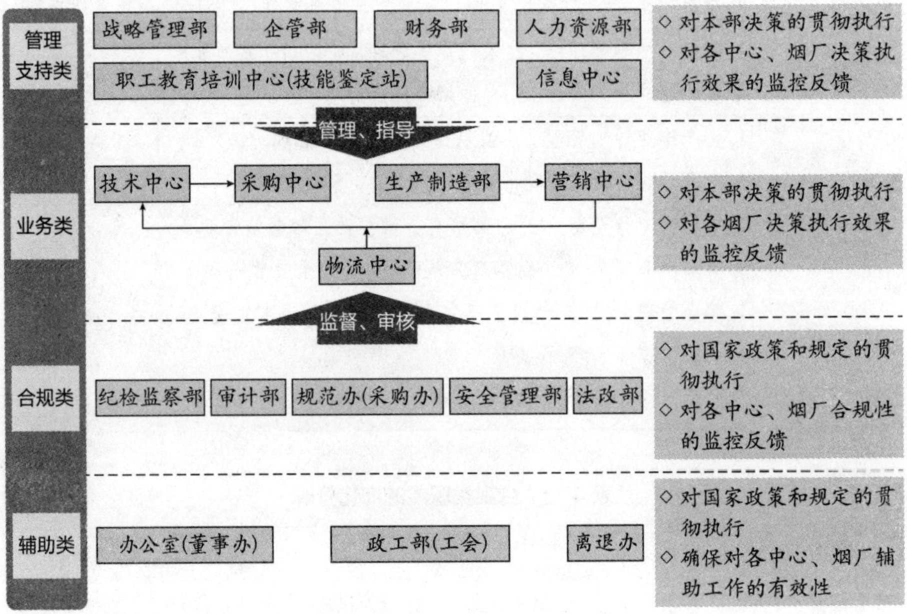
管理支持类
战略管理部
企管部
财务部
人力资源部
职工教育培训中心(技能鉴定站)
信息中心
◇ 对本部决策的贯彻执行
◇ 对各中心、烟厂决策执行效果的监控反馈
管理、指导
业务类
技术中心
采购中心
生产制造部
营销中心
物流中心
◇ 对本部决策的贯彻执行
◇ 对各烟厂决策执行效果的监控反馈
监督、审核
合规类
纪检监察部
审计部
规范办(采购办)
安全管理部
法改部
◇ 对国家政策和规定的贯彻执行
◇ 对各中心、烟厂合规性的监控反馈
辅助类
办公室(董事办)
政工部(工会)
离退办
◇ 对国家政策和规定的贯彻执行
◇ 确保对各中心、烟厂辅助工作的有效性

图 4-7　各部门之间的关系

4.2.2　权限划分重点及方法

对部门权限划分的核心是对重要权限的授权与分权，如图 4-8 所示。

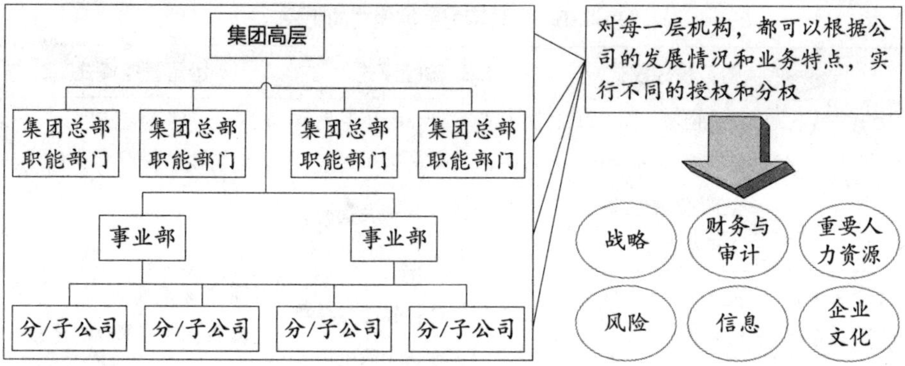
集团高层
集团总部职能部门
集团总部职能部门
集团总部职能部门
集团总部职能部门
事业部
事业部
分/子公司
分/子公司
分/子公司
分/子公司
对每一层机构，都可以根据公司的发展情况和业务特点，实行不同的授权和分权
战略
财务与审计
重要人力资源
风险
信息
企业文化

图 4-8　重要权限的授权与分权

根据不同的权限大小，集团公司的权限呈现金字塔形状，如图 4-9 所示。

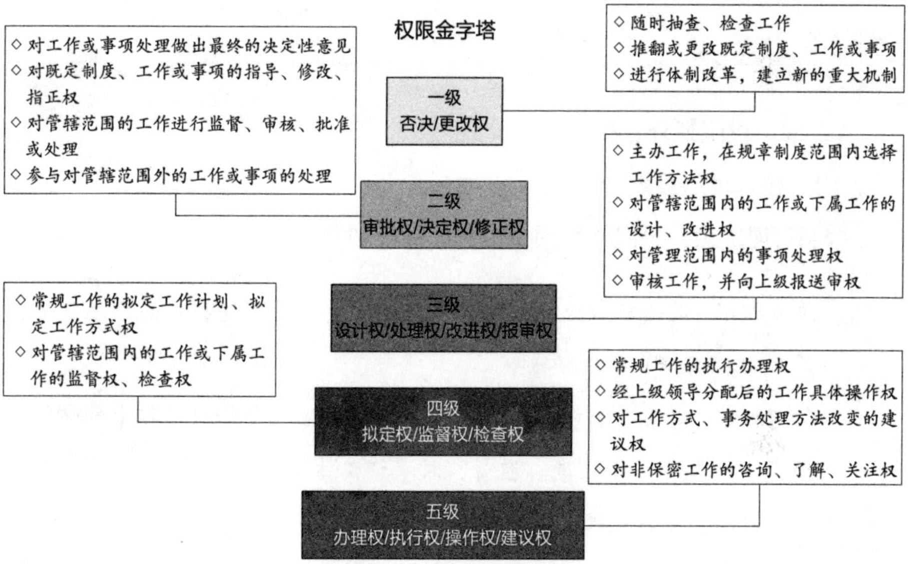
权限金字塔
◇ 对工作或事项处理做出最终的决定性意见
◇ 对既定制度、工作或事项的指导、修改、指正权
◇ 对管辖范围的工作进行监督、审核、批准或处理
◇ 参与对管辖范围外的工作或事项的处理
◇ 随时抽查、检查工作
◇ 推翻或更改既定制度、工作或事项
◇ 进行体制改革，建立新的重大机制
一级
否决/更改权
二级
审批权/决定权/修正权
◇ 主办工作，在规章制度范围内选择工作方法权
◇ 对管辖范围内的工作或下属工作的设计、改进权
◇ 对管理范围内的事项处理权
◇ 审核工作，并向上级报送审权
◇ 常规工作的拟定工作计划、拟定工作方式权
◇ 对管辖范围内的工作或下属工作的监督权、检查权
三级
设计权/处理权/改进权/报审权
四级
拟定权/监督权/检查权
◇ 常规工作的执行办理权
◇ 经上级领导分配后的工作具体操作权
◇ 对工作方式、事务处理方法改变的建议权
◇ 对非保密工作的咨询、了解、关注权
五级
办理权/执行权/操作权/建议权

图 4-9　权限金字塔

4.2.2.1　不同管控模式下权责划分的侧重点

三种不同管控模式下，权限划分的集分权程度不同，见表 4-5 所示。

表 4-5 三种不同管控模式的比较

	财务管控模式	战略管控模式	运营管控模式
经营目标	1. 投资回报 2. 通过投资业务组合的优化，追求公司价值最大化	1. 公司业务组合的协调发展 2. 业务的战略优化和调整 3. 战略协同效应的培育	1. 核心业务的经营 2. 公司战略优化和调整
与下属单位的关系	以财务指标进行管理和考核	以战略规划进行管理和考核	根据集团战略，对业务的关键环节进行管理和考核
管理手段	财务控制	1. 战略规划与控制 2. 财务控制 3. 人力资源控制	核心功能是经营控制。公司本部对下属单位的决策和经营活动进行集中控制和管理
权限划分	分权	介于分权和集权之间	集权

4.2.2.2 权限划分方法

（1）按管理层级划分

按照管理层级，可以将权限从三方面进行划分：

◇ 决策权限：某项职能上的最终决定权，主要是管理过程中的计划环节，实现目标的确立与分解；

◇ 管理权限：对某项职能的宏观管理和协调权限，即管理过程中的组织、协调、控制环节（检查、监督、效果评价、奖惩）；

◇ 业务权限：指各项工作的具体操作实施。

（2）按管理对象划分

按照管理对象，可以将权限从以下三方面进行划分：

◇ 人：人力资源；

◇ 财：财务管理；

◇ 物：设备、原料、物资。

（3）按管理职能划分

从横、纵两个维度对权责权限进行划分，如图 4-10 所示：

◇ 横向维度：明确简单集团公司母公司与各下属单位各自的管理范围；

◇ 纵向维度：明确在同一职能上母公司与各下属单位各自的管理深度。

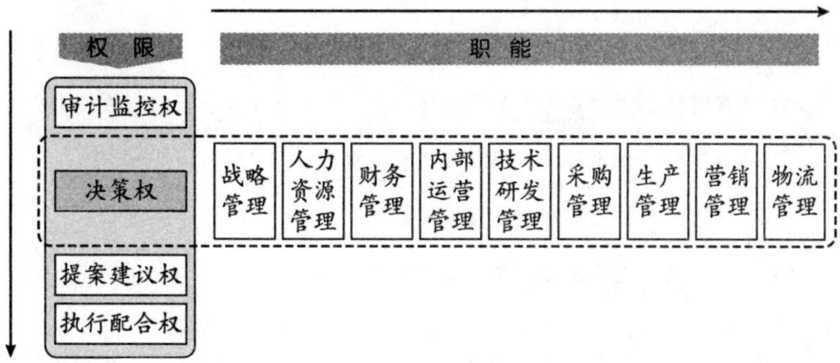
权　限
职　能
审计监控权
决策权
提案建议权
执行配合权
战略管理
人力资源管理
财务管理
内部运营管理
技术研发管理
采购管理
生产管理
营销管理
物流管理

图 4-10　横向权限划分

进一步对纵向维度进行细分，明确纵向权限划分中的各个权力指标，见图 4-11 所示。

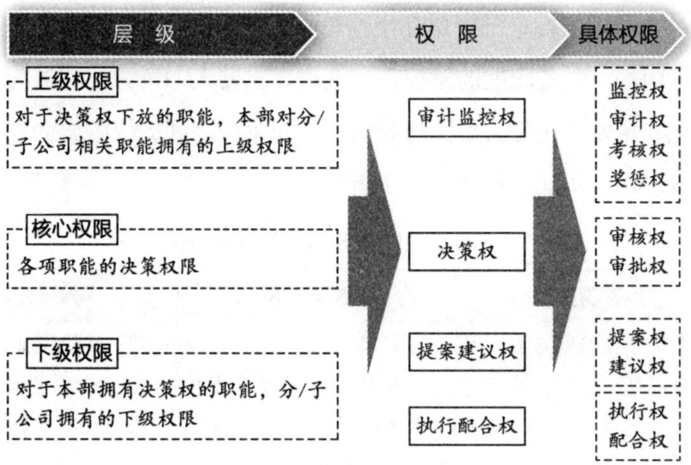
层　级
权　限
具体权限
上级权限
对于决策权下放的职能，本部对分/子公司相关职能拥有的上级权限
核心权限
各项职能的决策权限
下级权限
对于本部拥有决策权的职能，分/子公司拥有的下级权限
审计监控权
决策权
提案建议权
执行配合权
监控权
审计权
考核权
奖惩权
审核权
审批权
提案权
建议权
执行权
配合权

图 4-11　纵向权限划分

纵向权限划分中，各权力指标的含义说明如表 4-6 所示。

表 4-6 各权力指标的含义

指标		含义
审计监控权	监控权	对管理方案执行过程进行监督和调控的权力
	审计权	对管理方案实施的真实性和合规性进行审计的权力
	考核权	对管理方案执行的考核权力
	奖惩权	对考核和审计结果按相关规定对相关责任者进行奖惩的权力
决策权	审核权	对管理方案的科学性、可行性进行审议、修订或否定的权力
	审批权	批准管理方案付之实施的权力
提案建议权	提案权	提出或编制管理方案的权力
	建议权	对管理方案提出建议和意见的权力
执行配合权	配合权	配合本部相关部室各项工作的开展（提供相关信息等）
	执行权	按照本部要求执行相关决策

4.2.3 重要职能权限划分

重要管控职能的权限边界划分是集团管控各功能模块运行的准则。设计时我们需要对集团管控各个子模块在集团总部和分 / 子公司之间的运作边界和基本准则进行切割。对各职能的管控，如战略、重要人力资源、财务与审计、风险、信息化、企业文化等，集团母公司和下属单位之间的权限界面划分分别见表 4-7、4-8、4-9、4-10、4-11、4-12 所示。

表 4-7 三种管控模式下，战略职能的界面划分

	运营管控型	战略管控型	财务管控型
集团母公司	1. 战略管理权限与重大运作都集中在母公司 2. 战略规划、监督、修正由母公司操作	1. 组织集团公司、下属单位的跨层次战略管理体系建设，主导体系运行 2. 制定集团战略 3. 对集团整体战略执行进行监控、分析、调整 4. 审核战略执行过程中的重大战略决策	1. 只关注投资收益 战略层面不参与下属单位的战略规划 2. 通过管理审计等手段对下属单位的战略决策和执行进行审查 3. 为下属单位提供专业支持

续表 4-7

	运营管控型	战略管控型	财务管控型
下属单位	1. 不设立战略管理部门 2. 只参与战略规划、监督和修正 3. 执行战略计划，并对结果负责	1. 下属单位在集团公司的框架下制定战略，上报集团统一审批 2. 执行战略计划	1. 自行制定战略规划 2. 流程制度不追求和母公司完全统一

表 4-8　三种管控模式下，财务审计职能界面划分

	运营管控型	战略管控型	财务管控型
集团母公司	1. 集中式财务管理 财务管理权限集中在母公司 2. 部分集团对下属单位实施财务主管外派制度	1. 统一集团整体财务管理体系建设 2. 亲自组织推动预算制定 3. 对于重大投资型资本支出，集团进行审批、控制 4. 集团审批并监督下属单位融资计划 5. 集团审批账户设立、撤销、汇总银行存款 6. 实施分级现金支出管理 7. 审批并监督一切对外担保行为	1. 不干预具体的财务管理 2. 保留财务稽查与审计的权利 3. 不追求统一财务管理政策 4. 可为下属单位提供专业服务
下属单位	1. 预算内的日常支出 2. 保留核算功能	1. 执行母公司制定的财务管理政策 在集团统一指挥下，子公司制定预算，集团审批 2. 集团统一组织审计，下属单位人员交叉配合	1. 自行制定财务管理制度与流程

表 4-9　三种管控模式下，人力资源职能界面划分

	运营管控型	战略管控型	财务管控型
集团母公司	1. 人力资源管理战略的制定 2. 人力资源管理制度和流程的制定 3. 高级人力资源决策权	1. 组织、监督人力资源管理体系的建设 2. 审批人力资源管理体系的制定与规划 3. 关注下属单位中高层人员的管理	1. 关注人力资源管理的审查权利，但一般不直接干预决策 2. 对下属单位可提供专业帮助

续表 4-9

	运营管控型	战略管控型	财务管控型
下属单位	1. 执行总部制定的人力资源管理战略	1. 执行母公司制定的人力资源管理体系 2. 协助进行人力资源管理制度和流程的制定	1. 自行制定人力资源管理体系 2. 流程制度不追求和母公司完全统一

表 4-10　三种管控模式下，风险管理职能界面划分

	运营管控型	战略管控型	财务管控型
集团母公司	1. 亲自执行下属单位的内控体系建设 2. 集团风险管理部门对下属单位每个风险点进行详尽评估与监控	1. 组织监督下属单位内控风险体系建设 2. 通过审计、稽核等手段对下属单位的内控与风险管理实施检查 3. 亲自执行重大风险的预控和处理 4. 在集团层面成立专职的风险管理部	1. 只关心投资收益风险 2. 通过管理审计评估投资企业风险内控水平 3. 通过参与下属单位高层管理人员的任命决策，降低风险
下属单位	参与执行内控体系建设	执行内控风险体系建设 接受母公司的审查监督	投资风险体系建设

表 4-11　三种管控模式下，信息化体系职能界面划分

	运营管控型	战略管控型	财务管控型
集团母公司	1. 亲自推动信息化建设计划 2. 信息化软件的选择、定制与上线实施	1. 成立信息管理部，统一管理整个集团的信息化规划与实施 2. 信息化战略制定由母公司统一规划，强调整体战略性	1. 不干涉下属单位的信息化体系建设
下属单位	1. 参与信息化建设计划	1. 参与规划信息化战略 2. 信息软件的选择与实施需要获得母公司批准	1. 自行建设企业信息化体系

表 4-12　三种管控模式下，企业文化建设职能界面划分

	运营管控型	战略管控型	财务管控型
集团母公司	1. 亲自操作文化体系的建设 2. 所有的文化元素需要高度统一，不允许有差异 3. 文化活动的行动计划也由母公司统一组织制定、实施	1. 统一组织企业文化体系的建设 2. 对下属单位的核心价值体系进行审批控制 3. 对下属单位的文化建设的计划进行质询 4. 通过管理审计评估下属单位文化体系建设的状态	1. 不干涉下属单位的文化建设 2. 如有必要，可提供专业服务
下属单位	1. 执行企业文化体系 2. 参与、配合母公司的文化活动	1. 执行企业文化体系 2. 允许和母公司有文化差异	1. 自行建设企业文化体系

4.3　某烟草公司重要职能部门权责体系设计案例

本节以作者服务过的某烟草集团公司为例，说明简单集团公司重要职能部门权责体系设计的步骤和内容。

结合该烟草公司管理要求的实际情况，不同管控模式下对各单位的管理手段见表 4-13 所示。

表 4-13　不同管控模式下该烟草公司本部对各单位的管理手段

	财务管控模式（投资管理公司）	战略财务管控模式（薄片公司）	战略管控模式（技术中心、营销中心、物流中心、采购中心）	战略运营管控模式（各烟厂）
管理手段	◇财务指标 ◇关键人力资源（总经理、财务主管）	◇财务指标 ◇战略方向监控 ◇关键人力资源（总经理、财务主管）	◇战略规划与控制 ◇财务控制 ◇人力资源 ◇关键业务的重大决策	◇战略规划与控制 ◇财务控制 ◇人力资源 ◇重大决策和经营活动的集中控制和管理

虽然该烟草公司本部对战略管控模式下的各中心和战略运营管控模式下的各烟厂在管理手段上类似，但是在具体的管控深度上有所区别。总体而言，对各烟厂的管控要严于对各中心的管控。

基于不同的管控模式，该烟草公司本部的职能定位也有所不同，具体见图4-12。

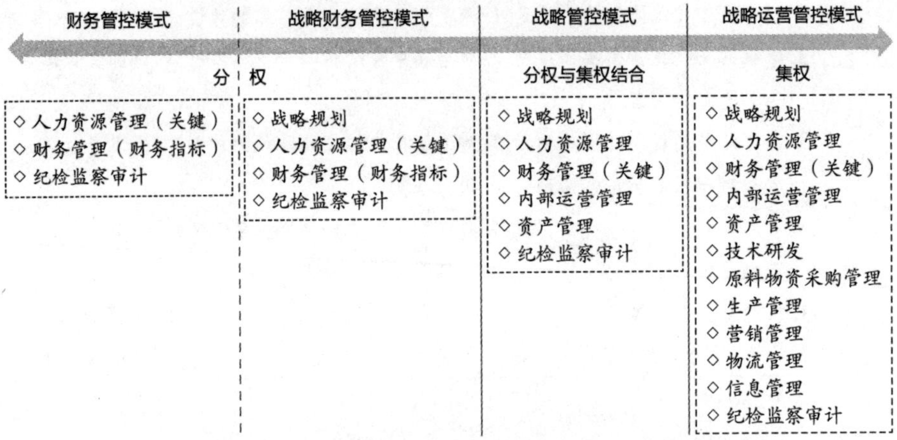
财务管控模式
战略财务管控模式
战略管控模式
战略运营管控模式
分　权
分权与集权结合
集权
◇人力资源管理（关键）
◇财务管理（财务指标）
◇纪检监察审计
◇战略规划
◇人力资源管理（关键）
◇财务管理（财务指标）
◇纪检监察审计
◇战略规划
◇人力资源管理
◇财务管理（关键）
◇内部运营管理
◇资产管理
◇纪检监察审计
◇战略规划
◇人力资源管理
◇财务管理（关键）
◇内部运营管理
◇资产管理
◇技术研发
◇原料物资采购管理
◇生产管理
◇营销管理
◇物流管理
◇信息管理
◇纪检监察审计

图4-12　不同管控模式下，集团本部的职能定位

◇ 战略运营管控模式为相对集权模式，本部对各烟厂的各方面都要实行管理，但是在每项职能下会适当授权；

◇ 财务管控和战略财务管控为分权模式。对于战略财务管控模式，本部仅对薄片公司的战略规划、关键人力资源、财务进行管理，并进行纪检监察、审计监督；对于财务管控，该烟草公司本部仅对投资管理公司的关键人力资源、财务进行管理，并进行纪检监察、审计监督；

◇ 战略管控模式属于分权与集权相结合的模式，该烟草公司本部对技术中心、物流中心、营销中心的各项关键职能进行管理，对于其他权限则由非法人实体自主管理，并接受本部监督。

本节以下部分以某烟草集团的重要职能部门的职能权责示例，列出重要职能部门的工作权限以及工作职能。

4.3.1　战略管理部部门职能和权责说明

表 4-14　战略管理部部门职责

部门名称		战略管理部
职责概述		通过外部环境及行业发展情况分析，协助公司高层制定公司整体战略、品牌战略，管理产成品价格，确保战略的贯彻实施
工作权限		◇参与组织制定公司发展战略和中长期发展规划的权力 ◇战略性经营合作伙伴的选择以及合作方式制定的权力 ◇制定品牌发展战略的权力 ◇制定、调整并维护产成品价格的权力 ◇对公司的经营管理和发展提出建议的权力 ◇公司部门预算范围内的费用使用权 ◇在部门职责范围内按制度自主开展各项工作的权力 ◇根据工作需要，要求其他各部门提供相关信息、资料和需求的权力 ◇公司章程规定、董事会授予的其他权力
		工作职能
一级职能	二级职能	三级职能（部门职责）
战略管理	战略规划管理	◇公司使命、愿景和价值观的制定与调整 ◇负责制定公司发展战略和中长期发展规划，并组织实施 ◇公司年度规划与实施措施的制定 ◇对各职能部门职能战略及烟厂子战略的制定、执行过程、效果的监督和评价
	品牌战略管理	◇负责行业研究和公司品牌发展研究，制定品牌发展战略 ◇负责开展品牌分析评价，建立品牌识别系统 ◇负责监督品牌发展战略的执行情况
	外部环境分析	◇对公司所处行业的政治、经济、技术等因素，以及公司所在市场的重大变化和竞争对手的状况进行分析研究和跟踪 ◇对行业发展情况进行分析和评估，确定本公司的发展机会与威胁 ◇收集国内外同行业先进企业资料，总结先进经管理念、管理体制、管理方法 ◇根据领导要求，提供与外部环境相关的专题分析报告，为决策提供依据

续表 4-14

一级职能	二级职能	三级职能（部门职责）
战略管理	产成品价格管理	◇对市场上的卷烟产品价格进行调研分析 ◇会同营销中心综合考虑各种定价因素，并结合企业的实际情况和营销组合策略，提出新产品的定价方案；并组织营销中心、财务部、生产制造部等部门，会同公司高层最终确定产品价格 ◇当生产能力、市场需求、原料价格等发生变动时，及时调整产成品价格 ◇负责监督销售终端的产成品价格维护工作
	综合管理与协作配合	◇制定公司部门工作计划，并组织实施 ◇负责公司部门内部的组织设计与完善、标准的修订、部门材料撰写及归档工作 ◇负责公司部门相关流程的完善，组织部门内部培训 ◇负责公司部门员工绩效考核指标的确认与完善，并实施考核与沟通反馈 ◇总结公司部门业务工作开展过程中的成功经验和失败教训，形成案例和知识库，供其他部门学习分享 ◇按信息管理要求开展公司部门信息收集、汇总与上报工作 ◇按照营销中心的要求，做好全员营销工作 ◇加强与公司内部各部门及外部相关单位的沟通、协作配合 ◇完成公司领导交办的其他工作

4.3.2 财务部门权责说明

表 4-15 财务部部门职责

部门名称	财务部
职责概述	负责公司的财务管理、资金管理、资产管理、会计核算、税务筹划、成本分析、预算管理等工作，对公司决策、财务监控起支撑作用
工作权限	◇参与公司重大经营决策，为决策提供财务数据和信息的权力 ◇预算控制、监督、考核的权力 ◇参与对外投资论证的权力 ◇进行财务分析，对公司的经营管理和发展提出建议的权力 ◇根据公司文件规定，对原始凭证的审核权

续表 4-15

<table>
<tr><th colspan="2">部门名称</th><th>财务部</th></tr>
<tr><td colspan="2">工作权限</td><td>◇应收账款、应付账款等往来款项的核对权
◇组织对公司资产盘点、核实的权力
◇考核、反馈相关部门预算管理、成本分析工作的权力
◇公司部门预算范围内的费用使用权
◇在部门职责范围内按制度自主开展各项工作的权力
◇根据工作需要，要求其他各部门提供相关信息、资料、需求的权力
◇公司章程规定、董事会授予的其他权力</td></tr>
<tr><td colspan="2"></td><td>工作职能</td></tr>
<tr><td>一级职能</td><td>二级职能</td><td>三级职能（部门职责）</td></tr>
<tr><td rowspan="2">财务管理</td><td>日常财务管理、会计核算</td><td>◇贯彻执行国家财政、税收、金融、会计、国有资产管理等法律法规，制定公司财务、国有资产、预算、资金、成本、费用、会计信息化等管理制度和会计核算制度，并检查考核各项法律法规、管理制度的执行情况
◇负责公司各项成本、费用、支出的审核监督管理工作，实施目标成本管理和预算控制
◇负责编制公司的财务报表，定期向公司领导及政府有关部门、相关机构提供财务报告
◇对公司税收进行整体筹划与管理
◇负责公司核算体系的建立与完善
◇制定适合公司及所属各卷烟厂特点的会计核算办法，准确反映其财务状况及经营成果，并对卷烟厂的财务管理、会计核算工作实施管理、检查、指导和监督
◇及时做好会计凭证、账册、报表等财会资料的收集、汇编、归档等档案管理工作
◇负责会计电算化软件的管理、应用、监督和检查工作</td></tr>
<tr><td>预算管理</td><td>◇拟定有关预算管理的制度、规定
◇制定公司预算的各种定额、标准
◇建立预算预警机制，监督和合理控制预算执行
◇开展预算分析，为管理者提供管理信息
◇编制、下达并落实年度预算，提出预算调整意见
◇对预算的执行情况进行分析、监督、控制和考核
◇负责预算管理委员会办公室日常工作</td></tr>
</table>

续表 4-15

一级职能	二级职能	三级职能（部门职责）
财务管理	资金管理	◇负责公司运营资金筹措、分配、调度和使用 ◇负责财务收支控制，包括资金使用情况的监督控制及分析，公司应收、应付款项的跟踪控制，财务报销、凭证制作、现金、银行账户及存贷款管理 ◇负责财政、国家局（总公司）专项拨款的分配、使用、清算及使用情况的监督管理工作
	资产管理	◇根据财政部门有关国有资产管理的规定，制定公司国有资产管理的实施办法，并组织实施和监督检查 ◇审核有关利用国有资产对外投资、出租、出借和担保等事项，按规定权限审核或者审批有关资产购置、处置事项 ◇负责公司国有资产的检查、产权登记、资产评估、资产划转及国有资产保值增值指标的核定、考核工作 ◇接受财政部门的监督、指导，并向其报告国有资产管理工作
	风险分析监控	◇负责公司整体财务数据的统计分析 ◇定期对公司的经营状况进行财务预测、控制、评价分析，为公司经营决策和发展战略的完善提供依据 ◇参与对外投资的论证，提供公司投融资的财务分析，包括投融资的收益、风险及成本的专业分析 ◇负责成本、费用的控制
	综合管理与协作配合	◇制定公司部门工作计划，并组织实施 ◇负责公司部门内部标准的修订，部门材料撰写及归档工作 ◇负责公司部门相关流程的完善，组织部门内部培训 ◇负责公司部门员工绩效考核指标的确认与完善，并实施考核与沟通反馈 ◇总结公司部门业务工作开展过程中的成功经验和失败教训，形成案例和知识库，供其他部门学习分享 ◇按信息管理要求进行公司部门信息收集、汇总与上报工作 ◇参与基建、技改项目的可行性论证、重大支出项目的招投标管理；配合信息中心建立财务信息和会计电算化网络系统软件的开发、应用工作

续表 4-15

一级职能	二级职能	三级职能（部门职责）
财务管理	综合管理与协作配合	◇向公司领导汇报公司经营状况、经营成果、财务收支计划的具体情况，提出有益的建议 ◇与财政、税务、银行、证券等相关部门及会计师事务所等相关中介机构建立并保持良好的关系 ◇按照营销中心的要求，做好全员营销工作 ◇加强与公司内部各部门及外部相关单位的沟通、协作配合 ◇负责完成公司领导交办的其他工作

4.3.3　审计部门权责说明

表 4-16　审计部部门职责

部门名称	审计部
职责概述	负责审计工作的统筹管理
工作权限	◇要求公司按时报送财务收支计划、资金计划、财务预算及财务决策等有关文件的权力 ◇参与公司经营管理等有关方面的会议，审查重大经济合同的签订、重大投资项目及重大资金使用的可行性和有效性的权力 ◇就审计中有关事项及审计中发现的问题召开调查会，并索取证明材料的权力 ◇提出制止、纠正违反公司制度的财务收支等事项的意见及提出改进建议的权力 ◇对阻挠、拒绝审计和弄虚作假、破坏审计的相关单位及人员，按有关规定在提请公司有关领导批准后，提出追究被审计单位和有关人员责任的建议权 ◇对审计中发现的需要查处的重大或紧急事项，有权直接向董事会报告 ◇公司部门预算范围内的费用使用权 ◇在部门职责范围内按制度自主开展各项工作的权力 ◇根据工作需要，要求其他各部门提供相关信息、资料、需求的权力 ◇公司章程规定、董事会授予的其他权力

续表 4-16

工作职能		
一级职能	二级职能	三级职能（部门职责）
审计管理	经济责任审计	◇负责对公司所属非法人企业负责人、公司投资控股以及公司投资不控股具有实际控制权的法人企业负责人的经济责任审计和离任审计工作（包括物资采购审计，宣传招标审计，工程投资审计，工资薪酬审计，对外捐赠审计，关联交易审计，财务事项的审计等） ◇负责对各卷烟厂组织实施的经济责任审计进行监管
	工程审计	◇贯彻执行国家及行业有关工程建设项目审计管理的法律法规，制定公司工程建设项目审计管理办法 ◇负责公司工程建设项目审计工作的组织、管理、监督和协调 ◇组织完成职责范围内的工程建设项目审计业务，对所属各单位开展的工程建设项目审计进行抽查、复查
	管理审计和专项审计	◇根据国家局和公司的要求，确定专项审计项目 ◇编制管理审计和专项审计实施方案，并组织实施 ◇对审计中发现的问题提出改进意见，并监督相关单位改进落实
	综合管理与协作配合	◇根据经济法规和国家局要求，建立公司内部审计工作的各项独立性制度 ◇编制审计工作年度计划，经内审委员会审批后组织执行 ◇基础队伍建设 ◇对各烟厂的审计工作进行监督、考核 ◇负责按有关规定建立审计中介机构备选资源库 ◇负责公司经济责任联席会议制度办公室工作 ◇负责公司内部审计信息化工作、审计报表及审计文件档案的管理工作 ◇负责公司部门内部的组织设计与完善 ◇负责公司部门相关流程的完善，组织部门内部培训 ◇负责公司部门员工绩效考核指标的确认与完善，并实施考核与沟通反馈 ◇总结公司部门业务工作开展过程中的成功经验和失败教训，形成案例和知识库，供其他部门学习分享 ◇按信息管理要求进行公司部门信息收集、汇总与上报工作 ◇加强与公司内部各部门及外部相关单位的沟通、协作配合 ◇协调审计中介机构与相关部门、单位的工作关系，监督中介机构履行职责；对中介机构进行年审和考核评价，并实行动态管理 ◇完成公司领导交办的其他工作

4.3.4 人力资源部门权责说明

表4-17 人力资源部部门职责

部门名称		人力资源部
职责概述		规划、指导、协调公司的人力资源管理与组织建设，最大限度地开发人力资源，促进公司经营目标的实现和长远发展
工作权限		◇参与公司重大经营决策，为决策提供人力资源信息与数据的权力 ◇对公司组织结构调整、定岗定编的建议权 ◇公司人力资源管理制度的提案权 ◇制定公司人力资源规划的权力 ◇组织实施公司年度招聘、考核的权力 ◇对薪酬管理方案的提案权 ◇员工调动、任免的建议权 ◇对员工投诉的核实权 ◇公司部门预算范围内的费用使用权 ◇在部门职责范围内按制度自主开展各项工作的权力 ◇根据工作需要，要求其他各部门提供相关信息、资料、需求的权力 ◇公司规定、董事会授予的其他权力
		工作职能
一级职能	二级职能	三级职能（部门职责）
人力资源管理	组织与岗位管理	◇依据公司战略发展阶段，适时提出调整组织结构的建议 ◇制定人力资源管理制度，指导所属各单位开展各项人力资源管理工作 ◇负责公司工作标准体系的归口管理工作 ◇组织部门职能的制定、修订与调整 ◇根据国家局有关要求和公司本身发展战略需要，制定公司各部门岗位，并会同各部门确定编制 ◇审核各单位的定岗定编情况，并做好检查、监督、指导工作
	人力资源规划	◇负责编制和完善公司的人力资源发展规划并组织实施 ◇负责公司人力资源预测工作，结合内外部环境变化，提出公司年度人力资源预测和人员结构调整优化方案，保障人员供给，合理配置人力资源

续表 4-17

一级职能	二级职能	三级职能（部门职责）
人力资源管理	招聘与选拔	◇依据人力资源规划及各部门、各单位人员需求目标，制定人员招聘计划 ◇确定各烟厂的人员招聘总量及结构要求 ◇发布招聘信息，组织实施人员的招聘、选拔及配置 ◇建立公司各岗位面试题库 ◇负责公司人才引进工作
	绩效考核薪酬福利社保工作	◇建立公司绩效考核体系，并组织各部门、各烟厂建立员工绩效评价标准 ◇负责组织、监督公司各部门及各烟厂开展本单位内部人员考核，将考核结果纳入公司内部人力资源库 ◇建立与绩效考核相适应的薪酬分配体系，完善薪酬制度 ◇负责公司薪酬管理委员会办公室和企业年金管理委员会办公室日常工作 ◇负责核定工资总额，并对执行情况进行监督检查 ◇根据岗位的变动，重新核定岗位工资 ◇拟定并实施休假、旅游、保险、住房公积金等员工福利制度，并监督实施 ◇负责养老、工伤等社会保险的日常管理工作
	人事管理	◇建立干部岗位候补人选梯队机制 ◇负责领导班子建设，对领导干部进行教育、培养、考察、使用等管理工作，建立后备干部队伍，实行动态管理 ◇负责组织对两级带头人及其后备人才、骨干人才的推荐、评审、考核、评价、日常管理，尤其是针对技术人员制定合理的晋升标准与晋升渠道 ◇组织实施干部考核及聘任 ◇负责职称改革、评聘各项管理工作 ◇负责公司员工人事档案管理
	劳动管理	◇负责制定公司劳动合同政策，管理公司劳动合同，指导监督所属各单位劳动合同的管理工作 ◇负责公司员工的劳动合同的订立、变更、续签、终止、解除等和内部流动（调配、转岗、试岗、培训岗、待岗、借用、返聘留用等）管理工作 ◇负责公司公司员工劳动纪律和考勤管理，处理员工相关投诉 ◇员工调动管理

续表 4-17

一级职能	二级职能	三级职能（部门职责）
人力资源管理	综合管理与协作配合	◇组织制定公司部门工作计划，并组织实施 ◇负责公司部门内部的组织设计与完善，标准的修订，部门材料撰写及归档工作 ◇负责公司部门相关流程的完善，组织部门内部培训 ◇负责公司部门员工绩效考核指标的确认与完善，并实施考核与沟通反馈 ◇总结公司部门业务工作开展过程中的成功经验和失败教训，形成案例和知识库，供其他部门学习分享 ◇按信息管理要求进行公司部门信息收集、汇总与上报工作 ◇按照营销中心的要求，做好全员营销工作 ◇加强与公司内部各部门及外部相关单位的沟通、协作配合 ◇完成公司领导交办的其他工作

第五章　流程制度设计与优化

流程体系是指公司在既定的发展战略、组织结构、权责体系的基础上，就集团公司全部工作流程进行梳理和优化所形成的管理体系，它是实现母公司对下属单位管控的有效手段，与管控体系各模块密切相关。具体而言，流程体系根据业务活动对流程进行分类，确定企业集团整体流程框架，进而对流程进行分级，识别关键管控流程，提升集团管控效率。管控模式明确了对不同管控模式下管控对象的管理手段和管控重点。组织结构与权责体系为流程体系确定了实施主体。制度和业绩管理体系通过制度规定和考核、奖惩手段的确定为流程体系的有效实施提供保障和支撑。流程体系的优化设计通过明确集团公司整体流程结构、识别关键流程来支撑简单集团公司管控体系的战略、市场、效率导向的特征。

流程体系建设的方法：（1）梳理企业集团内部全部流程，根据业务活动对流程进行分类，形成企业集团的流程框架；（2）根据既定的组织结构对流程进行分级，形成一级流程、二级流程等，识别关键管控流程；（3）汇总流程设计方案，可通过流程图和流程清单呈现。

5.1　流程体系概述

5.1.1　定义与组成要素

（1）流程的定义

流程（process），也称为过程，是“工作流转的过程”的简称。流程描述的是企业为特定的客户或市场提供特定的产品或服务而精心设计的一系列连续、有规律的活动。这些工作需要多个部门、多个岗位的参与和配合，这些部门、岗位之间会有工作的承接、流转。因此，流程也可称为“跨部门、跨岗位工作流转的过程”。业务流程是把一个或多个输入转化为对顾客有价值的输出的活动；是一系列结构化的可测量的活动集合，并为特定的市场或特定的顾客产生特定的输出。

（2）流程管理六要素

把“流程”作为管理对象，而不是仅仅把“部门”和“个人”作为管理对象，关键在于利用一条“流转的线”把一些基本要素串联起来：流程的输入资源、流程中的若干活动、活动的相互作用、输出结果、顾客、最终流程创造的价值，我们将其称之为流程的六要素，如图 5-1 所示。

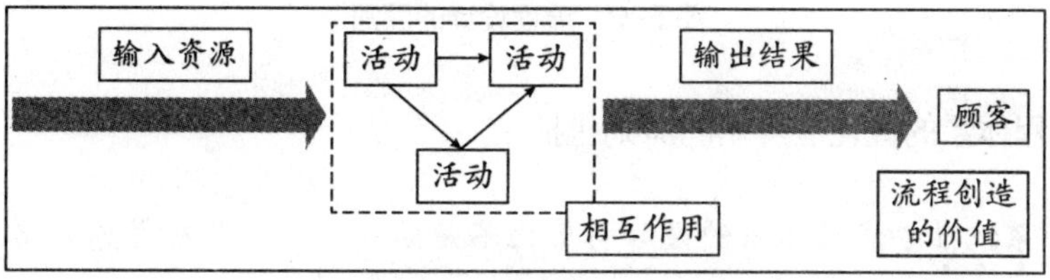
输入资源
活动
活动
活动
相互作用
输出结果
顾客
流程创造的价值

图 5-1　流程六要素

5.1.2　流程体系设计与优化的原则

5.1.2.1　流程体系设计与优化的原则

流程设计须遵从的六大原则是（见图 5-2）：

（1）整体性是指不同流程之间应有比较一致的概念，即一个流程必须在整体上保持一致性。

（2）目标性是指流程设计需要有明确的目的与服务对象。

（3）层次性是指在流程设计过程中要一步步划分，层层递进。

（4）结构性是指根据不同流程的执行情况可以分为串联、并联、反馈各种形式。

（5）动态性是指流程设计并不是一成不变的，要根据外界环境变化进行相应的调整。

（6）普遍性是指流程设计在任何活动中均应该存在。

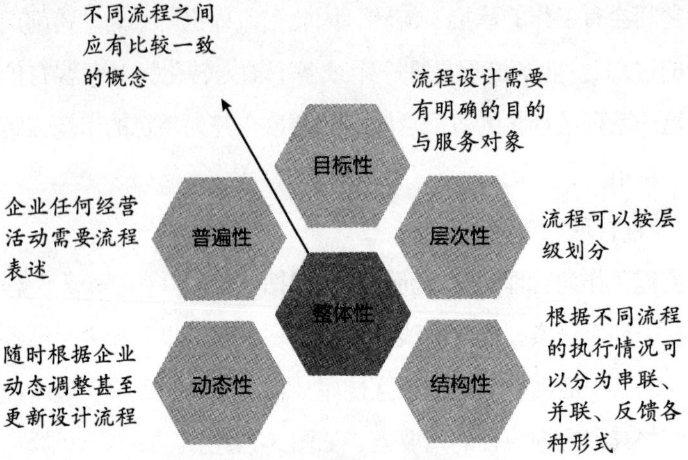
不同流程之间
应有比较一致
的概念
流程设计需要
有明确的目的
与服务对象
目标性
企业任何经营
活动需要流程
表述
普遍性
层次性
流程可以按层
级划分
整体性
根据不同流程
的执行情况可
以分为串联、
并联、反馈各
种形式
随时根据企业
动态调整甚至
更新设计流程
动态性
结构性

图 5-2　流程设计的原则

流程体系的优化应遵循的原则包括：

◇ 系统性：流程体系的设计与优化不是孤立的，而是应考虑战略实施和组织管控的要求；流程体系的优化应该有系统化的思维，是一个从点到面的过程，构成完整流程体系。

◇ 目标导向性：流程体系优化设计应从工作的目标而非工作的过程出发，关注工作目标，定义岗位职责、相互关系和工作的协作关系等。

◇ 职责完整性：流程优化尽可能使同一个人完成一项完整的工作，减少交接和重复工作，增加员工的工作积极性和成就感。

◇ 精炼高效原则：流程优化应尽量加快组织对外界环境变化的反应速度；在工作中尽量减少交接的次数和非工作时间。

5.1.3　流程优化的内容

流程优化的内容主要包括四个方面，分别是建立—维护—优化—监控，这四个方面形成一个循环体系，从而促进企业流程能够根据外部变化做出及时有效的响应和调整。具体内容见图 5-3。

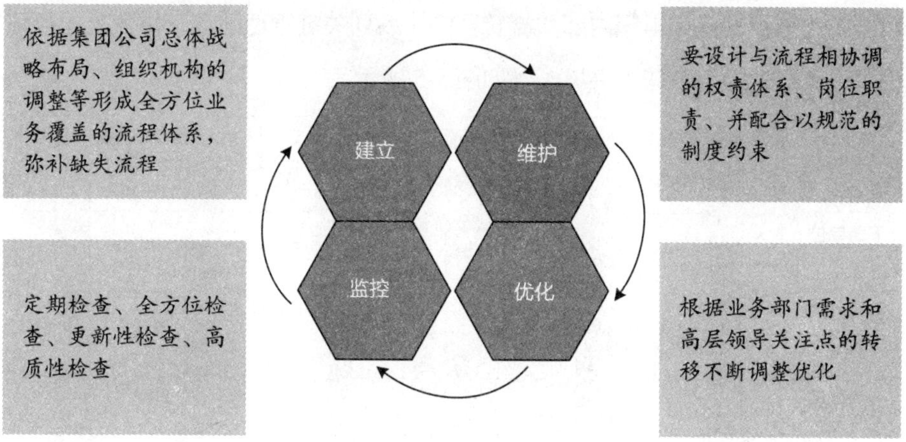
依据集团公司总体战略布局、组织机构的调整等形成全方位业务覆盖的流程体系，弥补缺失流程
建立
维护
要设计与流程相协调的权责体系、岗位职责、并配合以规范的制度约束
监控
优化
定期检查、全方位检查、更新性检查、高质性检查
根据业务部门需求和高层领导关注点的转移不断调整优化

图 5-3 流程优化的内容

5.1.4 流程优化与管控体系的关系

对于集团公司而言，流程优化在整个管理体系中也占据着重要部分。流程优化是承接集团公司战略体系的重要组成部分，是管控体系设计、组织架构、权责体系的重要支持维度，与制度体系相辅相成。

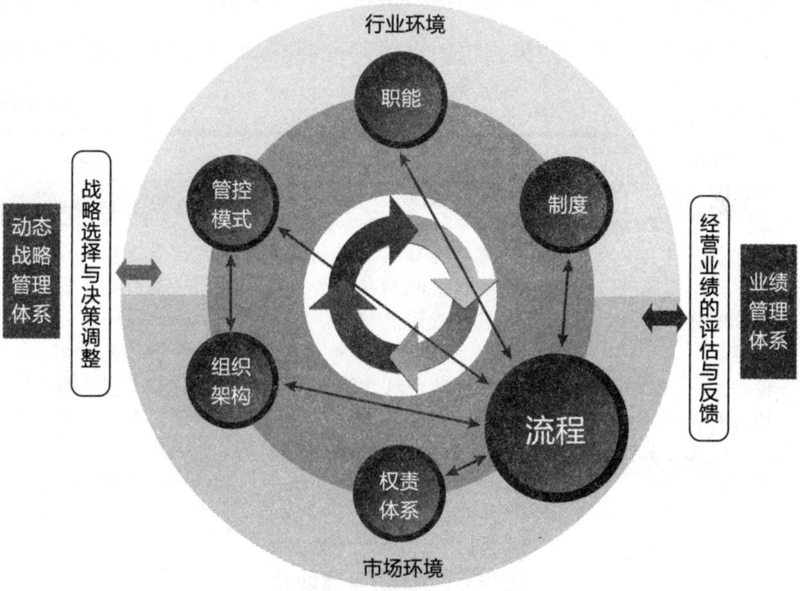
行业环境
职能
管控模式
制度
动态战略管理体系
战略选择与决策调整
经营业绩的评估与反馈
业绩管理体系
组织架构
流程
权责体系
市场环境

图 5-4 流程优化与其他模块间的关系

关键流程是指在组织内部“流转”的一系列关键管理活动。集团公司抓住了关键流程就等于牵住了牛鼻子，如图 5-5 所示。

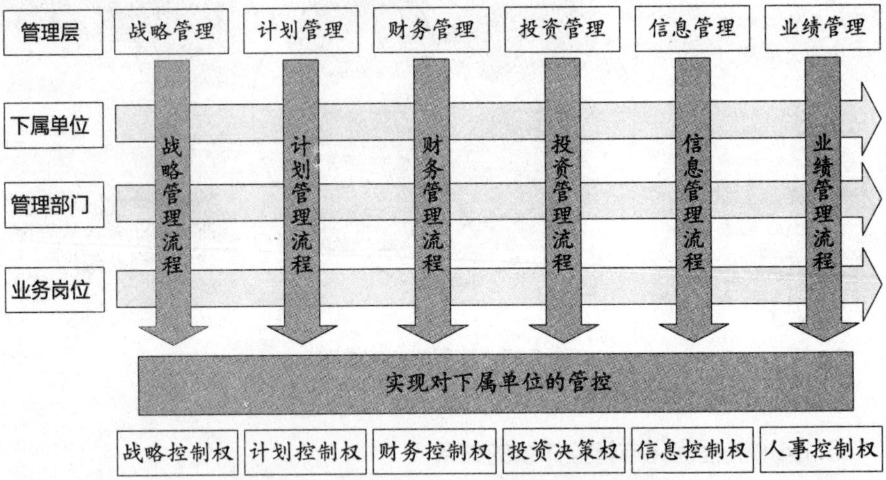
管理层
战略管理
计划管理
财务管理
投资管理
信息管理
业绩管理
下属单位
管理部门
业务岗位
战略管理流程
计划管理流程
财务管理流程
投资管理流程
信息管理流程
业绩管理流程
实现对下属单位的管控
战略控制权
计划控制权
财务控制权
投资决策权
信息控制权
人事控制权

图 5-5　简单集团公司的关键流程示意图

5.1.5　流程优化设计框架

流程优化通过流程梳理获取关键改进点，针对关键改进点进行优化，并通过推广实施评估流程改善效果，构成持续提升的流程管理闭环，如图 5-6 所示。

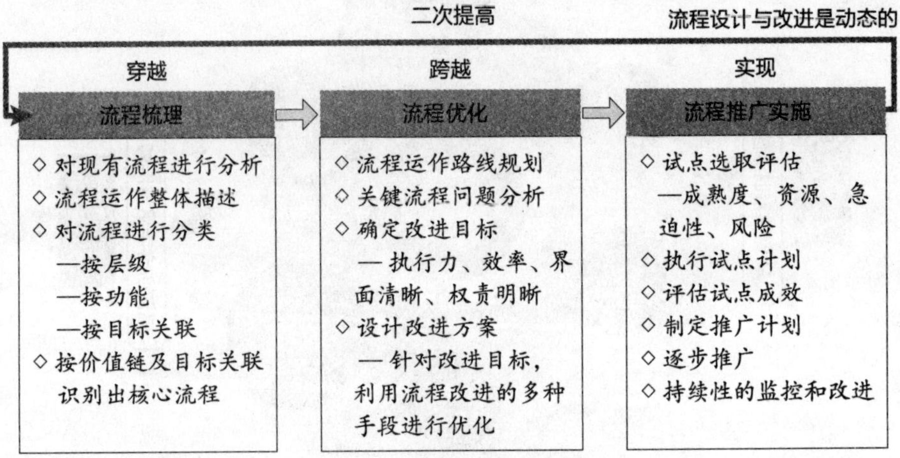
二次提高
流程设计与改进是动态的
穿越
跨越
实现
流程梳理
流程优化
流程推广实施
◇ 对现有流程进行分析
◇ 流程运作整体描述
◇ 对流程进行分类
—按层级
—按功能
—按目标关联
◇ 按价值链及目标关联识别出核心流程
◇ 流程运作路线规划
◇ 关键流程问题分析
◇ 确定改进目标
— 执行力、效率、界面清晰、权责明晰
◇ 设计改进方案
— 针对改进目标，利用流程改进的多种手段进行优化
◇ 试点选取评估
—成熟度、资源、急迫性、风险
◇ 执行试点计划
◇ 评估试点成效
◇ 制定推广计划
◇ 逐步推广
◇ 持续性的监控和改进

图 5-6　流程闭环管理图

在此框架下，所需要遵循的工作路线如图 5-7 所示。

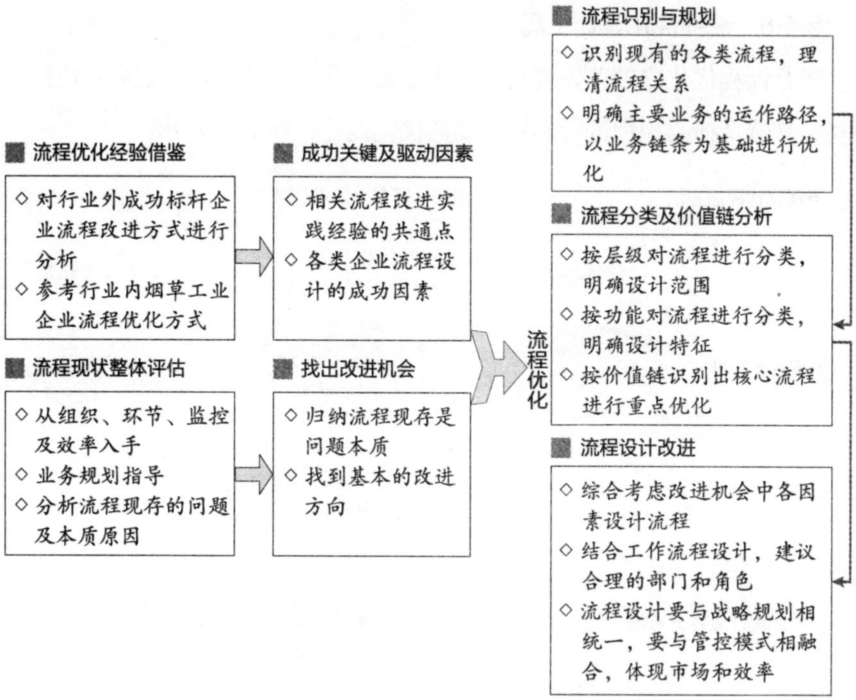
流程优化经验借鉴
◇对行业外成功标杆企业流程改进方式进行分析
◇参考行业内烟草工业企业流程优化方式
成功关键及驱动因素
◇相关流程改进实践经验的共通点
◇各类企业流程设计的成功因素
流程现状整体评估
◇从组织、环节、监控及效率入手
◇业务规划指导
◇分析流程现存的问题及本质原因
找出改进机会
◇归纳流程现存是问题本质
◇找到基本的改进方向
流程优化
流程识别与规划
◇识别现有的各类流程，理清流程关系
◇明确主要业务的运作路径，以业务链条为基础进行优化
流程分类及价值链分析
◇按层级对流程进行分类，明确设计范围
◇按功能对流程进行分类，明确设计特征
◇按价值链识别出核心流程进行重点优化
流程设计改进
◇综合考虑改进机会中各因素设计流程
◇结合工作流程设计，建议合理的部门和角色
◇流程设计要与战略规划相统一，要与管控模式相融合，体现市场和效率

图 5-7　流程梳理及优化工作路线图

流程优化实施先要对业务进行识别和分析，接下来梳理业务运作路线，然后对流程进行一个整体的规划，对各分支流程进行详细分析，最后进行流程设计，并对设计好的流程进行实施和评估。如果发现问题，便需要重新进行识别分解，这是一个循环往复的过程，如图 5-8 所示。

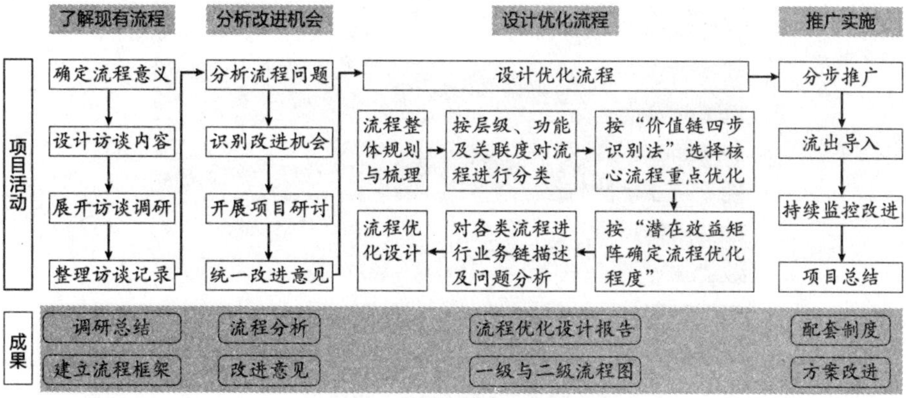
了解现有流程
分析改进机会
设计优化流程
推广实施
项目活动
确定流程意义
设计访谈内容
展开访谈调研
整理访谈记录
分析流程问题
识别改进机会
开展项目研讨
统一改进意见
设计优化流程
流程整体规划与梳理
按层级、功能及关联度对流程进行分类
按“价值链四步识别法”选择核心流程重点优化
流程优化设计
对各类流程进行业务链描述及问题分析
按“潜在效益矩阵确定流程优化程度”
分步推广
流出导入
持续监控改进
项目总结
成果
调研总结
建立流程框架
流程分析
改进意见
流程优化设计报告
一级与二级流程图
配套制度
方案改进

图 5-8　流程优化实施步骤图

5.1.6 流程优化设计工具

进行流程优化之前首先要对当前企业流程现状进行评估，之后对流程进行分类，并选择核心流程进行不同程度的优化设计，如图 5-9 所示。

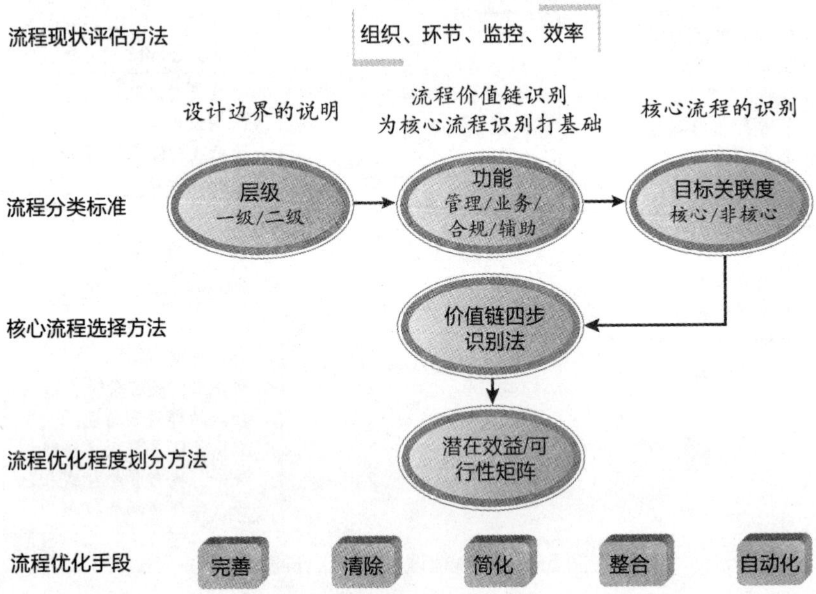
流程现状评估方法
组织、环节、监控、效率
设计边界的说明
流程价值链识别
为核心流程识别打基础
核心流程的识别
流程分类标准
层级
一级/二级
功能
管理/业务/
合规/辅助
目标关联度
核心/非核心
核心流程选择方法
价值链四步
识别法
流程优化程度划分方法
潜在效益/可
行性矩阵
流程优化手段
完善
清除
简化
整合
自动化

图 5-9　流程优化设计工具图

流程的优化手段一般包括完善、清除、简化、整合和自动化五种。具体见图 5-10 所示。

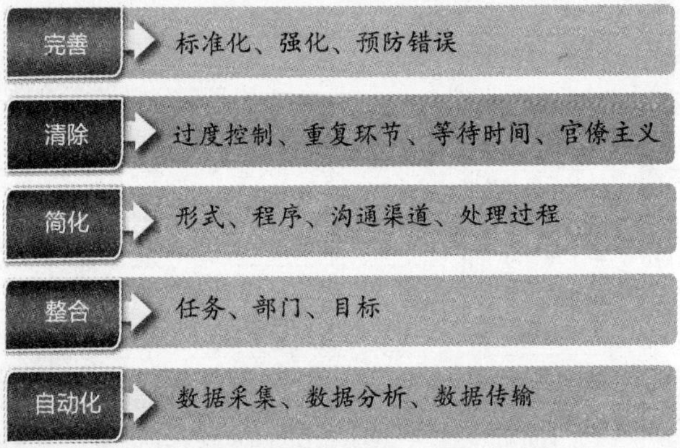
完善
标准化、强化、预防错误
清除
过度控制、重复环节、等待时间、官僚主义
简化
形式、程序、沟通渠道、处理过程
整合
任务、部门、目标
自动化
数据采集、数据分析、数据传输

图 5-10　流程优化手段

5.2 流程分类及核心流程识别与优化

5.2.1 流程分类

对于流程的分类，可以从层级、功能和目标关联度三方面进行划分，如图5-11所示。

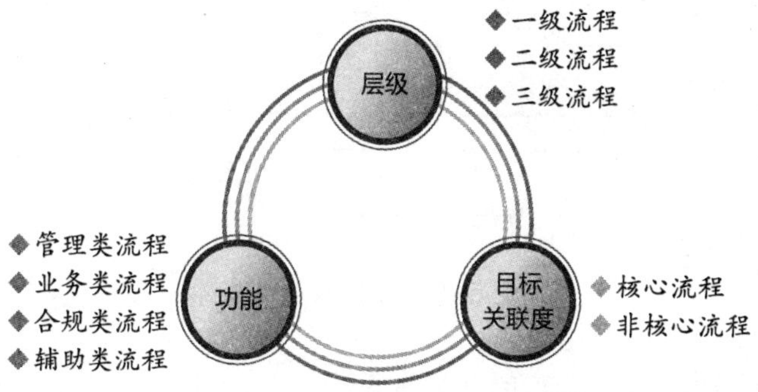
一级流程
二级流程
三级流程
层级
管理类流程
业务类流程
合规类流程
辅助类流程
功能
目标关联度
核心流程
非核心流程

图 5-11 流程分类标准

5.2.1.1 层级法

按层级进行分类的好处，一是能够更清晰地展现流程层次，便于流程的拆解；二是便于明确本次设计的工作范围：建议流程优化范围为一级与二级流程。

为了便于按照层级进行分类，我们需要了解流程模块的运作，也就是需要了解企业的价值链。企业的价值链是描述企业创造价值的过程，由企业的业务模块构成，起到各级流程的统领作用。

对于流程的分级，将从粗到细、从宏观到微观、从输入端到输出端的流程到具体指导操作的明细流程进行分解，可分为三个级别（见图5-12），分别是：

◇ 一级流程，即价值链的构成部门，是高阶流程，往往是输入资源端到输出价值端的流程；

◇ 二级流程，在一级流程中，它是中阶流程；

◇ 三级流程，即对二级流程进行细分，由子流程和业务活动流程构成，是低阶流程，即具体的流程。

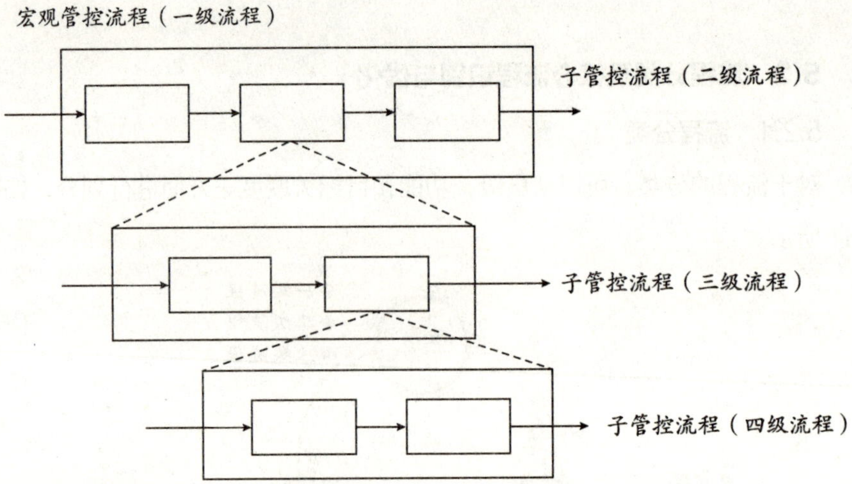
宏观管控流程（一级流程）
子管控流程（二级流程）
子管控流程（三级流程）
子管控流程（四级流程）

图 5-12　流程映射结构

图 5-13 是每一层级流程所针对的事项。

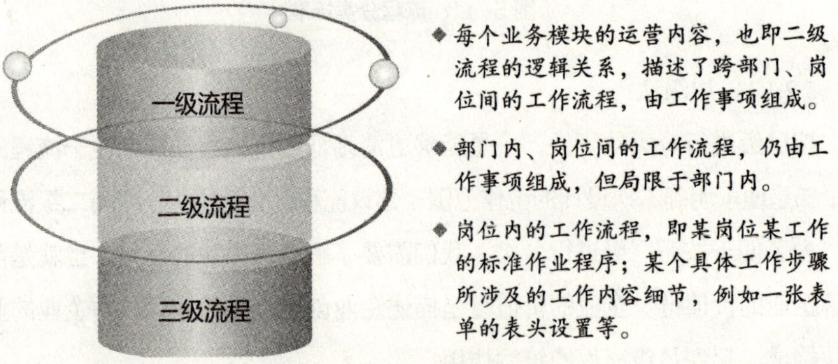
一级流程
二级流程
三级流程
每个业务模块的运营内容，也即二级流程的逻辑关系，描述了跨部门、岗位间的工作流程，由工作事项组成。
部门内、岗位间的工作流程，仍由工作事项组成，但局限于部门内。
岗位内的工作流程，即某岗位某工作的标准作业程序；某个具体工作步骤所涉及的工作内容细节，例如一张表单的表头设置等。

图 5-13　流程模块运作模型

5.2.1.2　功能法

按功能进行流程分类的好处是可以明晰流程功能类型，为流程价值链识别与核心流程的识别做好准备。

按功能特点主要可将企业业务流程分为四类：管理类流程、业务类流程、合规类流程及辅助类流程。同时，企业的各业务环节也能被具体对应到四类功能活动中。

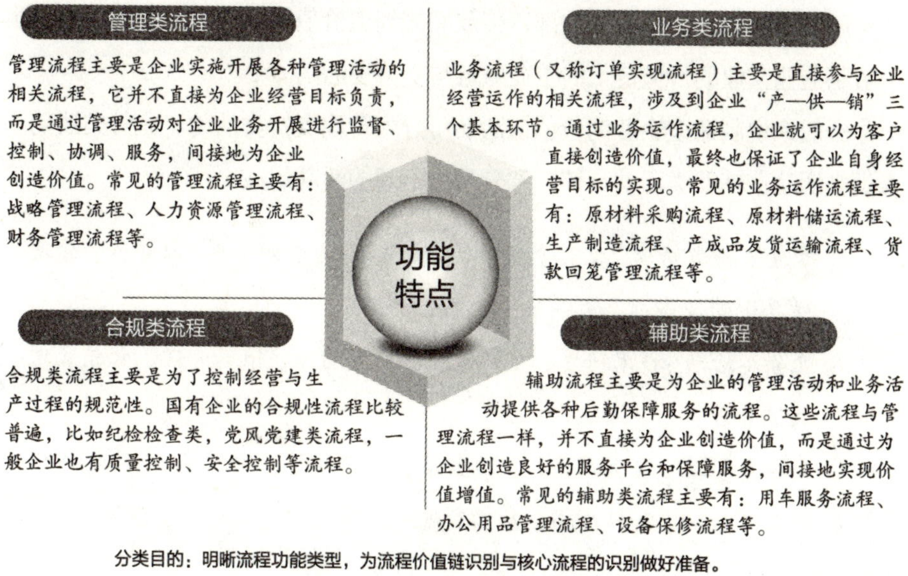
管理类流程
管理流程主要是企业实施开展各种管理活动的相关流程，它并不直接为企业经营目标负责，而是通过管理活动对企业业务开展进行监督、控制、协调、服务，间接地为企业创造价值。常见的管理流程主要有：战略管理流程、人力资源管理流程、财务管理流程等。
业务类流程
业务流程（又称订单实现流程）主要是直接参与企业经营运作的相关流程，涉及到企业“产—供—销”三个基本环节。通过业务运作流程，企业就可以为客户直接创造价值，最终也保证了企业自身经营目标的实现。常见的业务运作流程主要有：原材料采购流程、原材料储运流程、生产制造流程、产成品发货运输流程、货款回笼管理流程等。
功能特点
合规类流程
合规类流程主要是为了控制经营与生产过程的规范性。国有企业的合规性流程比较普遍，比如纪检检查类，党风党建类流程，一般企业也有质量控制、安全控制等流程。
辅助类流程
辅助流程主要是为企业的管理活动和业务活动提供各种后勤保障服务的流程。这些流程与管理流程一样，并不直接为企业创造价值，而是通过为企业创造良好的服务平台和保障服务，间接地实现价值增值。常见的辅助类流程主要有：用车服务流程、办公用品管理流程、设备保修流程等。
分类目的：明晰流程功能类型，为流程价值链识别与核心流程的识别做好准备。

图 5-14　四类流程的功能特点

流程的两端是组织内外部输入或输出点，这些输入输出点包括供应商、客户、市场、政府、机构等企业所有的利益相关者。这个模型只是作为参考，每个集团公司的四类流程不一定与图 5-15 一致。需要注意的是，流程不能教条化，集团公司的流程文件辅助完成流程体系的搭建。对于集团公司而言，应该考虑集团公司的核心业务需要管理哪些输入到输出端点的流程。

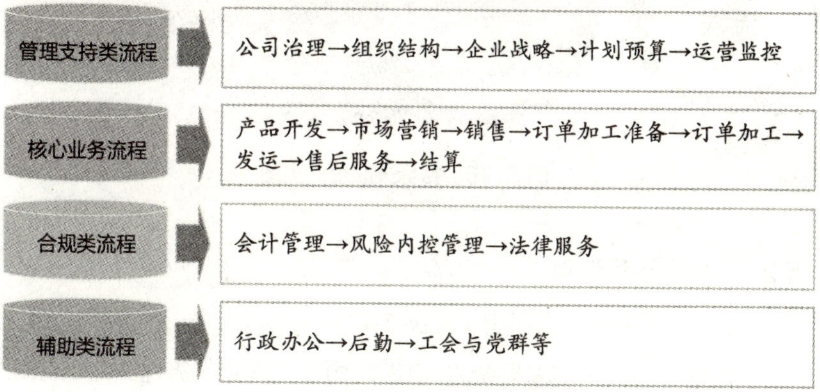
管理支持类流程
公司治理→组织结构→企业战略→计划预算→运营监控
核心业务流程
产品开发→市场营销→销售→订单加工准备→订单加工→发运→售后服务→结算
合规类流程
会计管理→风险内控管理→法律服务
辅助类流程
行政办公→后勤→工会与党群等

图 5-15　四类流程分类示意图

所谓业务活动是指公司内部直接或间接创造价值的活动。本书仅举例说明一般制造业企业的价值链上的主业务链与支持性活动。

一般来说制造型企业的价值链活动可分为管理支持类活动、业务类活动、合规类活动、辅助类活动。该四部分又由不同的活动组成：

◇ 管理支持类活动：战略管理、财务管理、人力资源管理、内部运营管理、信息化管理等；

◇ 业务类活动：技术研发、生产管理、质量管理、采购管理、营销管理、物流管理等；

◇ 合规类活动：安全环保、纪检监察、整顿规范、审计等；

◇ 辅助类活动：行政办公、后勤管理、党群管理、离退休管理等。

5.2.1.3 目标关联度法

识别核心流程的目的是根据公司流程现状，找出流程优化工作需要集中投入工作量去完善的流程，集中对核心流程进行优化设计，最大程度地提高流程优化效率与价值增值。而目标关联度法恰恰可以解决这一问题（见图 5-16）。

非核心流程
核心流程
能够为外部顾客实现增值
能为一些增值的流程创造各种资源，作为这些增值的输入
对其他核心流程有统率作用

图 5-16 目标关联度分类图

5.2.2 核心流程识别

核心流程识别主要分为四步（见图 5-17）。

（1）根据集团公司的发展阶段、组织结构特点确定其流程关注点，如表 5-1 所示。

第一步

根据集团公司的发展阶段、组织结构特点确定其流程关注点

第二步

围绕关注点，估计每个流程的增值性，对增值贡献大的流程为核心流程

第三步

判定能为上述增值流程创造各种资源，作为这些增值流程的输入流程，也可以考虑判定其为核心流程

第四步

寻找对上述以及确定的核心流程有统率或有重大影响作用的流程，也可以考虑确定为核心流程

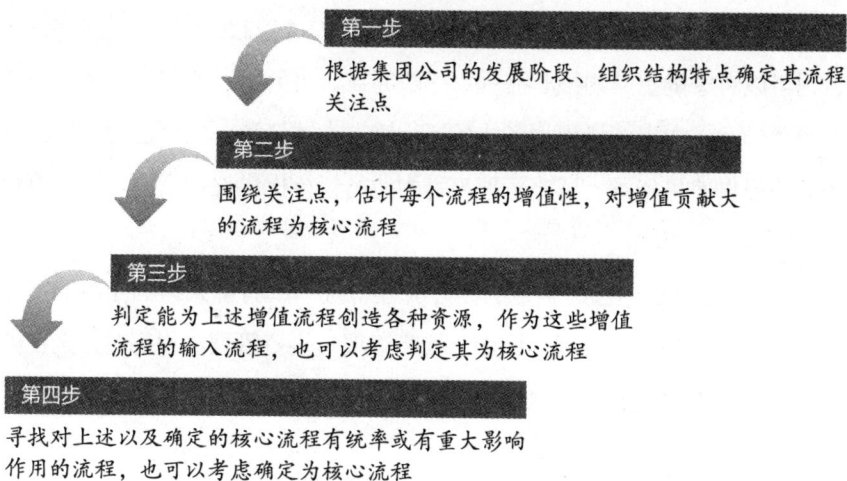

图 5-17　价值链四步识别法：核心流程识别步骤

表 5-1　集团公司组织结构与流程关注点

组织架构	流程关注点
控股公司制	资源分配
职能部制	市场、效率
业务事业部制	战略
矩阵	战略、资源分配

（2）围绕关注点，估计每个流程的增值性，增值贡献大的流程为核心流程，如表 5-2 所示。

表 5-2　企业特性与增值流程表

企业特性（营销特性）	增值流程
产品驱动型	技术研发流程 生产管理流程 供应与采购业务流程 营销与销售业务流程
顾客驱动型	客户关系管理流程
客户关系管理型	销售渠道拓展流程

（3）判定能为上述增值流程创造各种资源，作为这些增值流程的输入流程，也可以考虑确定其为核心流程。一般而言，财务管理流程为业务环节输入资金资源，而人力资源流程为各业务运行输入人才资源、内部运营管理流程为业务环节提供信息资源、资产管理流程为业务运行提供设备资源。这些流程也可以识别为核心流程。

（4）寻找对上述已经确定的核心流程有统率或有重大影响作用的流程，也可以考虑确定为核心流程。比如：战略管理与投资管理流程都对已选出的核心流程有着统率性的影响，也纳入核心流程范围内。

5.2.3 核心流程优化

核心流程在优化设计中有六种最基本的流程优化再设计技巧：

◇ 纵向压缩：不影响管控流程成本和质量等前提下，尽量减少总部与分/子公司、部门与部门之间的活动承接，改为许多活动由同层级部门去完成；

◇ 横向集成：减少母公司与分/子公司、部门与部门之间的交接和直接协调活动，依据流程达到的绩效划分流程活动的归属，即达到绩效对哪个部门有最大的影响，则这些流程活动就应归属于哪个部门；

◇ 并行工程：改变活动前后承接的观念，而转向许多活动同时开展的操作，以并联为主；

◇ 单点接触顾客：体现“一对一”的管理原则，面对流程客户的时候，最好一个部门或一个岗位；

◇ 过程多样化：流程只是界定工作的一种方法，但在操作细节上很难标准化。所以在流程运行过程中，很多过程活动还需要尽量罗列和说明清楚，以便操作者能够不脱离流程要求；

◇ 减少控制环节：很多管控流程都体现活动的决策环节，从而提升公司运行效率，前提是不能降低管控质量。

5.2.4　核心流程优化结果展示

经过流程分类和核心流程识别步骤后，便可以汇总、整理流程识别与规划方案。流程设计的方案成果性文件一般有两种：一是“流程图”，二是“流程清单”。

流程图是流经一个系统的信息流、观点流或部门流的图形代表。在企业中，流程图主要用来说明某一活动过程。这种过程既可以是生产线上的工艺流程，也可以是完成一项任务必需的管理过程。

5.2.4.1　流程图

（1）流程图的绘制方法

流程图有很多种类型，本书推荐“矩阵式流程图”，也是国际上通用的流程图形式。这种流程图分成纵向、横向两个方向，纵向表示工作的先后顺序，横向表示承担该项工作的部门和职位。通过纵向、横向两个方向的坐标，可以把流程描述清晰。

（2）流程图的层次

流程图同流程清单一样，分为一级、二级、三级。一级流程图即集团公司级的流程图，例如集团公司主导的业务流程图、集团公司决策流程图；二级流程图即为部门级的流程图，例如技术开发的流程图、人力资源管理的流程图；三级流程图即为部门内具体工作的流程图。

（3）流程图的编号

编号为管理信息化提供依据。在 ERP 等系统里，编号代表节点，节点一定要有编号，且该编号唯一。流程图下面要注明公司名称、编制单位、编制人员和密级，也应标明流程的页数和流程的主管部门。

流程图的绘制，通常是以公司领导和员工一起讨论的方式来进行，这样可以集思广益，有助于流程的优化。一个企业的所有流程图均绘制完毕，应装订成册，发放给公司的各个部门遵照执行。流程图实际上是企业的内部法规，有它企业才能建立起正常的工作规则和工作秩序。

5.2.4.2 流程清单

当流程分级完成后，即可形成流程清单。对于集团公司而言，还需要考虑流程清单的分层。比如人力资源管理，集团母公司负责整体的人力资源政策和标准的制定，制定框架性的流程制度，下属单位会分解细化，形成具体的操作流程，但其分解的下一层流程制度文件，必须和上一层流程衔接一致形成一体化，同时细化分解的流程清单也可根据流程责任人区分形成下一层组织的流程清单。

流程清单的表现形式一般类似于树状结构逐级分解。然而，现实业务流程整体描绘出来的应该是网状结构,即各类不同的业务都有交叉影响作用。因此，在流程清单分解时，其关键是既要体现流程体系的完整性和逻辑关联性，又要清晰地界定流程间的边界。在流程清单中，可通过流程的起点和终点来进行流程关联关系的界定。

流程的起点包括三种情况：一是此流程在什么条件下触发，如基于年度计划、临时申请、每月固定时间触发；二是此流程属于某一上级流程的子流程，由于在上级流程中表述得比较复杂，被单独作为一个子流程列出；三是被某个流程触发，如新员工入职培训流程被入职管理流程触发。流程的终点是本流程结束的标志，或者触发的下游流程，如新员工入职管理，触发新员工入职培训流程等。

表 5-3 是人力资源管理一级流程的流程清单式样。

流程清单的作用如下：

◇ 流程清单本质上说明集团公司是如何创造价值的；

◇ 流程清单给集团公司提供进行整体观察的机会，重塑以客户为导向的业务链，突出客户导向；

◇ 流程清单给集团公司提供发现业务盲点、业务冗余点的机会。通过流程分类分级得到流程清单时，参与人员会经常探讨不同的流程是否可以正常连接，避免流程各管一段、冗余或者遗漏，如果探讨得深入，还可以发现公司价值链上的重大缺失、业务运营与管控方面的问题，继而探讨解决的途径；

◇建立一致的工作语言，统一认识问题的思维结构；

◇建立集团公司可持续知识积累的架构。

表 5-3　流程清单示例——人力资源管理

一级流程	二级流程	三级流程	四级流程	流程简介			流程责任人
				流程起点	流程内容概要	流程终点	
人力资源管理	培训与开发管理	培训课程开发管理流程		根据年度计划或课程开发需求	课程开发计划制定—课程开发过程管理—评审论证—成果管理	培训课程成果归档	集团公司人力资源中心
		内部培训流程	兼职培训师管理流程	兼职培训师需求	选拔—培养—考核	兼职培训师认证通过	下属单位人力资源中心
			兼职培训管理员流程	兼职培训管理员需求	选拔—培养—考核	兼职培训师管理员认证通过	集团公司人力资源中心
			内部培训项目实施流程	根据年度计划或内部培训需求	计划申报审批—评估—费用核销	内部培训评估表	下属单位人力资源中心
		外派培训实施流程		根据年度计划或外派培训	计划申报审批—费用核销—成果转训	成果转训及资料归档	集团公司人力资源中心

5.3　某烟草集团公司流程优化设计案例

5.3.1　公司流程现状概况分析与改进机会识别

流程优化首先要从控制和效率两个层面对集团公司流程现状进行整体分析诊断，发现其中存在的问题，以便针对性地提出解决方案。

经过调研分析，某烟草集团公司流程现状概况见表 5-4 所示。

表 5-4　某烟草集团公司流程现状概况表

		问题	详细
控制	组织	流程设计缺少重点规划，未区分管理、业务、合规、辅助流程未建立规范的流程文档	
		部分流程中责任单位划分不清	1. 质量监管流程归口比较分散，多部门参与质量管理；营销中心、千日办、企划部分散管理营销职能，导致营销分中心信息沟通冗余，多头领导 2. 现有原料、物资、成品烟、在制品的物流调配、仓储等流程责任主体分散在原料、物资采购、营销等部门； 3. 战略责任主体分散（企管部、办公室） 4. 业绩管理责任主体比较分散，按模块分部门展开考核流程，导致流程在横向职能部室、纵向总部与烟厂、非法人实体间多头展开
		流程功能表达不全面	1. 流程责任单位涵盖不全 2. 流程不能体现责任单位间的权限划分
		管理类、辅助类流程缺乏“服务导向”意识	财务、行政类流程中缺乏与其余部门的沟通交流
	环节	流程内容缺失、不完善	1. 研发流程缺少市场信息的导入，营销中心参与不足；市场管理流程不明确 2. 销售部门缺少对研、产、供部门的市场信息反馈环节，会导致生产不能紧跟市场进行调节 3. 物流信息化流程欠缺 4. 战略目标的分解细化流程不完善 5. 缺少对战略执行过程的监督和评价环节 6. 业绩指标及标准的制定缺少上下沟通 7. 业绩完成情况由被考核单位自行上报，缺乏考核部门的监管环节
	监控	集团公司总部主要业务流程环节设置不匹配、衔接不畅，进而影响到烟厂的流程运作	1. 在物资与原料的采购过程中，原料、物资需求由烟厂上报到物资部 / 原料部，而不是通过生产制造部直接与物资部 / 原料部统筹沟通，造成采购需求上报的流程路径过多、信息传递零散，效率低 2. 生产流程的信息沟通集中在烟厂与生产制造部的纵向信息传递，生产制造部与采购部门及营销中心缺少横向沟通，造成流程冗余、信息多头传递
		烟厂与总部的权限划分不能在流程中得到体现	

续表 5-4

	问题	详细
效率	审批结点较多、缺乏效率	1. 总部人力资源部流程节点负荷较大，涉及到烟厂、非法人实体的人员招聘、培训、考核、晋升、调动等各方面工作，使得纵向流程链较长，加大总部工作压力，缺乏效率 2. 财务预算纵向流程节点较多，烟厂、非法人实体的预算上报频繁，总部批复过程较漫长 3. 烟厂与非法人实体日常物品与设备采购需经手总部对应职能部室，导致效率较低，流程繁复
	信息化建设有待加强	1. 物流信息系统建设待完善 2. 多个工作系统兼容性有待加强

在优化过程中，要以流程为关注点，以战略目标、问题、机遇与挑战为驱动点，把与流程相关的配套元素纳入研究体系，找出流程优化的机会（见图 5-18）。

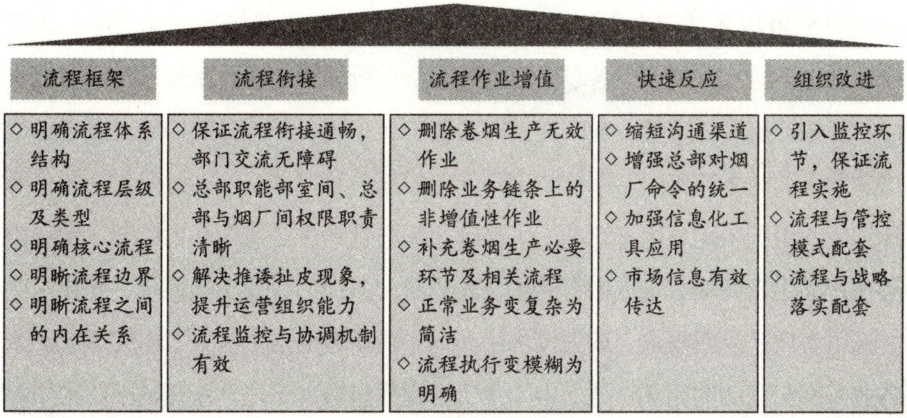
流程框架
◇ 明确流程体系结构
◇ 明确流程层级及类型
◇ 明确核心流程
◇ 明晰流程边界
◇ 明晰流程之间的内在关系
流程衔接
◇ 保证流程衔接通畅，部门交流无障碍
◇ 总部职能部室间、总部与烟厂间权限职责清晰
◇ 解决推诿扯皮现象，提升运营组织能力
◇ 流程监控与协调机制有效
流程作业增值
◇ 删除卷烟生产无效作业
◇ 删除业务链条上的非增值性作业
◇ 补充卷烟生产必要环节及相关流程
◇ 正常业务变复杂为简洁
◇ 流程执行变模糊为明确
快速反应
◇ 缩短沟通渠道
◇ 增强总部对烟厂命令的统一
◇ 加强信息化工具应用
◇ 市场信息有效传达
组织改进
◇ 引入监控环节，保证流程实施
◇ 流程与管控模式配套
◇ 流程与战略落实配套

图 5-18　流程优化机会模型图

5.3.2　公司业务识别与分解

图 5-19 展示了公司各流程模块之间的逻辑关系，战略与投资流程占据统领性的地位，为各模块运作提供指导思想；研发、采购、生产、营销流程为主要价值链流程，物流、质量管理流程是为其提供支持的业务流程；人力资源管理、

财务管理、信息化管理、资产管理、内部运营管理等为业务活动输入重要资源及服务；安全环保与行政办公等其余流程对各流程提供相应的服务与支持。

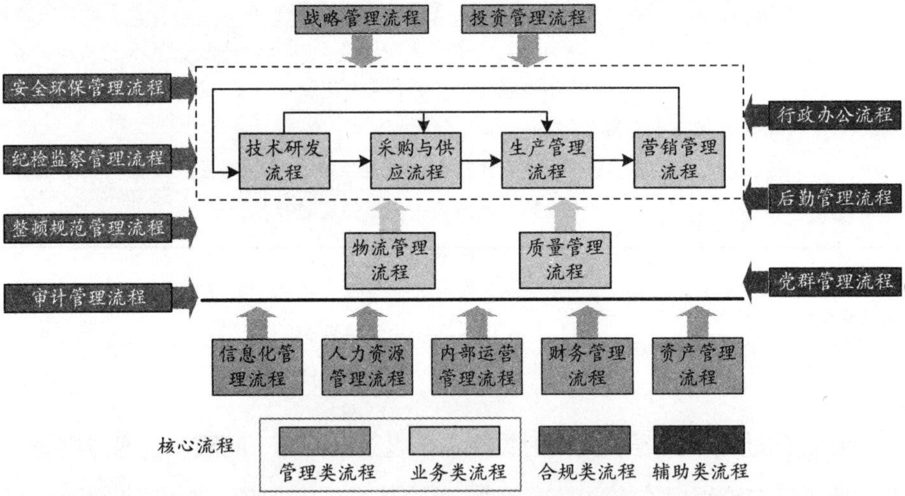
战略管理流程
投资管理流程
安全环保管理流程
纪检监察管理流程
整顿规范管理流程
审计管理流程
技术研发流程
采购与供应流程
生产管理流程
营销管理流程
行政办公流程
后勤管理流程
党群管理流程
物流管理流程
质量管理流程
信息化管理流程
人力资源管理流程
内部运营管理流程
财务管理流程
资产管理流程
核心流程
管理类流程
业务类流程
合规类流程
辅助类流程

图 5-19　业务模块整体运作模型图

图 5-20 以各部门为主体，解析了该集团公司主业务链的运作顺序。由综合计划部下达战略规划，各职能模块对战略进行分解后开展业务运作。由技术中心开始，研发新产品、新配方、新工艺、新包装，并将研发成果及质量标准传递到采购与生产部门；采购与生产部门根据质量及战略计划协商生产与采购计划，并组织采购与生产活动；生产部门需与营销中心协调产销计划，营销中心在产品生产完毕后安排销售活动，并及时向各部门反馈市场信息，向技术中心提供客户产品新需求，成为技术中心下一轮研发的信息输入，由此形成一个各业务部门互动的闭环。技术中心负责全程质量标准下达，监督各部门的质量管理活动；物流中心负责采购、生产、销售环节的运输、仓储、调度等活动；各管理类、合规类、辅助类单位为业务部门提供所需的资源及服务，并履行相应监督职能。

在理解该公司流程运作及部门关系的基础上，需要进一步对流程进行分类，并对重要流程进行细化分解，以此为基础进行流程优化设计。

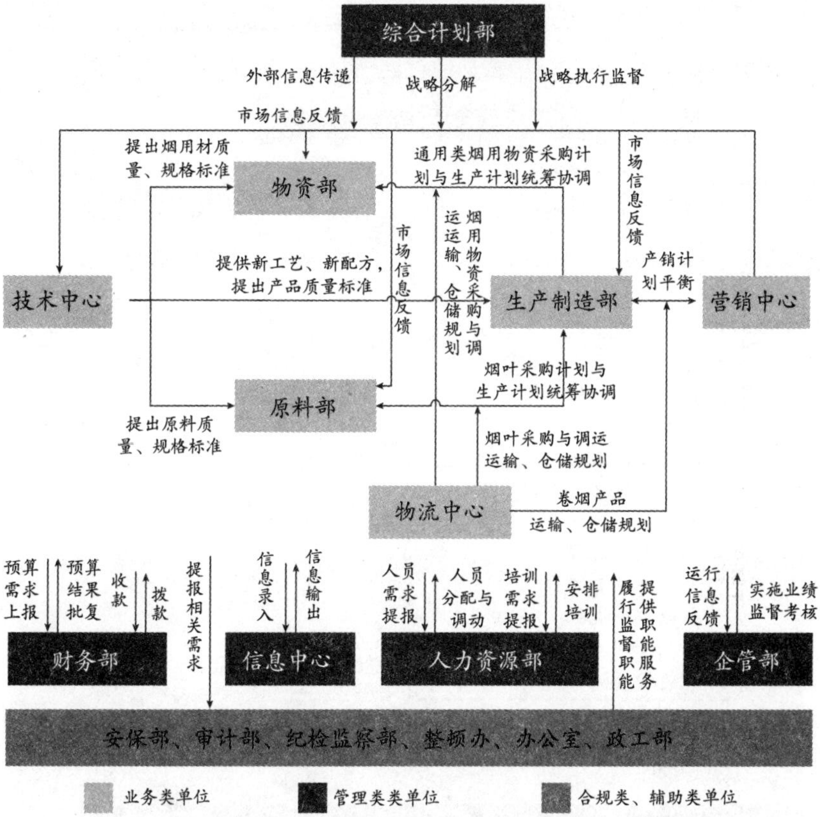
综合计划部
外部信息传递
战略分解
战略执行监督
市场信息反馈
提出烟用材质量、规格标准
通用类烟用物资采购计划与生产计划统筹协调
市场信息反馈
物资部
市场信息反馈
运运输、仓储规划
烟用物资采购与调
提供新工艺、新配方，提出产品质量标准
产销计划平衡
技术中心
生产制造部
营销中心
烟叶采购计划与生产计划统筹协调
原料部
提出原料质量、规格标准
烟叶采购与调运运输、仓储规划
物流中心
卷烟产品运输、仓储规划
预算需求上报
预算结果批复
收款
拨款
提报相关需求
信息录入
信息输出
人员需求提报
人员分配与调动
培训需求提报
安排培训
履行监督职能
提供职能服务
运行信息反馈
实施业绩监督考核
财务部
信息中心
人力资源部
企管部
安保部、审计部、纪检监察部、整顿办、办公室、政工部
业务类单位
管理类类单位
合规类、辅助类单位

图 5-20　部门运作路线及任务传递图

5.3.3　公司流程分类

经过前期调研和分析，归纳了该集团公司的一级流程，并对二级流程进行了分解。实例如图 5-21 所示。

对流程进行功能分类后，就要分析在集团公司内部，每种功能分类下都具体包括哪些业务，以便对企业内部价值链概括形成整体的印象，如图 5-22 所示。

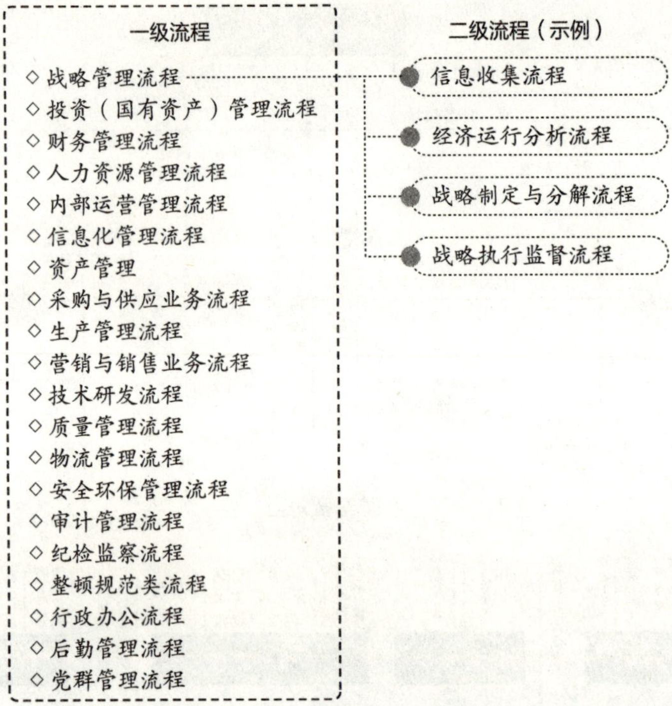
一级流程
◇战略管理流程
◇投资（国有资产）管理流程
◇财务管理流程
◇人力资源管理流程
◇内部运营管理流程
◇信息化管理流程
◇资产管理
◇采购与供应业务流程
◇生产管理流程
◇营销与销售业务流程
◇技术研发流程
◇质量管理流程
◇物流管理流程
◇安全环保管理流程
◇审计管理流程
◇纪检监察流程
◇整顿规范类流程
◇行政办公流程
◇后勤管理流程
◇党群管理流程
二级流程（示例）
信息收集流程
经济运行分析流程
战略制定与分解流程
战略执行监督流程

图 5-21　按层级进行流程分解

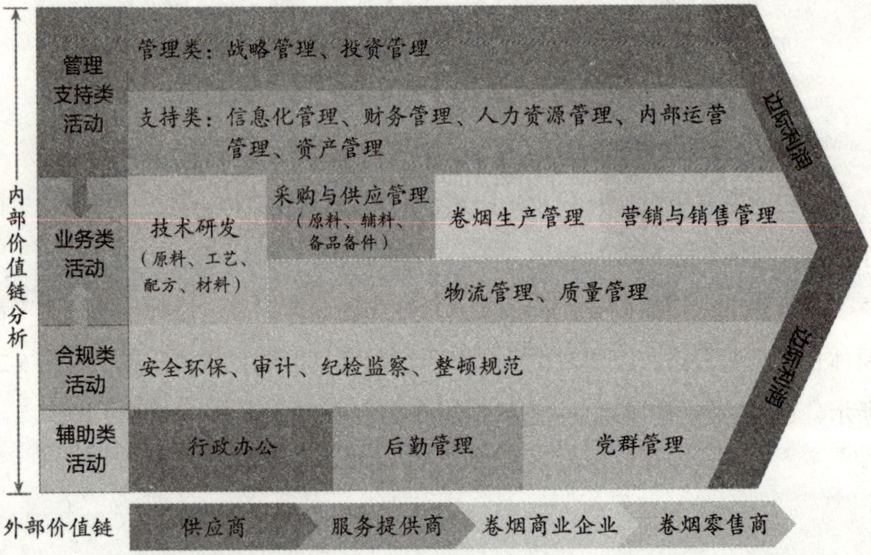
内部价值链分析
管理支持类活动
管理类：战略管理、投资管理
支持类：信息化管理、财务管理、人力资源管理、内部运营管理、资产管理
业务类活动
技术研发（原料、工艺、配方、材料）
采购与供应管理（原料、辅料、备品备件）
卷烟生产管理
营销与销售管理
物流管理、质量管理
合规类活动
安全环保、审计、纪检监察、整顿规范
辅助类活动
行政办公
后勤管理
党群管理
边际利润
边际利润
外部价值链
供应商
服务提供商
卷烟商业企业
卷烟零售商

图 5-22　功能类活动内容

同时,企业的各业务环节也能被具体对应到四类功能活动中(如图 5-23)。

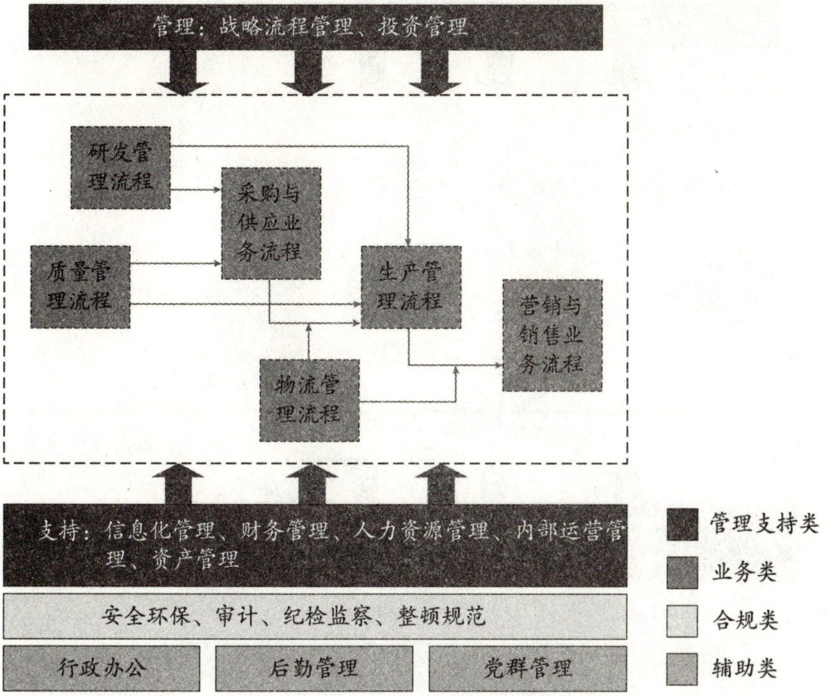
管理：战略流程管理、投资管理
研发管理流程
采购与供应业务流程
质量管理流程
生产管理流程
营销与销售业务流程
物流管理流程
支持：信息化管理、财务管理、人力资源管理、内部运营管理、资产管理
安全环保、审计、纪检监察、整顿规范
行政办公
后勤管理
党群管理
管理支持类
业务类
合规类
辅助类

图 5-23 按功能对业务流程进行划分

5.3.4 公司核心流程识别

(1)根据该公司的发展阶段、组织结构特点确定其流程关注点。

按公司目前发展阶段看，职能部制有利于其运作，更适应现阶段发展，与之对应的，流程更应该关注市场及效率，这就要从业务类流程入手，分析其运作现状，找到突破口来以“市场和效率”为核心进行优化。

(2)围绕关注点,估计每个流程的增值性,增值贡献大的流程为核心流程。

要以“市场”为依据进行流程优化，就必须关注该公司的营销特性。依卷烟品质、配方、原料等核心技术，以及品牌的影响力，公司目前可以大致掌握客户需求，从而推动市场发展，属于产品驱动型。产品驱动型的营销特性决定了核心增值流程有技术研发流程、生产管理流程、供应与采购业务流程、营销与销售业务流程，需要将这几个流程首先纳入“核心流程”的范围内。

图 5-24 中用线条框出的即为按照价值链筛选出的核心流程。

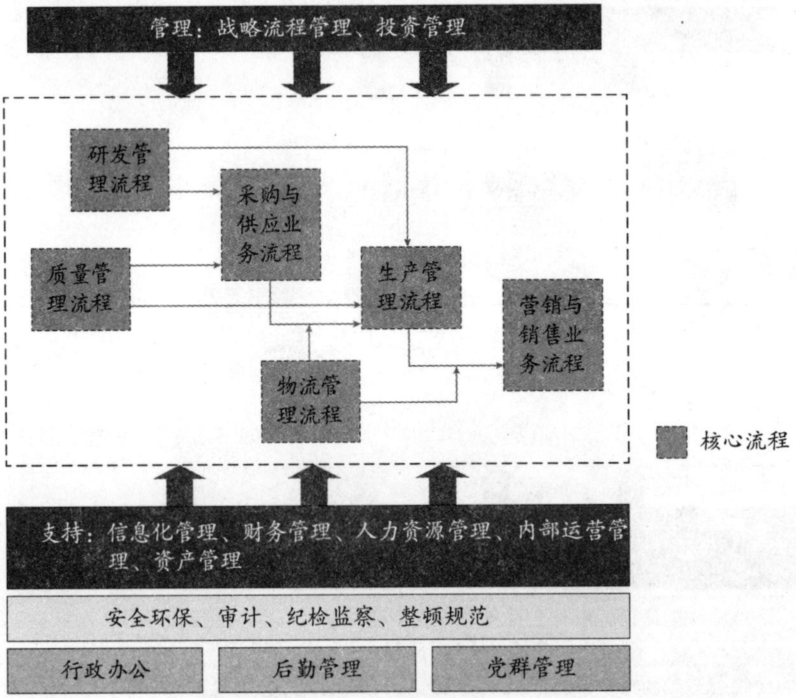
管理：战略流程管理、投资管理
研发管理流程
采购与供应业务流程
质量管理流程
生产管理流程
营销与销售业务流程
物流管理流程
核心流程
支持：信息化管理、财务管理、人力资源管理、内部运营管理、资产管理
安全环保、审计、纪检监察、整顿规范
行政办公
后勤管理
党群管理

图 5-24　根据增值贡献确定核心流程

（3）对本公司而言，财务管理流程为业务环节输入资金资源，而人力资源流程为各业务运行输入人才资源、内部运营管理流程为业务环节提供信息资源、资产管理流程为业务运行提供设备资源。

图 5-25 中用线条框出的即为按照价值链筛选出的核心流程，增加了财务管理流程、人力资源管理流程、内部运营管理流程、资产管理流程。

（4）寻找对上述以及确定的核心流程有统率或有重大影响作用的流程，也可以考虑确定为核心流程。战略管理与投资管理流程都对已选出的核心流程有着统率性的影响，也纳入核心流程范围内。如图 5-26 虚线框所示。

依据上述四步最终确定了四类业务活动中的两类——管理类活动和业务类活动所包含的内容为核心流程，如图 5-27 所示。

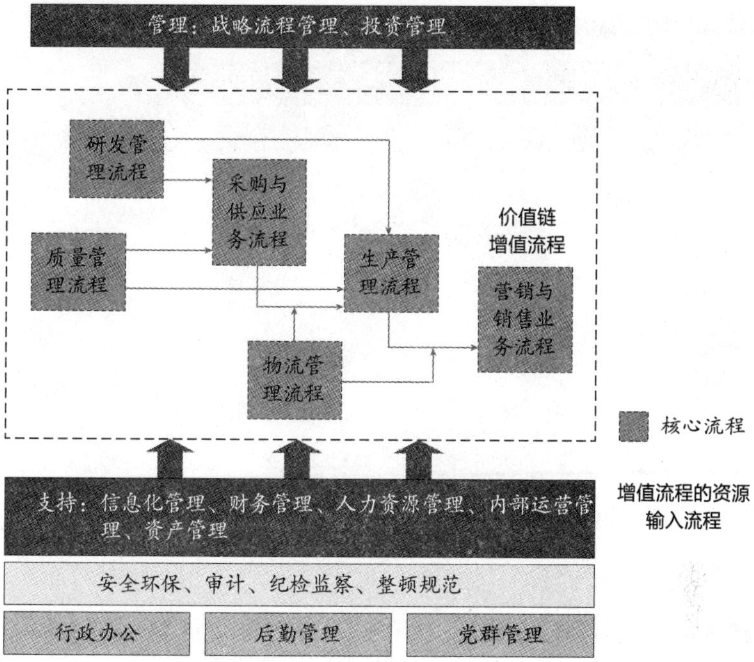
管理：战略流程管理、投资管理
研发管理流程
采购与供应业务流程
质量管理流程
生产管理流程
价值链增值流程
营销与销售业务流程
物流管理流程
核心流程
支持：信息化管理、财务管理、人力资源管理、内部运营管理、资产管理
增值流程的资源输入流程
安全环保、审计、纪检监察、整顿规范
行政办公
后勤管理
党群管理

图 5-25　根据增值输入确定核心流程

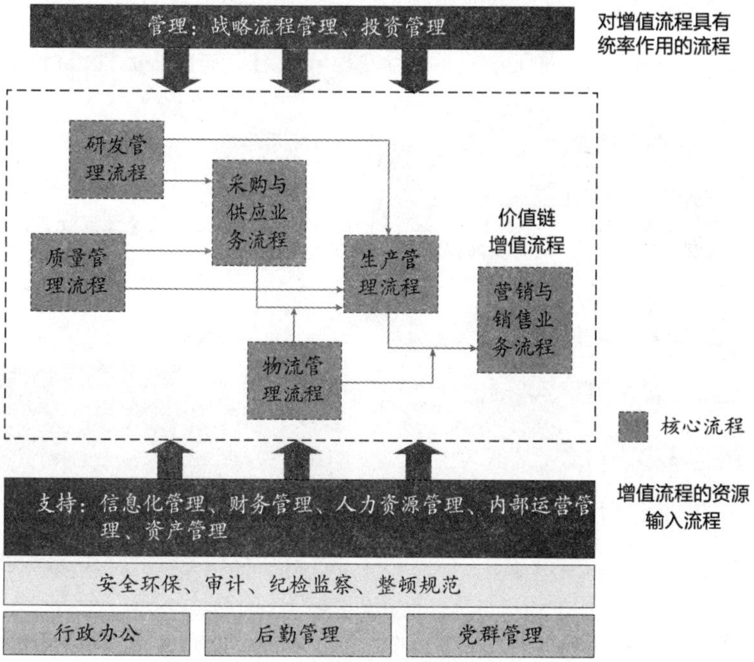
管理：战略流程管理、投资管理
对增值流程具有统率作用的流程
研发管理流程
采购与供应业务流程
质量管理流程
生产管理流程
价值链增值流程
营销与销售业务流程
物流管理流程
核心流程
支持：信息化管理、财务管理、人力资源管理、内部运营管理、资产管理
增值流程的资源输入流程
安全环保、审计、纪检监察、整顿规范
行政办公
后勤管理
党群管理

图 5-26　根据影响作用确定核心流程

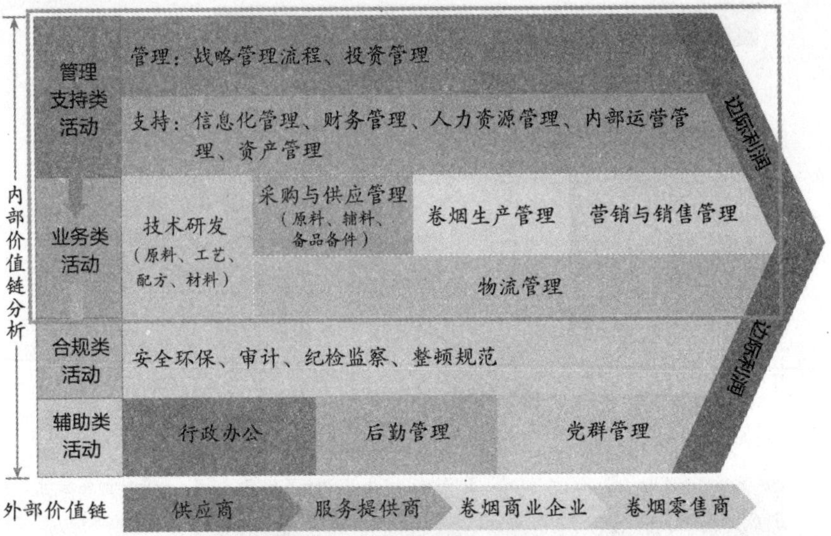
内部价值链分析
管理支持类活动
管理：战略管理流程、投资管理
支持：信息化管理、财务管理、人力资源管理、内部运营管理、资产管理
边际利润
业务类活动
技术研发（原料、工艺、配方、材料）
采购与供应管理（原料、辅料、备品备件）
卷烟生产管理
营销与销售管理
物流管理
合规类活动
安全环保、审计、纪检监察、整顿规范
边际利润
辅助类活动
行政办公
后勤管理
党群管理
外部价值链
供应商
服务提供商
卷烟商业企业
卷烟零售商

图 5-27　核心流程确定图

5.3.5　公司流程优化程度划分

管理类活动和业务类活动是核心流程，需要重点优化。在此可以采用“潜在收益 / 可行性矩阵”对识别出的核心流程进行优化程度的划分，进一步区分优化重点。下面采用“潜在收益 / 可行性矩阵”对上述核心流程进行划分。

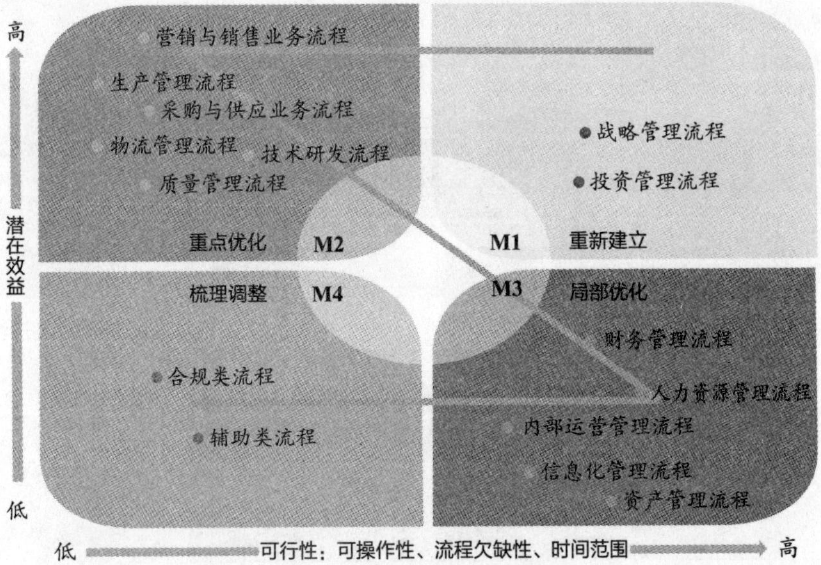
高
潜在效益
低
营销与销售业务流程
生产管理流程
采购与供应业务流程
物流管理流程
技术研发流程
质量管理流程
重点优化
M2
战略管理流程
投资管理流程
M1
重新建立
梳理调整
M4
M3
局部优化
财务管理流程
人力资源管理流程
合规类流程
辅助类流程
内部运营管理流程
信息化管理流程
资产管理流程
低
可行性：可操作性、流程欠缺性、时间范围
高

图 5-28　潜在收益 / 可行性矩阵图

由图 5-28 可知，流程优化级别共有四类，分别为重新设计、重点优化流程、局部优化流程和梳理调整，如图 5-29 所示。

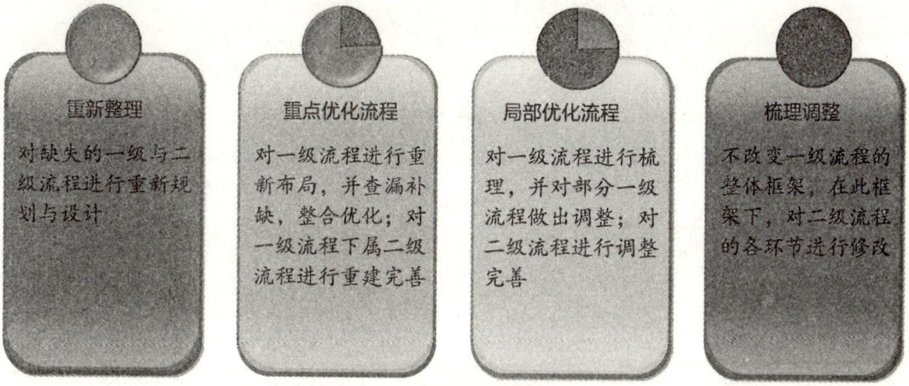
重新整理
对缺失的一级与二级流程进行重新规划与设计
重点优化流程
对一级流程进行重新布局，并查漏补缺，整合优化；对一级流程下属二级流程进行重建完善
局部优化流程
对一级流程进行梳理，并对部分一级流程做出调整；对二级流程进行调整完善
梳理调整
不改变一级流程的整体框架，在此框架下，对二级流程的各环节进行修改

图 5-29　流程优化类别

根据上述矩阵，选择各业务及管理流程的优化等级，如表 5-5 所示。

表 5-5　流程优化选择及数目分布表

流程分类	一级流程名称	二级流程数量	优化选择
管理类流程	战略管理流程	4	重新建立
	投资管理流程	3	重新建立
	内部运营管理流程	6	局部优化
	人力资源管理流程	10	局部优化
	财务管理流程	6	局部优化
	资产管理流程	4	局部优化
	信息化管理流程	4	局部优化
合计	7	37	
业务类流程	技术研发流程	10	重点优化
	采购与供应业务流程	14	重点优化
	生产管理流程	4	重点优化
	营销与销售业务流程	10	重点优化
	质量管理流程	6	重点优化
	物流管理流程	7	重点优化
合计	6	51	

续表 5-5

流程分类	一级流程名称	二级流程数量	优化选择
合规类流程	安全保卫管理流程	3	梳理调整
	审计管理流程	4	梳理调整
	纪检监察流程	7	梳理调整
	整顿规范类流程	4	梳理调整
合计	4	18	
辅助类流程	行政事务管理流程	5	梳理调整
	后勤保障管理流程	3	梳理调整
	党群管理流程	6	梳理调整
合计	3	14	
总计	20	120	

5.3.6 流程优化设计结果——以战略管理流程为例

5.3.7.1 战略管理流程分析

战略管理流程包括信息收集流程、经济运行分析流程、公司战略制定与分解流程、公司战略执行监督流程四部分。我们对流程现状进行分析，并发现现有流程存在的改进空间，图 5-30 中虚线标出的即为现存问题，也是流程优化设计的关注点。

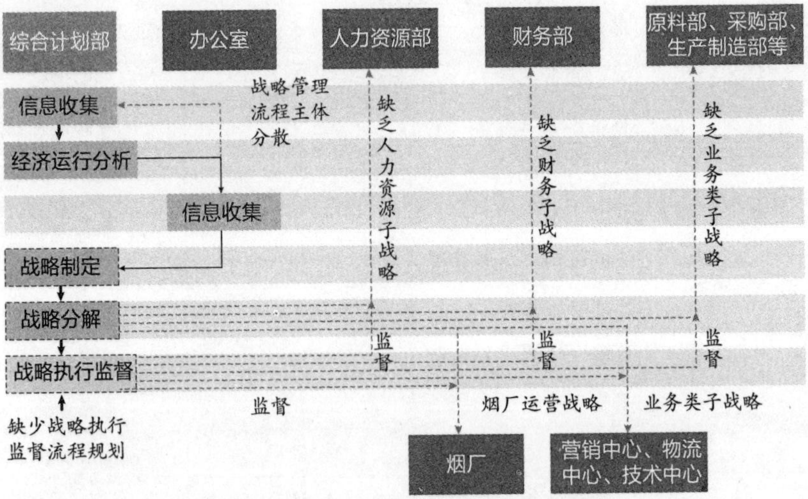
综合计划部
办公室
人力资源部
财务部
原料部、采购部、生产制造部等
信息收集
经济运行分析
信息收集
战略制定
战略分解
战略执行监督
战略管理流程主体分散
缺乏人力资源子战略
缺乏财务子战略
缺乏业务类子战略
监督
监督
监督
监督
烟厂运营战略
业务类子战略
缺少战略执行监督流程规划
烟厂
营销中心、物流中心、技术中心

图 5-30 现有战略管理流程问题示意图

接下来将分析这些问题在控制和效率各维度上的具体表现，如表5-6所示。

表 5-6 战略管理流程分析表

二级流程	控制			效率	优化改进
	组织	环节	监控		
战略规划流程		缺少该流程			建立该流程
公司战略执行监督流程		缺少该流程			建立该流程
信息收集流程	外部信息收集由信息中心与办公室负责				该流程划归到综合计划部
经济运行分析流程	该项工作由企划部负责				该流程划归到综合计划部

在对流程现状分析的基础上，要进一步构造战略管理流程的整体规划，明确具体二级流程的运作路线，并构划出流程主管部门（综合计划部）与相关部门、单位之间的联系。根据示意图的分析来构建战略管理的一级流程及各二级流程，具体见图 5-31 所示。

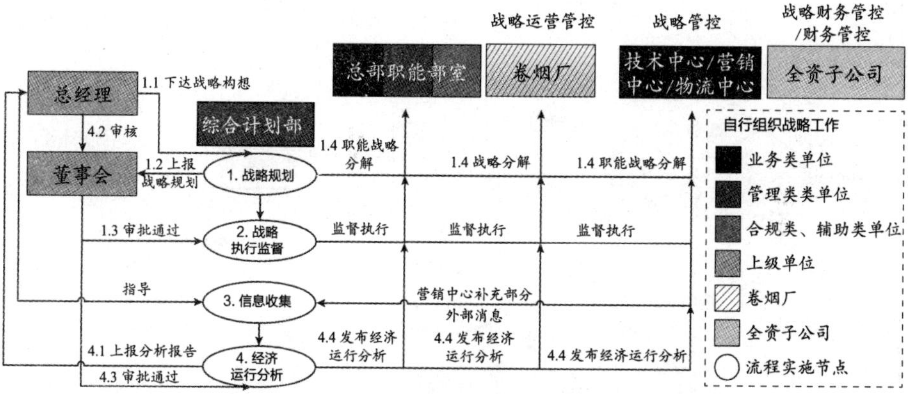
战略运营管控
战略管控
战略财务管控
/财务管控
总部职能部室
卷烟厂
技术中心/营销中心/物流中心
全资子公司
总经理
1.1 下达战略构想
综合计划部
4.2 审核
董事会
1.2 上报战略规划
1. 战略规划
1.4 职能战略分解
1.4 战略分解
1.4 职能战略分解
1.3 审批通过
2. 战略执行监督
监督执行
监督执行
监督执行
指导
3. 信息收集
营销中心补充部分外部消息
4.1 上报分析报告
4.3 审批通过
4. 经济运行分析
4.4 发布经济运行分析
4.4 发布经济运行分析
4.4 发布经济运行分析
自行组织战略工作
业务类单位
管理类类单位
合规类、辅助类单位
上级单位
卷烟厂
全资子公司
流程实施节点

图 5-31 战略管理流程整体设计示意图

5.3.7.2 战略管理流程图

（1）战略管理一级流程图

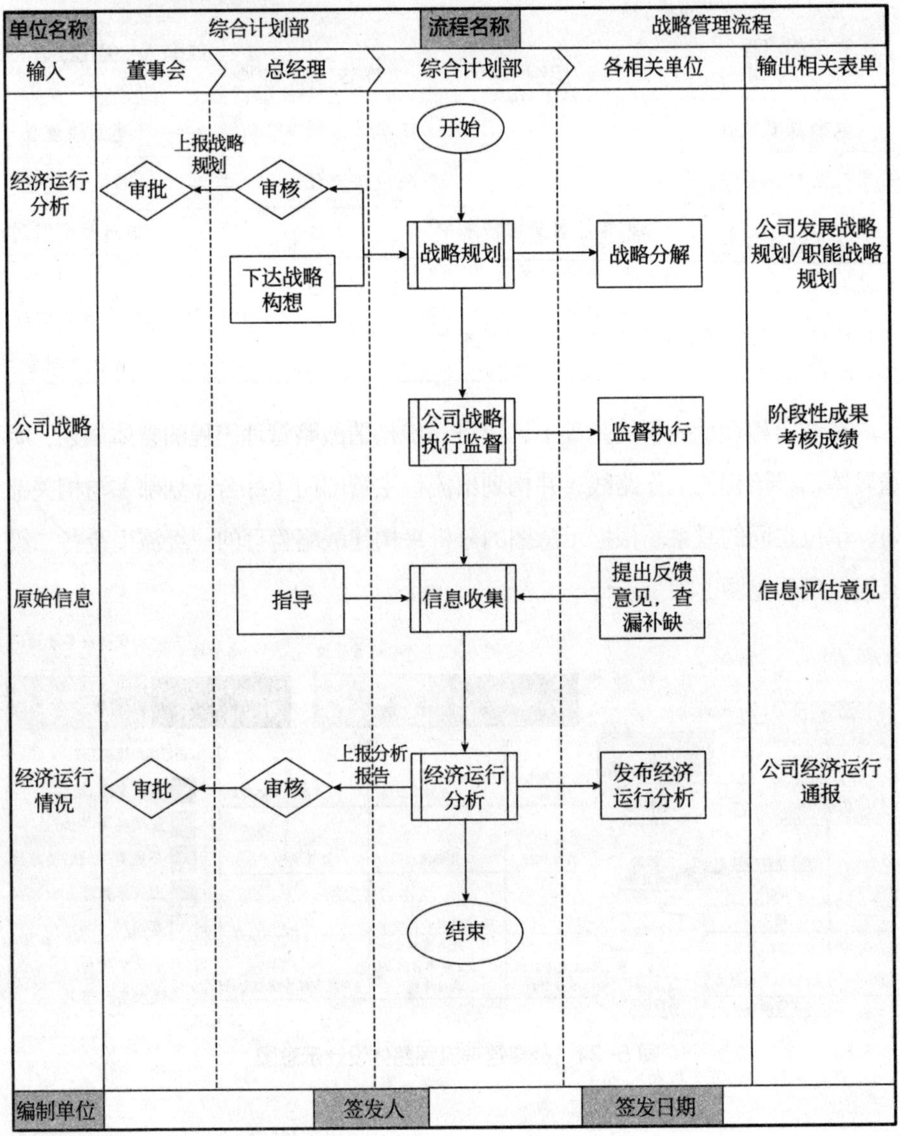
单位名称
综合计划部
流程名称
战略管理流程
输入
董事会
总经理
综合计划部
各相关单位
输出相关表单
开始
上报战略规划
经济运行分析
审批
审核
战略规划
战略分解
公司发展战略规划/职能战略规划
下达战略构想
公司战略
公司战略执行监督
监督执行
阶段性成果考核成绩
原始信息
指导
信息收集
提出反馈意见，查漏补缺
信息评估意见
上报分析报告
经济运行情况
审批
审核
经济运行分析
发布经济运行分析
公司经济运行通报
结束
编制单位
签发人
签发日期

（2）战略管理二级流程图

①战略规划

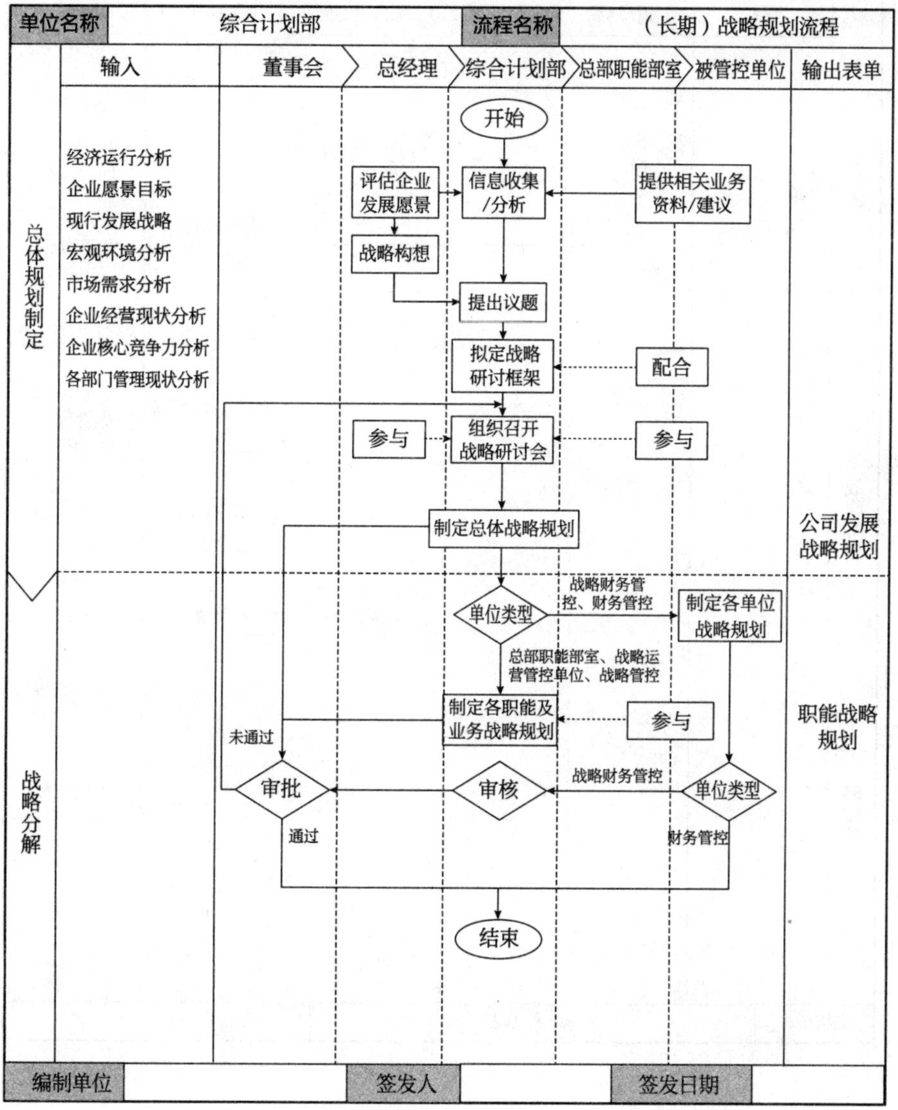
单位名称
综合计划部
流程名称
（长期）战略规划流程
输入
董事会
总经理
综合计划部
总部职能部室
被管控单位
输出表单
总体规划制定
战略分解
经济运行分析
企业愿景目标
现行发展战略
宏观环境分析
市场需求分析
企业经营现状分析
企业核心竞争力分析
各部门管理现状分析
开始
评估企业发展愿景
信息收集/分析
提供相关业务资料/建议
战略构想
提出议题
拟定战略研讨框架
配合
参与
组织召开战略研讨会
参与
制定总体战略规划
公司发展战略规划
单位类型
战略财务管控、财务管控
制定各单位战略规划
总部职能部室、战略运营管控单位、战略管控
制定各职能及业务战略规划
参与
职能战略规划
未通过
审批
审核
战略财务管控
单位类型
通过
财务管控
结束
编制单位
签发人
签发日期

②公司战略执行监督流程

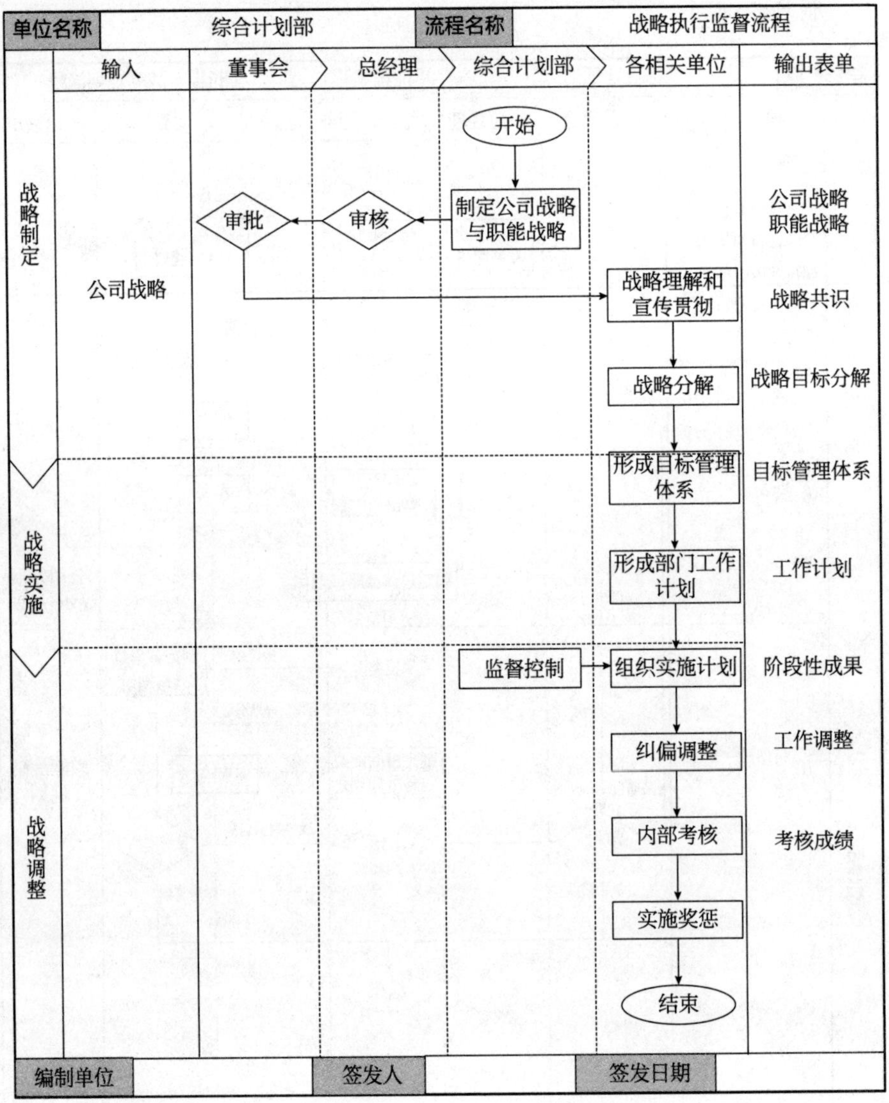
单位名称
综合计划部
流程名称
战略执行监督流程
输入
董事会
总经理
综合计划部
各相关单位
输出表单
战略制定
战略实施
战略调整
开始
制定公司战略与职能战略
审核
审批
公司战略
战略理解和宣传贯彻
战略分解
形成目标管理体系
形成部门工作计划
监督控制
组织实施计划
纠偏调整
内部考核
实施奖惩
结束
公司战略职能战略
战略共识
战略目标分解
目标管理体系
工作计划
阶段性成果
工作调整
考核成绩
编制单位
签发人
签发日期

③ 信息收集流程

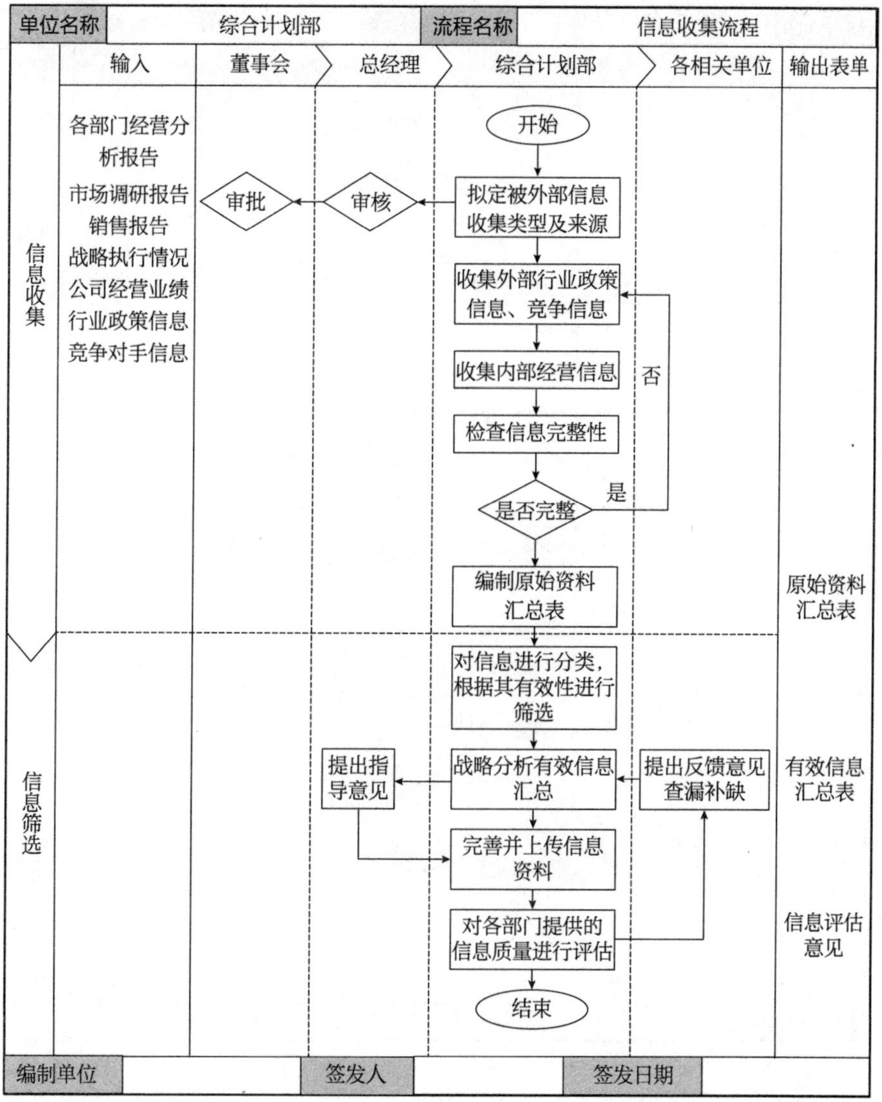
单位名称
综合计划部
流程名称
信息收集流程
输入
董事会
总经理
综合计划部
各相关单位
输出表单
信息收集
各部门经营分析报告
市场调研报告
销售报告
战略执行情况
公司经营业绩
行业政策信息
竞争对手信息
开始
拟定被外部信息收集类型及来源
审核
审批
收集外部行业政策信息、竞争信息
收集内部经营信息
检查信息完整性
是否完整
否
是
编制原始资料汇总表
原始资料汇总表
信息筛选
对信息进行分类，根据其有效性进行筛选
战略分析有效信息汇总
提出指导意见
提出反馈意见查漏补缺
有效信息汇总表
完善并上传信息资料
对各部门提供的信息质量进行评估
信息评估意见
结束
编制单位
签发人
签发日期

④经济运行分析流程

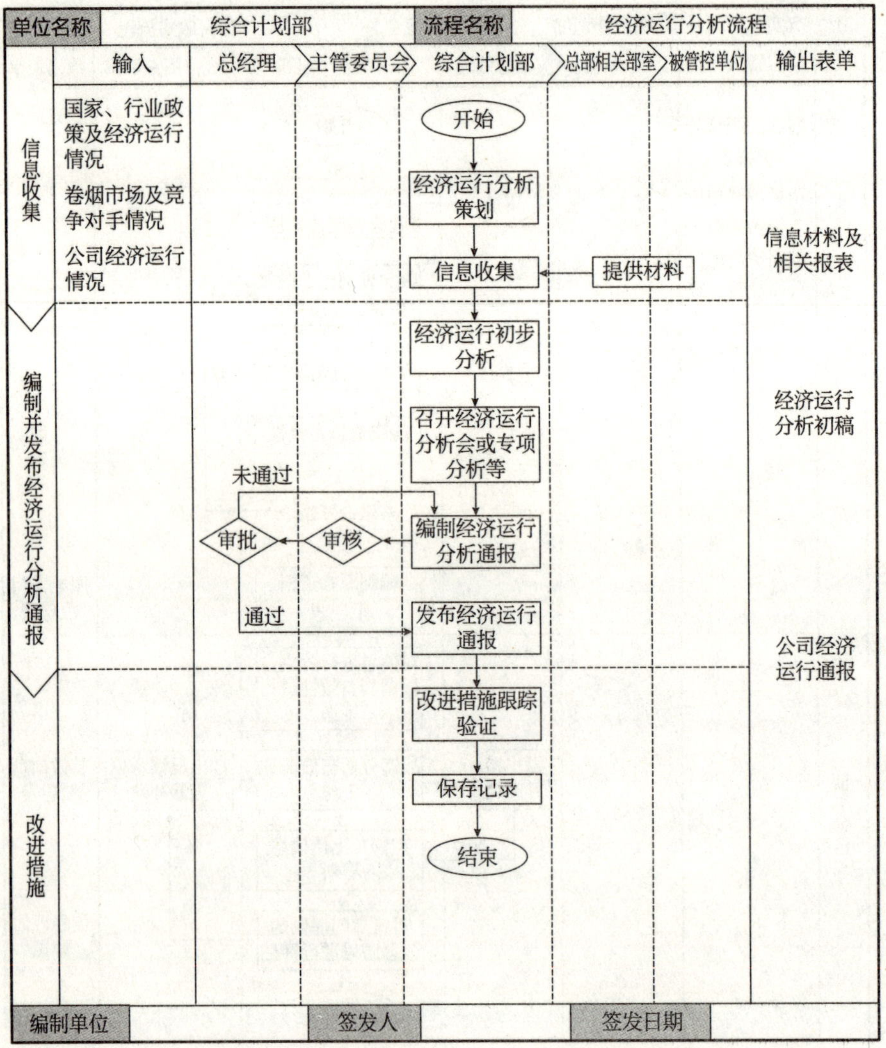
单位名称
综合计划部
流程名称
经济运行分析流程
输入
总经理
主管委员会
综合计划部
总部相关部室
被管控单位
输出表单
信息收集
国家、行业政策及经济运行情况
卷烟市场及竞争对手情况
公司经济运行情况
开始
经济运行分析策划
信息收集
提供材料
信息材料及相关报表
编制并发布经济运行分析通报
经济运行初步分析
召开经济运行分析会或专项分析等
经济运行分析初稿
未通过
审批
审核
编制经济运行分析通报
通过
发布经济运行通报
公司经济运行通报
改进措施
改进措施跟踪验证
保存记录
结束
编制单位
签发人
签发日期

5.4 制度体系关键问题

制度体系设计是企业集团规章制度形成的有机体系，它与集团的战略规划、组织结构、权责体系以及业务流程密切相关。具体表现为：管控模式明确管控对象的管控手段和管控重点；组织结构与权责体系的确定，为制度体系确定实施主体；业绩管理体系对制度的执行和落实进行考核和反馈，进而完善制度体系；集团战略、组织结构、权责分工或业务流程一旦变化，应对制度体系进行完善优化。

制度体系建设的方法：(1)梳理集团公司的全部制度，确定制度框架；(2)设计制度体系的架构，对母公司和子公司的制度体系进行分级，一级制度、二级制度，依次类推，结合组织结构和流程确定制度的执行人。

管理制度是对一定的管理机制、管理原则、管理方法以及管理机构设置的规范。它是实施一定的管理行为的依据，是社会再生产过程顺利进行的保证。合理的管理制度可以简化管理过程，提高管理效率。它具有如下特点：

◇ 权威性。管理制度由具有权威的管理部门制定，在其适用范围内具有强制约束力，一旦形成，不得随意修改和违反；

◇ 排他性。某种管理原则或管理方法一旦形成制度，与之相抵触的其他做法均不能实行；

◇ 特定范围内的普遍适用性。各种管理制度都有自己特定的适用范围，在这个范围内，所有同类事情，均需按此制度办理；

◇ 相对稳定性。管理制度一旦制定，在一般时间内不能轻易变更，否则无法保证其权威性。这种稳定性是相对的，当现行制度不符合变化的实际情况时，又需要及时修订。

制度体系的设计、梳理和完善必须以企业发展战略为指导，在清晰的组织结构设计以及权责体系设计的基础上，建立制度体系与企业管理和业务流程两者之间相互支撑的关系，目的是为能够将管理理念和流程以制度的形式予以固化，确保企业的管控体系得以顺利实施和持续改进、完善。

简单制度体系框架设计应遵循十大原则，如图5-32所示。

简单集团制度体系设计的基本指导思想为："以集团发展战略为统领，以组织结构为基础，以业务流程为参考，设计出管控有度、管理科学的集团化制度体系框架，从而全面提升集团公司管理水平。"

十大原则

◇ 1. 战略指导原则
制度设计围绕企业战略展开

◇ 2. 组织匹配原则
制度的制定和实施要考虑到组织结构现状

◇ 3. 系统性原则
各大系统内部及系统之间的制度相互衔接，形成全面系统、相互支撑的制度体系

◇ 4. 可操作性原则
根据公司运行的实际需要，面向具体的管理对象和工作制定相关制度和有针对性的实施细则

◇ 5. 前瞻性原则
制度的调整应为公司未来变化预留空间

◇ 6. 刚柔并济原则
制度既要保持刚性又要保证灵活性

◇ 7. 与管理流程相辅相成
制度可以强化流程，流程又有利于制度的完善和实施

◇ 8. 循序渐进原则
制度设计要结合企业实际情况，分清主次，逐步修订

◇ 9. 激励与约束相结合原则
制度既要有控制作用又要以人为本发挥员工积极性

◇ 10. 针对性和清晰原则
制度内容要有针对性且分工明确、责任清晰

图 5-32　制度体系设计十大原则

集团层面和下属单位层面的制度体系设计与集团的管控模式密不可分。一般来讲，不同管控模式下，集团公司和分 / 子公司的管理定位不同，相应的管理职能也不相同。对应集团层面的职能定位，应建立相应的集团层面的制度体系，对应分 / 子公司的职能定位，应该建立相关的分 / 子公司层面的制度体系。简单集团分 / 子公司层面的制度体系建设和优化应紧紧围绕关键业务流程和管理流程进行，按照集团管控的要求设计分 / 子公司层面的制度体系的基本架构。

5.4.1　制度梳理

梳理制度，有助于依据现实情况，总结经验和反思已有的制度在新的情况下是否有效。

5.4.1.1　树形结构

从公司的发展战略、经营现状、业务流程、企业文化、未来管理团队出发，

基于组织结构设计出公司治理结构、组织结构图、部门关系图、部门职能划分、各部门的职务说明书，从而确定各个部门的工作职责、职能部门的管理制度、业务部门的项目管理制度以及质量管理制度，最终可以确定各个岗位的职责描述，各个岗位的操作程序及业务规范。

5.4.1.2　金字塔层次结构

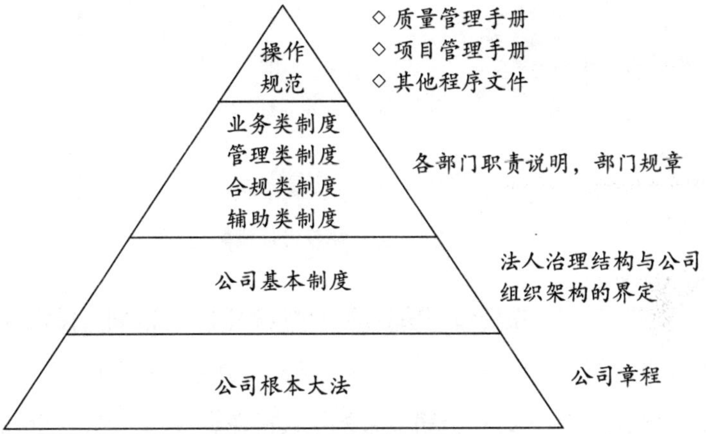
操作
规范
◇质量管理手册
◇项目管理手册
◇其他程序文件
业务类制度
管理类制度
合规类制度
辅助类制度
各部门职责说明，部门规章
公司基本制度
法人治理结构与公司
组织架构的界定
公司根本大法
公司章程

图 5-33　制度体系金字塔架构

本书中采用梯形架构分析简单集团公司的制度体系。

5.4.2　制度体系架构设计

制度一般指要求大家共同遵守的办事规程或行动准则。在不同的行业、不同的部门、不同的岗位都有其具体的做事准则，目的都是使各项工作按计划按要求达到预计目标。图 5-34 为某集团公司制度体系设计整体架构示意图。

5.4.2.1　一级制度

（1）管理类制度

战略管理制度即对企业战略的制定、实施、评价直至达成目标的全过程，要求集团成员共同遵守的办事规程和行动准则，最终形成《集团战略管控制度》，对应一级流程为战略管理流程，二级流程为战略规划流程、战略监控流程、战略评估流程。

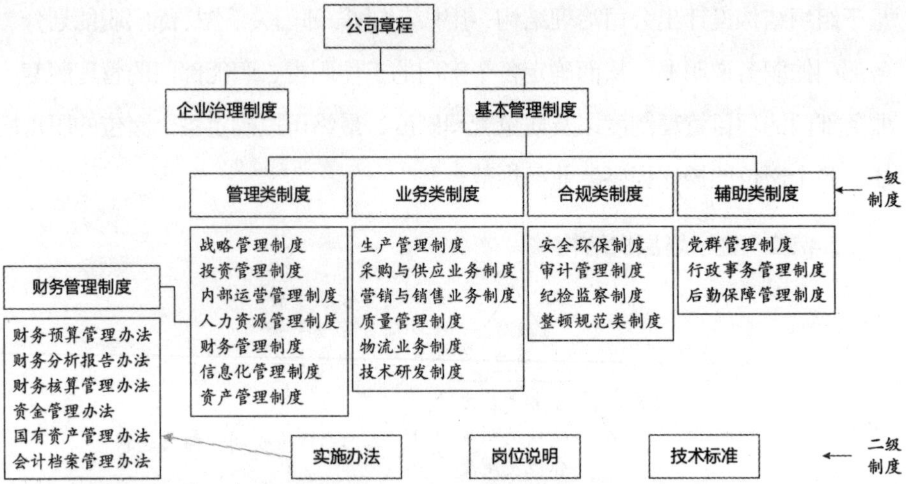
公司章程
企业治理制度
基本管理制度
管理类制度
业务类制度
合规类制度
辅助类制度
一级制度
战略管理制度
投资管理制度
内部运营管理制度
人力资源管理制度
财务管理制度
信息化管理制度
资产管理制度
生产管理制度
采购与供应业务制度
营销与销售业务制度
质量管理制度
物流业务制度
技术研发制度
安全环保制度
审计管理制度
纪检监察制度
整顿规范类制度
党群管理制度
行政事务管理制度
后勤保障管理制度
财务管理制度
财务预算管理办法
财务分析报告办法
财务核算管理办法
资金管理办法
国有资产管理办法
会计档案管理办法
实施办法
岗位说明
技术标准
二级制度

图 5-34　制度体系设计框架图

投资管理制度即对投资管理事务的办事规程和行动准则。投资管理是一项针对证券及资产的金融服务，以投资者利益出发并达到投资目标。投资者可以是机构如保险公司、退休基金公司或者是私人投资者。投资管理包含几个元素，例如金融分析、资产筛选、股票筛选、计划实现及长远投资监控，最终形成《集团对外投资管理制度》，对应一级流程为投资管理流程、股权投资管理流程，二级流程为投资项目信息收集流程，投资项目实施流程，投资项目评价流程等；《集团内部投资管理制度》对应一级流程为内部投资管理流程，二级流程为项目内部申报流程等。

内部运营管理制度即对集团内部运营管理的办事规程。运营管理指对运营过程的计划、组织、实施和控制，是与产品生产和服务创造密切相关的各项管理工作的总称。

人力资源管理制度即对企业集团重要人力资源管理的办事规程。人力资源管理，是指在经济学与人本思想指导下，通过招聘、甄选、培训、薪酬等管理形式对组织内外相关人力资源进行有效运用，满足组织当前及未来发展的需要，保证组织目标实现与成员发展价值最大化的一系列活动的总称，最终形成《集团人力资源规划制度》《集团招聘管理制度》《集团员工异动管理制度》《集团培训管理制度》《集团薪酬福利制度》等。

财务管理制度即对企业集团的财务管理相关的办事规程。财务管理是在一定的整体目标下，关于资产的购置（投资），资本的融通（筹资）和经营中现金流量（营运资金），以及利润分配的管理。财务管理制度主要包括财务会计、原则问题、财务管理、设施管理和其他事项，还涉及部分企业会计通则，最终可形成《集团财务核算制度》，分别包括《集团预算管理制度》《集团资金管理制度》《集团成本管理制度》等。

信息化管理制度即对企业的信息技术管理相关的办事规程。企业信息化管理是指对企业信息实施过程进行管理，主要包含信息技术支持下的企业变革过程管理、企业运作管理以及对信息技术、信息资源、信息设备等信息化实施过程的管理，最终形成《集团网站管理制度》《网络及硬件管理制度》等。

（2）业务类制度

企业集团的业务类制度与其主营业务所属行业、流程相关，不同行业的业务类制度差异较大。本节中以制造业业务举例，阐述相关制度。

生产管理制度是以安全生产责任制为核心的，指引和约束人们在安全生产方面的行为，是安全生产的行为准则。其作用是明确各岗位安全职责、规范安全生产行为、建立和维护安全生产秩序。包括安全生产责任制、安全操作规程和基本的安全生产管理制度。

采购与供应管理制度即对采购供应链业务形成的办事规程。采购供应链管理是以采购产品为基础，通过规范的定点、定价和定货流程，建立企业产品需求方和供应商之间的业务关系，并逐步优化，最终形成一个优秀的供应商群体，并通过招投标方式实现企业的采购，从而达到降低采购产品价格、提高采购产品质量和提高供应商服务质量的目的。

（3）合规类制度

安全环保制度对生产工作的安全和环保进行的管理和控制的办事规程。组织督促所属企业事业单位贯彻安全生产方针、政策、法规、标准。根据本部门、本行业的特点制定相应的管理法规和技术法规，并向劳动安全监察部门备案，依法履行自己的管理职能。

审计管理制度是对会计人员所做的会计记录，应用科学方法进行系统审核，查明下属单位的经营或财务状况，在此基础上提出审计报告，做出客观公正评价的制度，最终形成《集团内部审计制度》。

（4）辅助类制度

辅助类制度主要包括党群管理制度、行政事务管理制度和后勤保障管理制度，集团公司可根据自身情况进行增添或删减。

5.4.2.2 二级制度

二级制度主要是对一级制度的细化和补充。以财务管理制度举例，列出其细分的二级制度，包括财务预算管理办法、财务分析报告办法、财务核算管理办法、资金管理办法、国有资产管理办法、会计档案管理办法等。

第六章　业绩管理体系设计

简单集团公司业绩管理体系设计方案旨在对简单集团公司的业绩管理进行系统性的优化提升，以承接战略目标，提高内部管理与运行效率并促进各下属单位的用户和市场导向意识。

本章首先对常见业绩管理方法进行概述，并结合平衡计分卡对简单集团公司量身打造“立体化的平衡计分卡”业绩管理工具来进行整个业绩管理体系的设计。立体化的平衡计分卡，即将立体考评的思想融入平衡计分卡的指标体系中。立体考核是指多方式、多层次、多角度、多渠道、动态性地进行考核。平衡计分卡作为绩效管理工具，通常从财务、客户、内部运营管理、学习与发展四个维度进行关键绩效指标（KPI）设置。立体化的平衡计分卡业绩管理工具主要有以下特征：（1）立体化的考核周期、指标类型以及评价主体；（2）模块化可拆分的业绩管理维度；（3）可捆绑的业绩管理对象；（4）动态性的业绩指标设置。

通过简单集团业绩管理体系设计部分可完成以下两部分工作内容：一是制定简单集团各部门的业绩考核关键指标体系，二是完善业绩管理配套的实施方案及考核奖惩办法。

业绩管理是把战略规划转化为具体行动的有效保障。集团通过法人治理结构实现战略贯彻和战略管理；同时通过日常经营管理实现经营计划动态管理。

集团通过经营计划与现实结构的差异分析调整预算。预算计划是量化和细化的经营计划，指导和约束下属分/子公司的业务活动和业务行为，而业绩管理体系才能真正保证其实际经营按照预算计划的要求行动。

母子公司关键业绩指标是保证战略、计划转化为下属单位实际行动的向导。

集团公司业绩管理体系优化设计方案旨在对集团公司的业绩管理进行系统性的优化提升，以承接战略目标，提高内部管理与运行效率并促进各单位的市场导向意识，如图 6-1 所示。

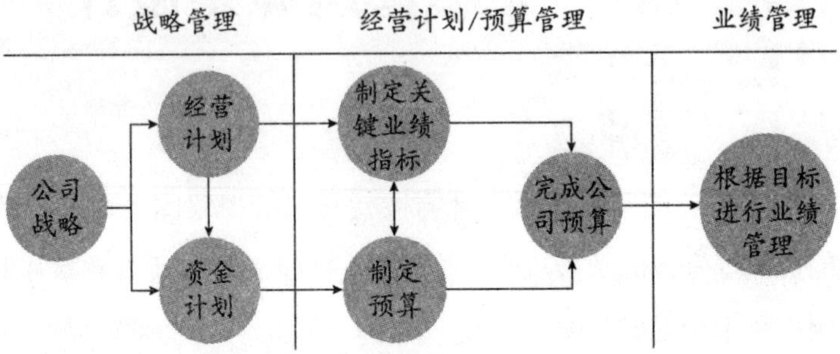
战略管理
经营计划/预算管理
业绩管理
公司战略
经营计划
资金计划
制定关键业绩指标
制定预算
完成公司预算
根据目标进行业绩管理

图 6-1　业绩管理和战略管理、经营计划 / 预算管理的关系

业绩管理体系与管控体系的关系：业绩管理体系是管控体系有效运行的评估反馈机制，各个模块的运作通过业绩管理体系得到监督与不断提升。具体来看，业绩管理体系通过战略地图的分解来体现战略导向。管控模式为各单位业绩管理的定位提供依据，并明确不同业绩维度的管理重点。组织架构与职责划分明确了业绩管理的责任主体、业绩关联对象，并为具体指标的设定提供依据。权责体系的设计规定了各部门各单位的业绩管理幅度。整个业绩管理体系的设计从维度架构、指标设计到实施方案共同支撑整个管控体系设计的战略导向、市场导向和效率导向的特征。

拟达到的优化效果：（1）通过战略地图的分解来实现集团公司发展战略和业绩管理的有效对接；（2）将平衡计分卡的四大维度与集团公司实际紧密结合，增强业绩指标体系的完整性与科学性；（3）通过立体化的考核方式增强业绩管理的时间弹性、评价对象的多元性与评价主体的清晰性；（4）将多模块业绩管理内容有机结合，有效整合集团公司单项考核体系，增强业绩管理的灵活性；（5）借鉴谷歌 OKR 的动态化业绩管理思想，实现指标体系的动态改进；（6）完善业绩管理实施的流程，明确各部门在业绩管理中的职责，强化业绩实施过程中的双向沟通；（7）考核的奖惩应立足于“资源”分配的视角，采用多种奖惩方式充分调动部门整体的积极性。

6.1　业绩管理的概念与原则

6.1.1　业绩管理的概念

业绩管理是一种管理体系，不仅仅依赖于实际的评估和管理（评估成本，质量，时间），而且依赖于公司的业绩管理循环（监督，报告和分配业绩职责）、业绩管理文化（支持接受职责和达成业绩目标）和业绩管理基础架构。

业绩管理体系是公司战略、资源、流程和行动之间的系统连接。

业绩管理体系是管控体系有效运行的评估反馈机制，各个模块的运作通过业绩管理体系得到监督与不断提升，如图 6-2 所示。

6.1.2　业绩管理的原则

进行业绩管理的主要原则包括：

（1）连接目标：绩效能否与目标连接？为什么要评估这个绩效领域？

（2）可量化：那些难以衡量和要付出高代价来衡量的抽象的绩效指标不能为管理绩效所用。

（3）相关性：必须确定评估标准是可以理解的，并且与公司期望的结果相关。

（4）重要性：绩效评估指标必须达到值得监控的重要程度。

（5）可控性：绩效指标必须是可控的。

（6）及时性：需要花大量精力去编辑和获取数据来评估的指标，在最后完成的时候可能指标的结果和现状是不相关的。

业绩管理体系本质上是个持续改进和优化的过程，如图 6-3 所示。

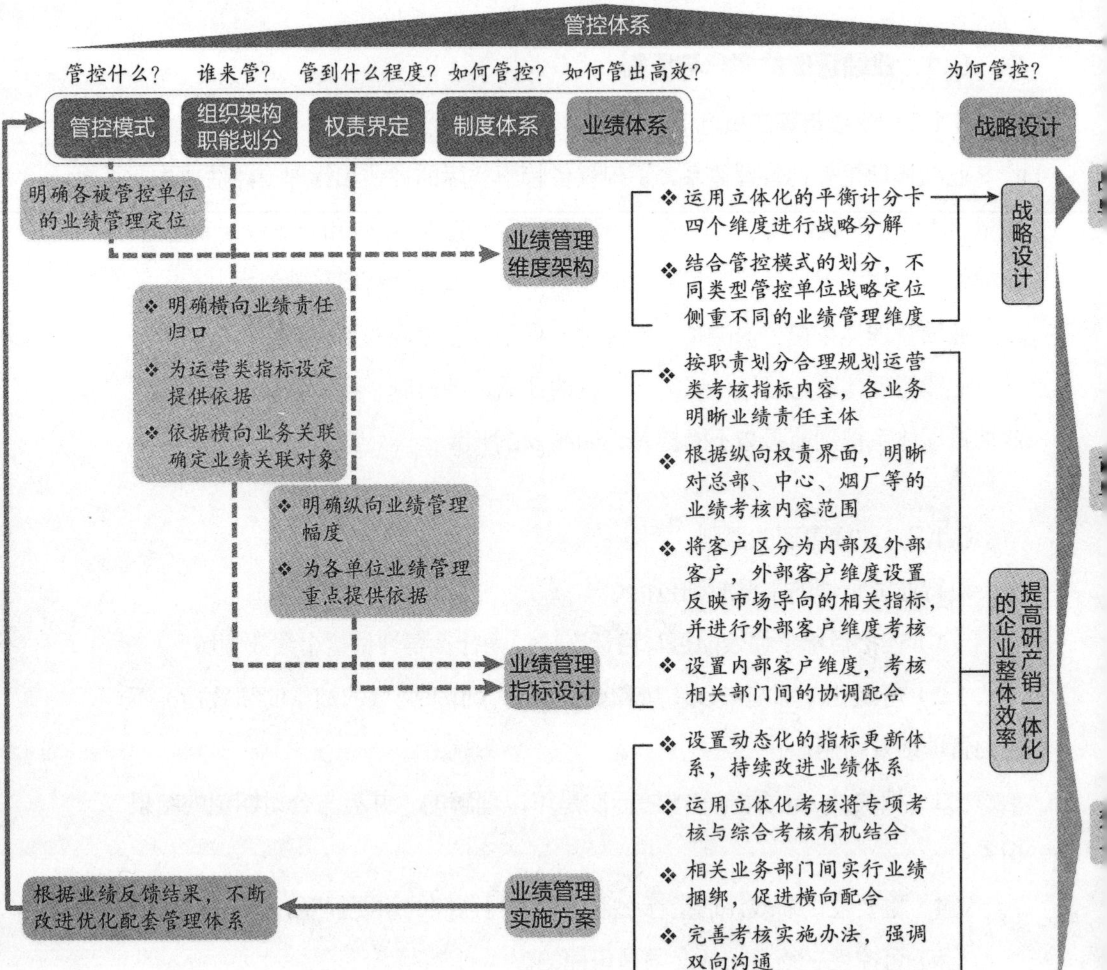
管控体系
管控什么？ 谁来管？ 管到什么程度？如何管控？ 如何管出高效？
为何管控？
管控模式
组织架构
职能划分
权责界定
制度体系
业绩体系
战略设计
明确各被管控单位的业绩管理定位
业绩管理维度架构
❖ 明确横向业绩责任归口
❖ 为运营类指标设定提供依据
❖ 依据横向业务关联确定业绩关联对象
❖ 明确纵向业绩管理幅度
❖ 为各单位业绩管理重点提供依据
业绩管理指标设计
根据业绩反馈结果，不断改进优化配套管理体系
业绩管理实施方案
❖ 运用立体化的平衡计分卡四个维度进行战略分解
❖ 结合管控模式的划分，不同类型管控单位战略定位侧重不同的业绩管理维度
❖ 按职责划分合理规划运营类考核指标内容，各业务明晰业绩责任主体
❖ 根据纵向权责界面，明晰对总部、中心、烟厂等的业绩考核内容范围
❖ 将客户区分为内部及外部客户，外部客户维度设置反映市场导向的相关指标，并进行外部客户维度考核
❖ 设置内部客户维度，考核相关部门间的协调配合
❖ 设置动态化的指标更新体系，持续改进业绩体系
❖ 运用立体化考核将专项考核与综合考核有机结合
❖ 相关业务部门间实行业绩捆绑，促进横向配合
❖ 完善考核实施办法，强调双向沟通
❖ 资源视角设置多类型奖惩
战略设计
提高研产销一体化的企业整体效率

图6-2　业绩管理体系和管控体系其他模块之间的关系

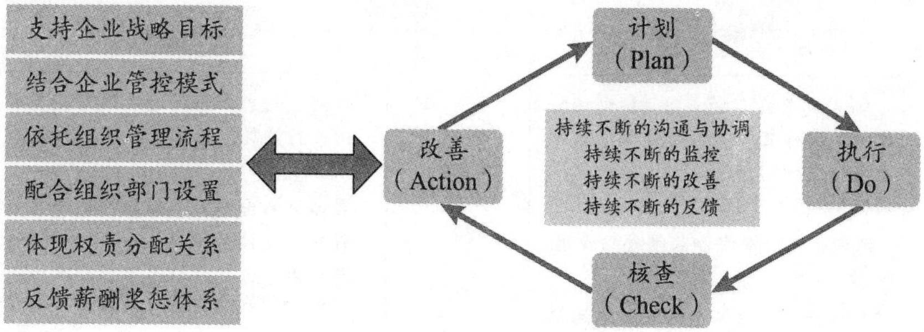
支持企业战略目标
结合企业管控模式
依托组织管理流程
配合组织部门设置
体现权责分配关系
反馈薪酬奖惩体系
计划
（Plan）
改善
（Action）
持续不断的沟通与协调
持续不断的监控
持续不断的改善
持续不断的反馈
执行
（Do）
核查
（Check）

图 6-3　业绩管理 PDCA 循环

6.1.3　业绩管理体系设计的目标

业绩管理体系要实现下述目标：

◇ 实现战略规划目标与业绩管理体系对接：使关键绩效指标能够充分体现战略意图和战略目标；

◇ 通过与管控模式相结合，突出业绩管理重点：使企业的研、产、供、销等各个板块都能够各司其职，提高效率；

◇ 业绩管理要强化市场的作用：将市场化的指标融入各模块，提高各类单位直面市场、关注市场的意识；

◇ 建立动态化的指标体系，使业绩管理具有弹性并可以滚动提升：建立一种多维度的激励模式，提升业绩管理的效果。

6.1.4　集团公司建立业绩管理体系的本质属性

集团公司建立业绩管理体系的本质属性是管理好重要人力资源，并建立激励和约束机制，如图 6-4 所示。

6.2　业绩管理的基本方法与流程

6.2.1　OKR 业绩管理方法概述

OKR（objectives and key results）即目标与关键成果法，是一套定义和跟踪目标及其完成情况的管理工具和方法。目前被谷歌等高科技公司广泛应用。

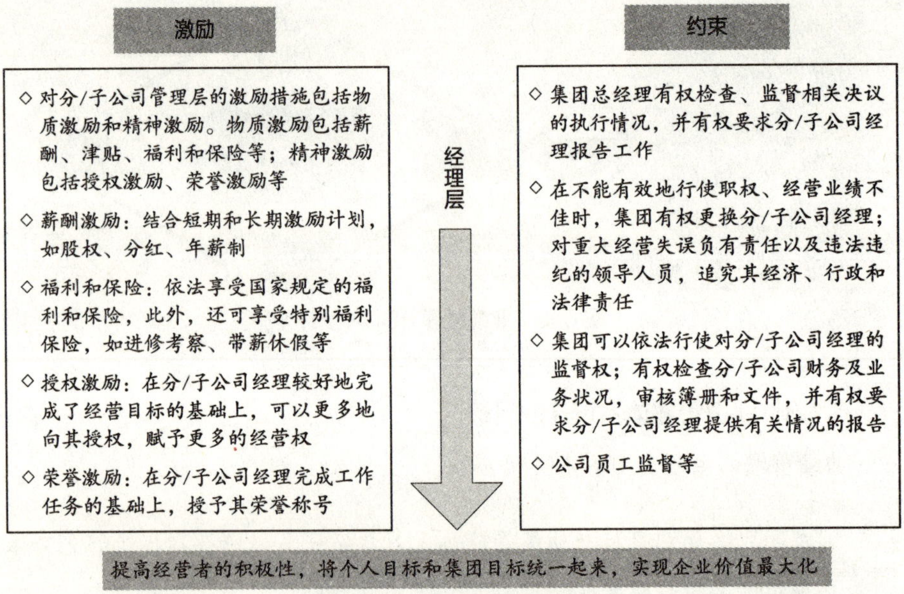
激励
约束
◇ 对分/子公司管理层的激励措施包括物质激励和精神激励。物质激励包括薪酬、津贴、福利和保险等；精神激励包括授权激励、荣誉激励等
◇ 薪酬激励：结合短期和长期激励计划，如股权、分红、年薪制
◇ 福利和保险：依法享受国家规定的福利和保险，此外，还可享受特别福利保险，如进修考察、带薪休假等
◇ 授权激励：在分/子公司经理较好地完成了经营目标的基础上，可以更多地向其授权，赋予更多的经营权
◇ 荣誉激励：在分/子公司经理完成工作任务的基础上，授予其荣誉称号
经理层
◇ 集团总经理有权检查、监督相关决议的执行情况，并有权要求分/子公司经理报告工作
◇ 在不能有效地行使职权、经营业绩不佳时，集团有权更换分/子公司经理；对重大经营失误负有责任以及违法违纪的领导人员，追究其经济、行政和法律责任
◇ 集团可以依法行使对分/子公司经理的监督权；有权检查分/子公司财务及业务状况，审核簿册和文件，并有权要求分/子公司经理提供有关情况的报告
◇ 公司员工监督等
提高经营者的积极性，将个人目标和集团目标统一起来，实现企业价值最大化

图 6-4　激励和约束机制

OKR 的主要目标是明确公司和团队的“目标”以及明确每个目标达成的可衡量的“关键结果”。OKR 被认为是：“一个重要的思考框架与不断发展的学科，旨在确保员工共同工作，并集中精力做出可衡量的贡献。”①

OKR 目标是设定一个定性的时间目标（通常是一个季度）。关键的结果是可以量化的指标，并且通常跟时间因素有关（在规定的时间内实现关键结果指标）。

OKR 实施步骤和实施的关键点见图 6-5。

6.2.2　OKR 和其他业绩管理方法的比较

目前用的比较多的几种业绩管理方法包括 MBO、KPI、BSC 和 OKR，这几种方法的比较见表 6-1。

① 百度百科 . OKR[EB/OL].https://baike.baidu.com/item/OKR/2996251, 2018-11-28.

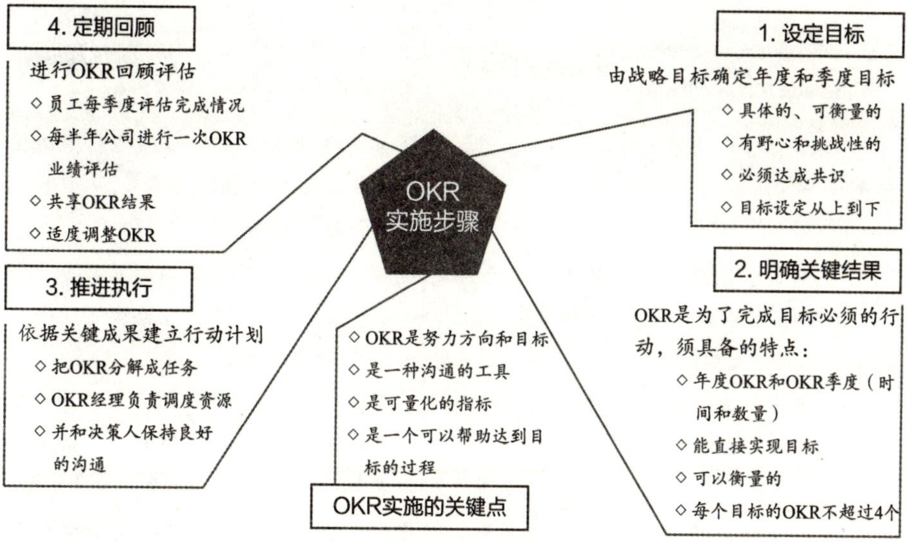
4. 定期回顾
进行OKR回顾评估
◇ 员工每季度评估完成情况
◇ 每半年公司进行一次OKR业绩评估
◇ 共享OKR结果
◇ 适度调整OKR
1. 设定目标
由战略目标确定年度和季度目标
◇ 具体的、可衡量的
◇ 有野心和挑战性的
◇ 必须达成共识
◇ 目标设定从上到下
OKR
实施步骤
2. 明确关键结果
OKR是为了完成目标必须的行动，须具备的特点：
◇ 年度OKR和OKR季度（时间和数量）
◇ 能直接实现目标
◇ 可以衡量的
◇ 每个目标的OKR不超过4个
3. 推进执行
依据关键成果建立行动计划
◇ 把OKR分解成任务
◇ OKR经理负责调度资源
◇ 并和决策人保持良好的沟通
◇ OKR是努力方向和目标
◇ 是一种沟通的工具
◇ 是可量化的指标
◇ 是一个可以帮助达到目标的过程
OKR实施的关键点

图 6-5　OKR 实施步骤和实施的关键点

表 6-1　几种业绩管理方法对比

	目标管理法（MBO）	关键绩效指标法（KPI）	平衡计分卡（BSC）	目标和关键结果法（OKR）
定义	目标管理是指由下级与上司共同决定具体的绩效目标，并且定期检查完成目标进展情况的一种管理方式	关键绩效指标考核法，通过关键参数的设置、取样、计算、分析，衡量绩效的方式	关注企业长期和全面发展。通过财务、客户、内部管理、学习与发展四个方面指标构建一套全面的业绩评价体系	目标和关键结果法是一套定义和跟踪目标及其完成情况的管理工具
导向性	◇ 关注目标 ◇ 要我做什么	◇ 关注绩效指标 ◇ 要我做什么	◇ 关注全面发展 ◇ 要我做什么	◇ 关注关键结果和项目的推进 ◇ 我要做什么
优点	◇ 目标较为明确 ◇ 有助于改进组织结构和职责分工 ◇ 有助于调动主动性、积极性和创造性 ◇ 目标管理比较公平	◇ 强调关键业绩指标量化 ◇ KPI 和战略目标结合紧密 ◇ 使各层级管理者明晰主要业务目标 ◇ 操作简单易行	◇ 强调业绩管理与战略之间的紧密联系，将组织的战略转化为业绩指标和行动 ◇ 体现财务评价和非财务评价并重	◇ 强调关键结果的量化 ◇ 可以随时修正、更改关键结果 ◇ OKR 定期促使员工、团队、公司进行思考，排列

续表 6-1

	目标管理法（MBO）	关键绩效指标法（KPI）	平衡计分卡（BSC）	目标和关键结果法（OKR）
优点	◇ 目标管理实用且费用不高		◇ 实现了短期目标和长期目标之间的平衡	目标和任务的优先级
局限性	◇ 倾向于短期目标忽视了长期目标，会导致短期行为 ◇ 过分注重结果而忽视过程控制	◇ KPI 目标无法制定和测量 ◇ 容易使员工只注意 KPI，忽视其他方面 ◇ 容易导致短期行为	◇ 考核结果，忽视了过程 ◇ 业绩考核层面的指标体系设定比较困难，考核较复杂	◇ 时刻提醒每一个人当前的任务是什么 ◇ OKR 与绩效考核分离，不直接与薪酬、晋升关联
适用范围	适用于结果导向的企业	几乎适用于所有企业	适用于组织的战略目标能够层层分解的企业	适用于文化有特定影响力的、创新致胜企业

本书作者曾辅导了多家集团化企业的管控实践，结合上述几种业绩管理方法，探索性地提出了一套适用于简单集团管控的“立体化平衡计分卡业绩管理体系”。

6.2.3 立体化平衡计分卡业绩管理体系简介

立体化平衡计分卡业绩管理体系的设计思路是采用立体化的平衡计分卡指标体系，即将立体考评的思想融入平衡计分卡的指标体系中。立体考核是指多种方式、多层次、多角度、多渠道、动态性的考核。其基本思想见图 6-6 所示。

立体化的平衡计分卡业绩管理体系采用平衡计分卡作为绩效管理工具，通常从财务、客户、内部运营管理、学习与发展四个维度提取 KPI，这套体系不仅专注于财务结果，而且平衡与内外部客户、内部流程和员工成长学习的成果；同时增加了否决项，用于特定企业特别关注的业绩项，比如化工企业的环保问题。其指标体系设置见图 6-7 所示。指标动态化更新见图 6-8 所示。

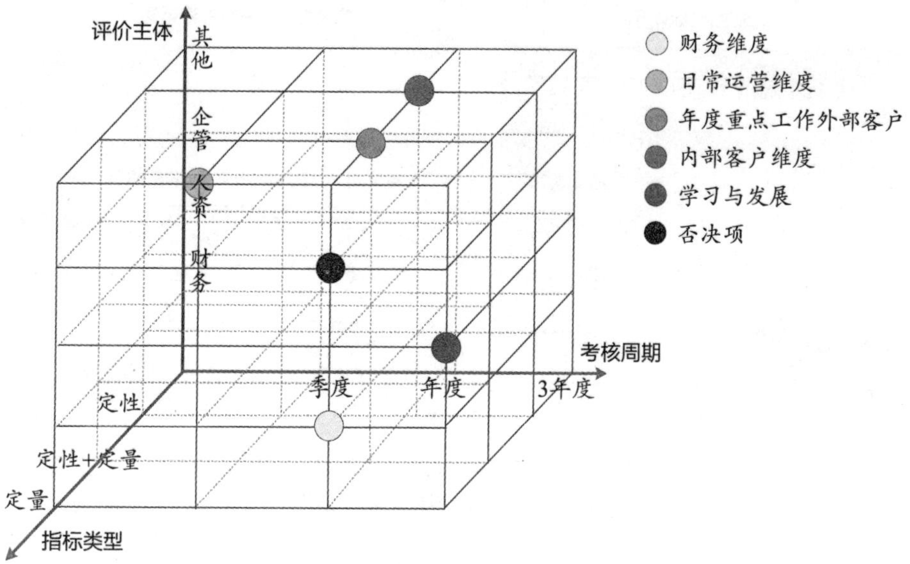
评价主体
其他
企管
人资
财务
考核周期
季度
年度
3年度
定性
定性+定量
定量
指标类型
财务维度
日常运营维度
年度重点工作外部客户
内部客户维度
学习与发展
否决项

图 6-6　立体化的平衡计分卡业绩管理体系示意图

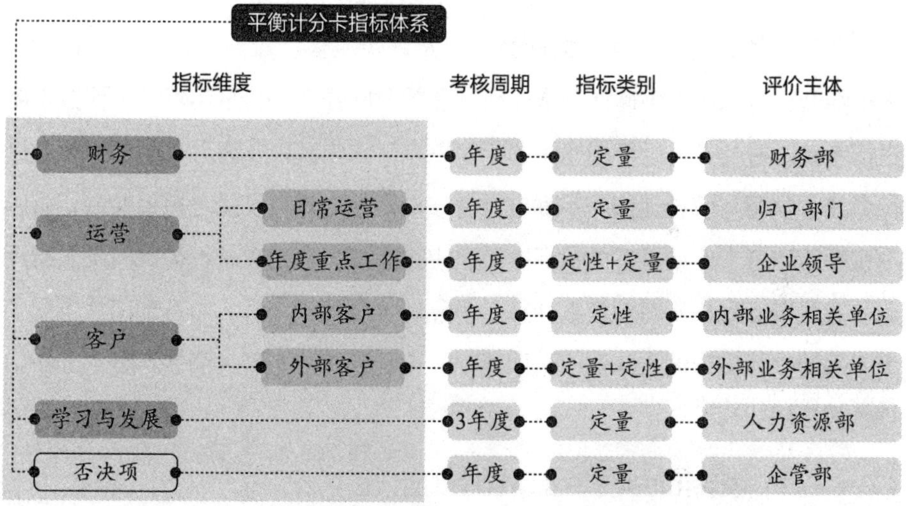
平衡计分卡指标体系
指标维度
考核周期
指标类别
评价主体
财务
年度
定量
财务部
运营
日常运营
年度
定量
归口部门
年度重点工作
年度
定性+定量
企业领导
客户
内部客户
年度
定性
内部业务相关单位
外部客户
年度
定量+定性
外部业务相关单位
学习与发展
3年度
定量
人力资源部
否决项
年度
定量
企管部

图 6-7　立体化的平衡计分卡指标体系

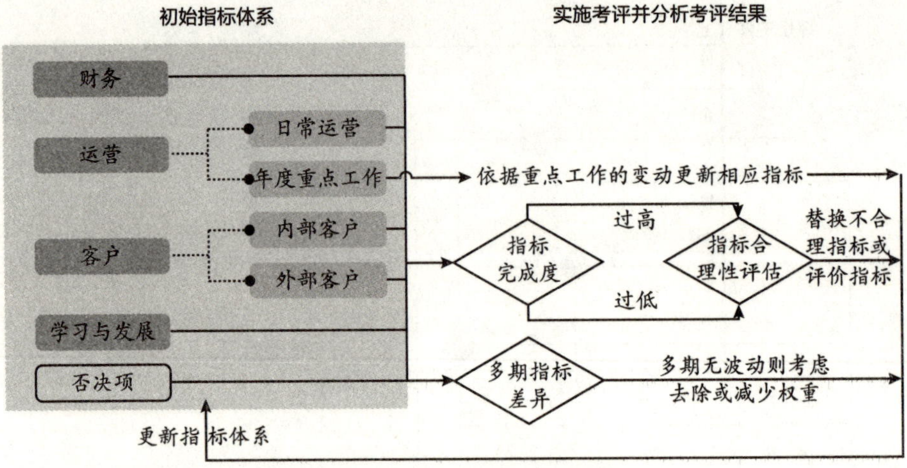
初始指标体系
实施考评并分析考评结果
财务
运营
日常运营
年度重点工作
客户
内部客户
外部客户
学习与发展
否决项
依据重点工作的变动更新相应指标
指标完成度
过高
过低
指标合理性评估
替换不合理指标或评价指标
多期指标差异
多期无波动则考虑去除或减少权重
更新指标体系

图 6-8　指标动态化更新示意图

6.2.4　立体化平衡计分卡指标体系特色

6.2.4.1　立体化的考核周期、指标类型以及评价主体

采用立体的考核周期、指标类型以及评价主体。短期考核与中、长期考核相结合，可以加大平衡计分卡业绩管理的时间弹性，日常运营类指标按季度进行考核，财务类、运营指标中的年度重点工作内容以及客户类指标按年度进行考核，学习与成长类按 3 年度进行考核；定性考核与定量考核相结合，可以丰富平衡计分卡业绩管理的指标内涵，定性考核指标来自于相关部门及人员评价，定量指标来自于客观数据计算；多元评价主体相结合，由各部门从不同角度，采用立体交叉的方法进行全面测评，以达到防止主观片面性，客观公正的评价的目的。

6.2.4.2　模块化可拆分的业绩管理维度

财务维度：聚焦增加销售收入和净利润，提升股东价值。从市场份额扩大、成本 / 费用降低、收益率提高三个方面支持企业经营发展战略的实现。

内部运营维度：聚焦强化内部市场化运作、提高管控效能、改良绩效管理体系。这一维度紧扣被考核工作内容，从业务流程、职责履行等方面进行考核。将运营维度分为日常运营及年度重点工作。日常运营的工作内容相对固定，指标变化也不大，其多为定量指标，采用季度考核。年度重点工作属于运营中的机动部分，会随每年各被考核单位的重点工作而调整，多为定性指标，采用年度考核。

客户维度：将客户分为外部客户与内部客户。外部客户包括两层含义：一层是指外部市场，体现业绩管理的“市场导向”目标。每个被考核单位都要与外部市场产生接口，树立市场意识，聚焦对外部市场及客户需求变化的反应速度及应对措施，提升客户满意度、提高目标客户群保有及开发情况，提高市场占有率。另外一层含义是指集团内部其他客户，比如集团价值链的上下游。内部客户指的是被考核单位所面对的服务对象或业务上下游部门，这一维度侧重于考量各单位的服务水平与协作意识，促进部门间协调，从而提升内部运营效率。客户维度的指标按年度进行考核。

学习与发展维度：聚焦提高总体员工劳动生产率。从企业文化建设、员工培训、职业生涯通道三个方面支撑集团战略。由于学习与发展维度对接长远的战略发展，所以该维度考核以 3 年度为一个周期。

模块化可拆分如图 6-9 所示。

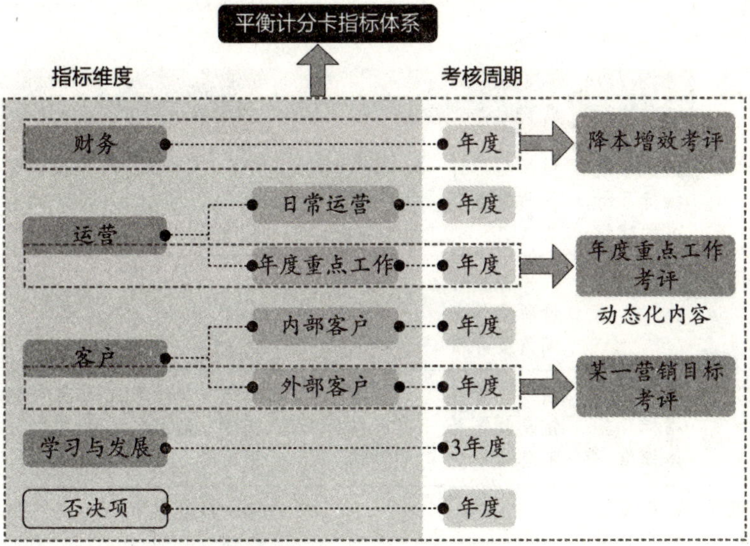
平衡计分卡指标体系
指标维度
考核周期
财务
年度
降本增效考评
日常运营
年度
运营
年度重点工作
年度
年度重点工作考评
动态化内容
内部客户
年度
客户
外部客户
年度
某一营销目标考评
学习与发展
3年度
否决项
年度

图 6-9　立体化的平衡计分卡模块拆并示意图

6.2.4.3 可捆绑的业绩管理对象

为加强集团内部各相关单位间的协作，立体化业绩管理体系设计中，建议将有业务关联的单位间的考核结果进行捆绑。通过这种方式使得业务链条上的单位休戚相关，从而促进集团内部各公司之间的协作，打破公司壁垒，提高集团价值创造。

通过对业务部门运作路径的流程分析，我们可以看出业务部门之间环环相扣，联系密切。

◇ 物流中心为物资部、原料部、生产制造部及营销中心提供运输服务；

◇ 物资部、原料部、生产制造部在具体的生产业务上具有很多的协同工作内容，在采购与生产计划的协调上联系紧密；

◇ 而生产制造部与营销中心之间在产销计划的平衡上也具有不可分割的联系；

◇ 技术中心为物资、原料及生产的技术标准和研发产生重要的影响。

6.2.5 立体化平衡计分卡业绩管理体系角色分工与实施流程

立体化平衡计分卡业绩管理体系角色分工与实施流程分别见图 6-10 和图 6-11。

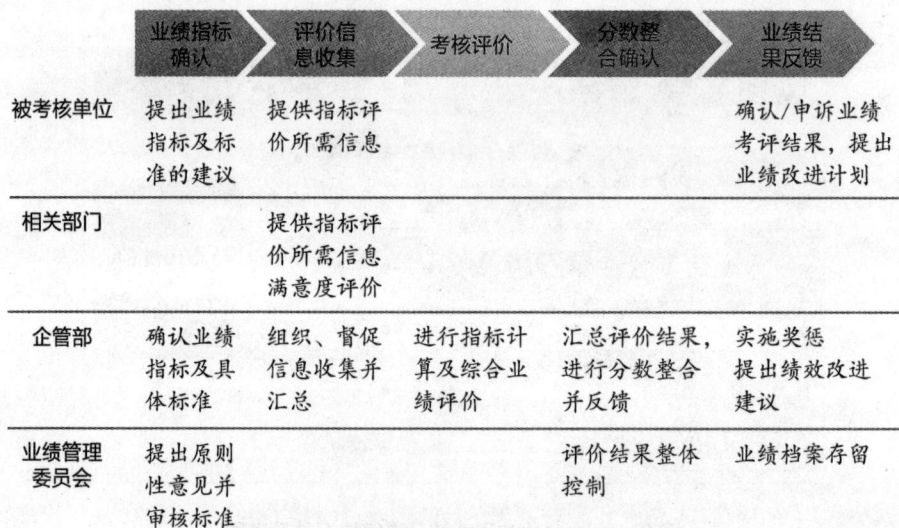

	业绩指标确认	评价信息收集	考核评价	分数整合确认	业绩结果反馈
被考核单位	提出业绩指标及标准的建议	提供指标评价所需信息			确认/申诉业绩考评结果，提出业绩改进计划
相关部门		提供指标评价所需信息满意度评价			
企管部	确认业绩指标及具体标准	组织、督促信息收集并汇总	进行指标计算及综合业绩评价	汇总评价结果，进行分数整合并反馈	实施奖惩提出绩效改进建议
业绩管理委员会	提出原则性意见并审核标准			评价结果整体控制	业绩档案存留

图 6-10 业绩管理实施角色分工

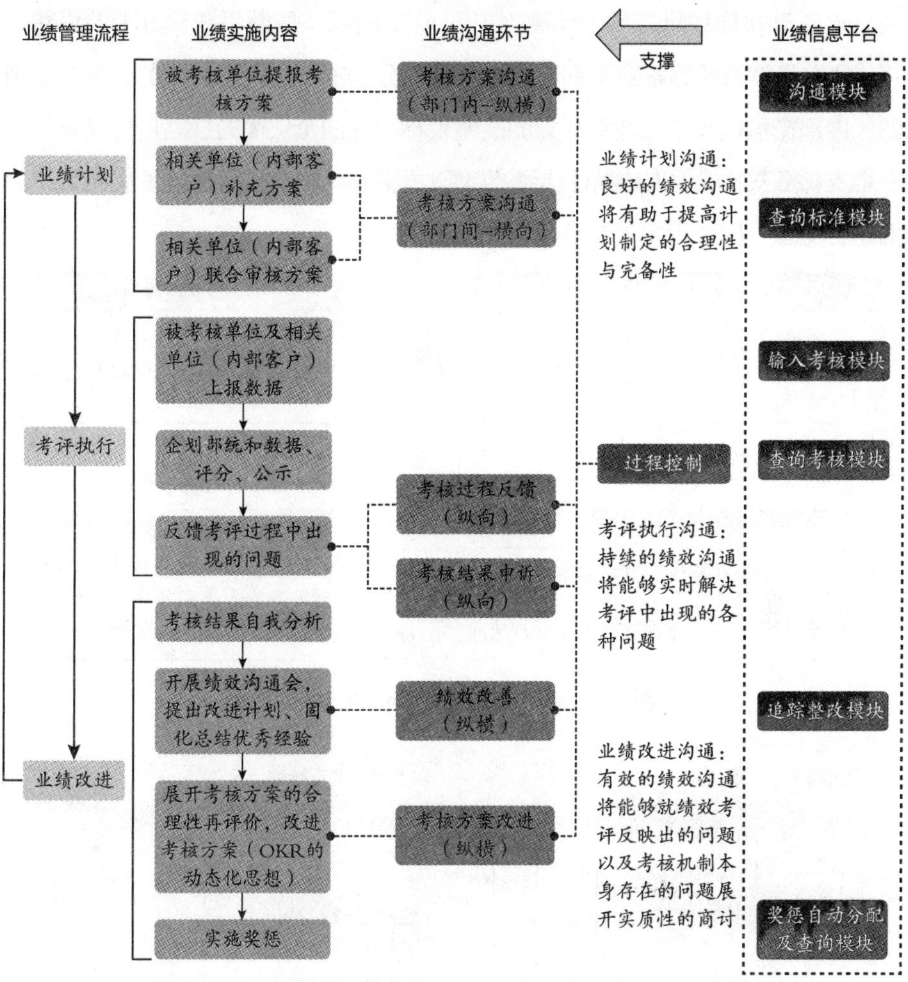
业绩管理流程
业绩实施内容
业绩沟通环节
支撑
业绩信息平台
被考核单位提报考核方案
考核方案沟通（部门内–纵横）
业绩计划
相关单位（内部客户）补充方案
考核方案沟通（部门间–横向）
业绩计划沟通：良好的绩效沟通将有助于提高计划制定的合理性与完备性
相关单位（内部客户）联合审核方案
沟通模块
查询标准模块
被考核单位及相关单位（内部客户）上报数据
输入考核模块
考评执行
企划部统和数据、评分、公示
过程控制
查询考核模块
反馈考评过程中出现的问题
考核过程反馈（纵向）
考核结果申诉（纵向）
考评执行沟通：持续的绩效沟通将能够实时解决考评中出现的各种问题
考核结果自我分析
开展绩效沟通会，提出改进计划、固化总结优秀经验
绩效改善（纵横）
追踪整改模块
业绩改进
业绩改进沟通：有效的绩效沟通将能够就绩效考评反映出的问题以及考核机制本身存在的问题展开实质性的商讨
展开考核方案的合理性再评价，改进考核方案（OKR的动态化思想）
考核方案改进（纵横）
实施奖惩
奖惩自动分配及查询模块

图 6–11　业绩管理实施流程图

6.3　某烟草集团公司的业绩管理案例

本节以作者服务过的某烟草集团公司为例，说明集团公司的业绩管理体系应该如何设计。

集团公司的战略目标经过分解，形成了集团总部的职能战略和业务部门的业务战略；业务战略又进一步分解形成了具体业务单位的经营运作战略，职能战略支撑着业务战略的落地实施，见图 6-12 所示。按照平衡计分卡的思想，将集团公司的战略目标自上而下进行分解，分别形成了财务层面的、顾客层面的、内部流程以及学习成长层面的战略目标，这四个层面的战略目标又自下而上地支撑着集团公司的战略目标的实现（见图 6-13）。从而形成了集团公司层面的价值链，形成因果关系链（见图 6-14）。

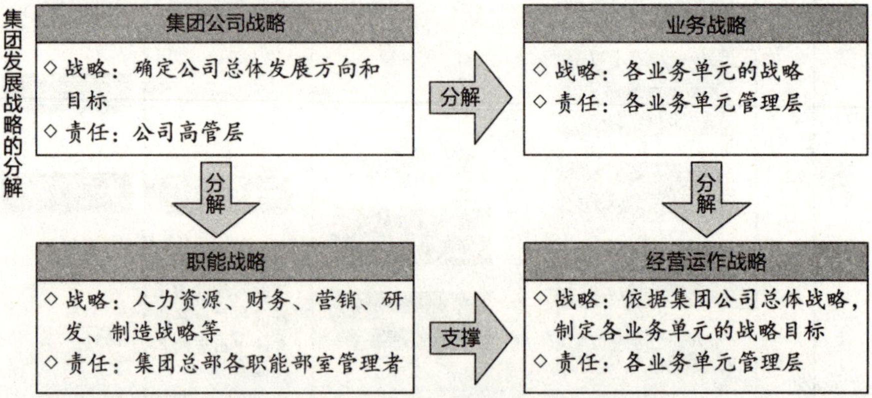
集团发展战略的分解
集团公司战略
◇战略：确定公司总体发展方向和目标
◇责任：公司高管层
分解
业务战略
◇战略：各业务单元的战略
◇责任：各业务单元管理层
分解
分解
职能战略
◇战略：人力资源、财务、营销、研发、制造战略等
◇责任：集团总部各职能部室管理者
支撑
经营运作战略
◇战略：依据集团公司总体战略，制定各业务单元的战略目标
◇责任：各业务单元管理层

图 6-12 集团发展的战略目标的分解过程

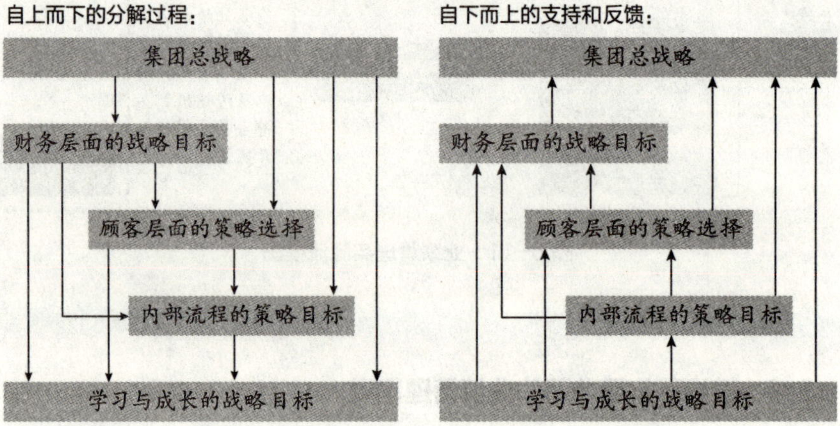
自上而下的分解过程：
集团总战略
财务层面的战略目标
顾客层面的策略选择
内部流程的策略目标
学习与成长的战略目标
自下而上的支持和反馈：
集团总战略
财务层面的战略目标
顾客层面的策略选择
内部流程的策略目标
学习与成长的战略目标

图 6-13 自上而下的分解和自下而上的支持和反馈

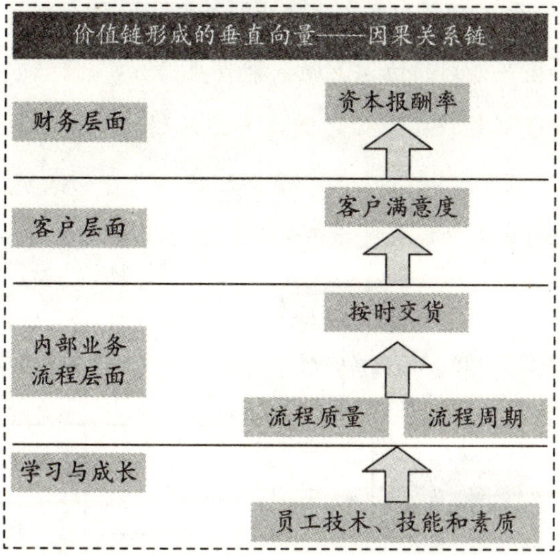
价值链形成的垂直向量——因果关系链
财务层面
资本报酬率
客户层面
客户满意度
按时交货
内部业务流程层面
流程质量
流程周期
学习与成长
员工技术、技能和素质

图 6-14　集团价值链形成过程示意图

6.3.1　该烟草集团公司应用立体化平衡计分卡业绩管理体系的适配性分析

对某烟草集团公司，业绩管理指标具备模块化和动态化的特征。业绩管理体系可以将财务维度指标拆解出来进行年度的降本增效专项考评；对短期的日常运营类指标拆解出来进行日常工作的季度考评；将运营维度下的年度重点工作子维度拆解出来，进行年度重点工作专项考评；将外部客户维度拆解出来进行“营销专项”考评；将学习与成长类长期指标拆解出来，对人员素质发展进行专项考评。该体系也可将所有维度合并，按权重分配进行年度综合业绩管理。其中年度重点工作的业绩管理内容将逐年更替，其余指标相对稳定。

为加强相关单位间的协作，可以将有业务关联以及有服务关系的业务单位间的考核结果进行捆绑。通过这种方式使得业务链条上的单位休戚相关，从而促进部门间的协作，提高工作效率。

通过对图 6-15 的业务部门运作路径的流程分析，可以看出业务部门之间环环相扣，联系密切。

◇ 物流中心为采购中心、生产制造部及营销中心提供运输服务。

◇ 采购中心、生产制造部在具体的生产业务上具有很多的协同工作内容，在采购与生产计划的协调上联系紧密。

◇ 而生产制造部与营销中心之间在产销计划的平衡上也具有不可分割的联系。

◇ 技术中心为物资、原料及生产的技术标准和研发产生重要的影响。

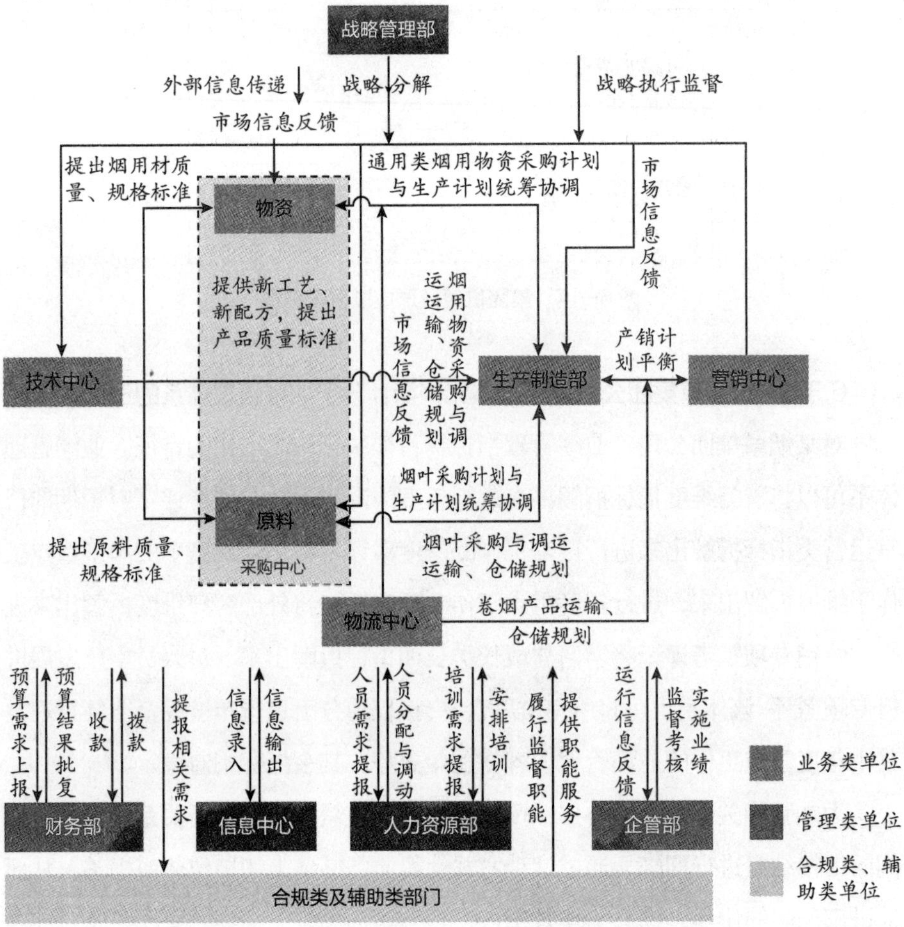
战略管理部
外部信息传递
战略分解
战略执行监督
市场信息反馈
提出烟用材质量、规格标准
通用类烟用物资采购计划与生产计划统筹协调
市场信息反馈
物资
提供新工艺、新配方，提出产品质量标准
烟用物资采购与调运运输、仓储规划
市场信息反馈
产销计划平衡
技术中心
生产制造部
营销中心
烟叶采购计划与生产计划统筹协调
原料
采购中心
提出原料质量、规格标准
烟叶采购与调运运输、仓储规划
物流中心
卷烟产品运输、仓储规划
预算需求上报
预算结果批复
收款
拨款
提报相关需求
信息录入
信息输出
人员需求提报
人员分配与调动
培训需求提报
安排培训
履行监督职能
提供职能服务
运行信息反馈
监督考核
实施业绩
财务部
信息中心
人力资源部
企管部
合规类及辅助类部门
业务类单位
管理类单位
合规类、辅助类单位

图 6-15　某烟草集团公司业务部门运作路径的流程分析

因此，我们的业绩管理对象建议按以下方式进行捆绑考评，如图6-16所示。

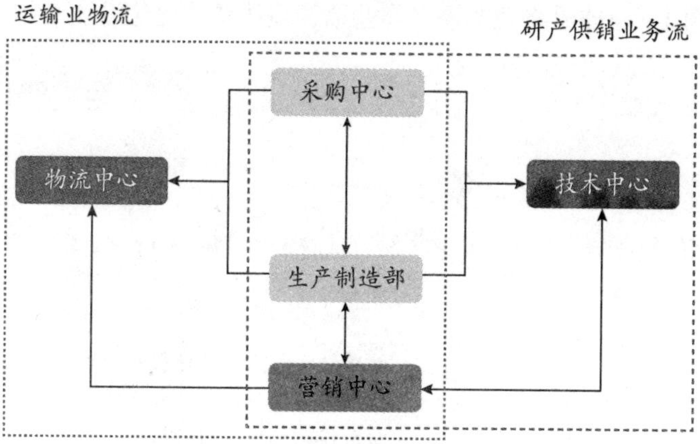
运输业物流
研产供销业务流
采购中心
物流中心
技术中心
生产制造部
营销中心

图 6-16　业绩管理对象捆绑示意图

借鉴谷歌 OKR 管理体系的先进理念，业绩管理体系采用动态化的指标设置。OKR 的思想是在对关键的工作目标进行分解的基础上，通过对目标的完成结果进行分析和评估，从而确认目标设置的合理性，以指导下一步的工作目标设定。运用立体化平衡计分卡业绩管理体系，通过自上而下的分解和自下而上的实现，并通过业绩管理的动态循环，可以不断地、动态地对战略目标的实现情况进行滚动式分析，从而有效支撑集团公司的战略，如图 6-17 所示。

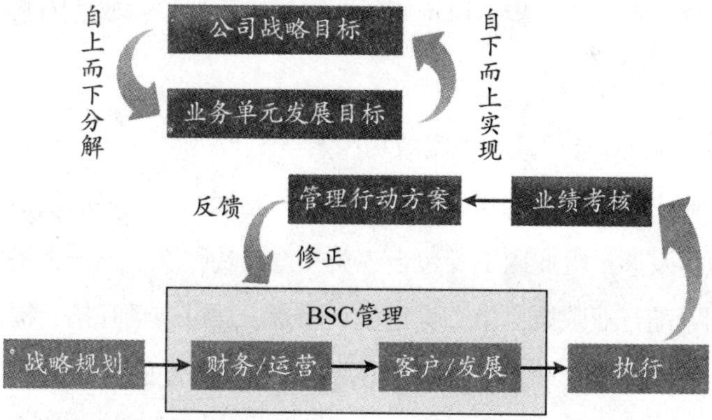
自上而下分解
公司战略目标
业务单元发展目标
自下而上实现
反馈
管理行动方案
业绩考核
修正
BSC管理
战略规划
财务/运营
客户/发展
执行

图 6-17　立体化的业绩管理体系支撑集团公司战略目标

6.3.2　公司立体化平衡计分卡业绩管理体系总体设计思路

根据业绩管理的基本理论和方法，结合该烟草集团公司的具体情况和需求，采用了以下总体思路完成该集团业绩管理体系的优化设计工作。

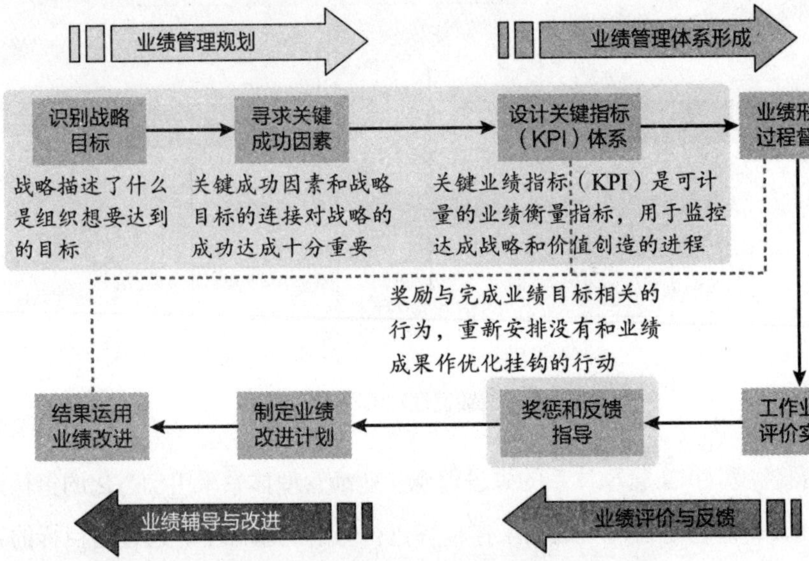
业绩管理规划
业绩管理体系形成
识别战略目标
寻求关键成功因素
设计关键指标（KPI）体系
业绩形成过程督导
战略描述了什么是组织想要达到的目标
关键成功因素和战略目标的连接对战略的成功达成十分重要
关键业绩指标（KPI）是可计量的业绩衡量指标，用于监控达成战略和价值创造的进程
奖励与完成业绩目标相关的行为，重新安排没有和业绩成果作优化挂钩的行动
结果运用业绩改进
制定业绩改进计划
奖惩和反馈指导
工作业绩评价实施
业绩辅导与改进
业绩评价与反馈

图 6-18　该集团公司业绩管理体系总体设计思路

6.3.3　公司总体战略地图构建

该集团公司总体战略地图的构建总共分为 3 步：第一步，讨论业务模式和行业关键成功因素；第二步，讨论集团公司战略及其关键成功因素；第三步，制定公司战略地图。

6.3.3.1　行业业务模式和关键成功因素

烟草行业主要通过品牌建设、市场开拓、卷烟生产、卷烟销售、产品创新等活动来获得发展。行业内主要包含 3 类关键成功因素：第一类是生存因素，确保安全和紧随行业政策；第二类是盈利因素，通过市场开拓、提供优良的卷烟品质（生产、采购、供应）、高效的物流、卷烟产品的创新来实现盈利；第三类是持续创造价值的因素，通过提升品牌美誉度、管理组织能力、人才培养来持续创造价值，如图 6-19 所示。

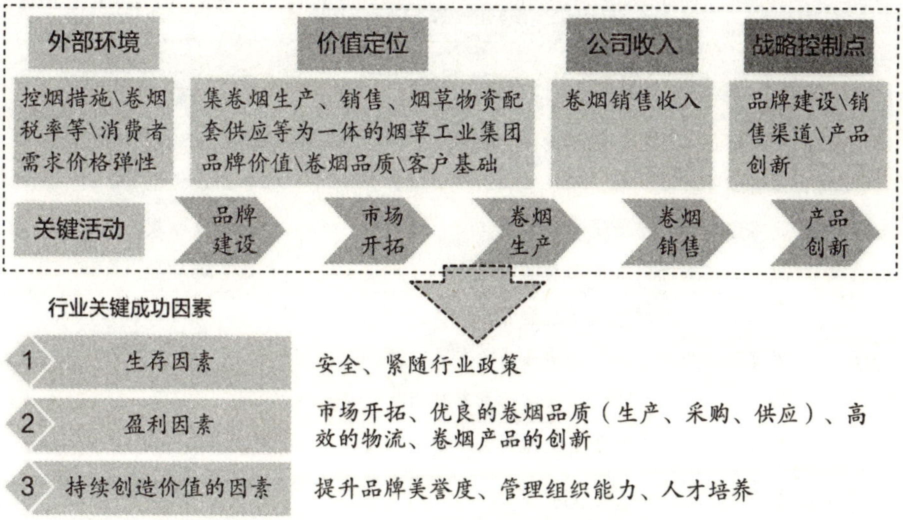
外部环境
价值定位
公司收入
战略控制点
控烟措施\卷烟税率等\消费者需求价格弹性
集卷烟生产、销售、烟草物资配套供应等为一体的烟草工业集团
品牌价值\卷烟品质\客户基础
卷烟销售收入
品牌建设\销售渠道\产品创新
关键活动
品牌建设
市场开拓
卷烟生产
卷烟销售
产品创新
行业关键成功因素
1 生存因素
安全、紧随行业政策
2 盈利因素
市场开拓、优良的卷烟品质（生产、采购、供应）、高效的物流、卷烟产品的创新
3 持续创造价值的因素
提升品牌美誉度、管理组织能力、人才培养

图 6-19　烟草行业业务模式及关键成功因素

6.3.3.2　集团公司战略解析

集团总部各职能部室及中心定位为战略管理者，产权管理和资源配置者，监管控制者，专业服务者，生产计划、业务协调者，烟厂承担具体生产任务，协助总部各部室和中心完成各项职能，保证公司战略的执行和战略目标的实现。

战略的主要抓手：

◇ 加强战略管理，提升公司的整体效率和动态能力

◇ 构建以市场需求为导向的产品研、产、销体系

◇ 向产业上游和下游延伸渗透，打造工、商共赢平台

◇ 增强企业组织学习和知识管理能力，提升核心竞争力

◇ 明晰产品定位，围绕精准定位增强产品竞争力

6.3.3.3　公司关键成功因素识别

结合烟草行业关键成功因素与该集团公司战略内容，我们解析出该公司的关键成功因素，见表 6-2 所示。

表 6-2 该集团公司关键成功因素

行业关键成功因素	集团公司战略工作重点、战略定位	集团公司总部关键成功因素
产品与生产安全	战略定位：生产计划与业务协调者 战略工作重点：研产销一体化、提高整体效率	◇质量控制 ◇生产过程控制
紧随行业政策	战略定位：战略管理者 战略工作重点：提高动态管理能力	◇统筹战略规划，设计与动态实施管理
市场开拓	战略定位：利润创造者（营销中心） 战略工作重点：以消费者需求为导向、面向三类市场，从渠道驱动转向市场驱动	◇加强市场分析能力、完善市场营销策略
优良的卷烟品质	战略定位：生产计划者、业务协调者 战略工作重点：研产销一体化、提高整体效率；加强供应链上下游结合	◇原料、辅料、生产运营
高效的物流	战略定位：专业服务者（物流中心） 战略工作重点：研产销一体化、提高整体效率；加强供应链上下游结合	◇强化运输配送能力
卷烟产品的创新	战略定位：专业服务者（技术中心） 战略工作重点：研产销一体化、提高整体效率；培育持续创新能力	◇专注配方、工艺、材料的研发
提升品牌美誉度	战略定位：利润创造者（营销中心） 战略工作重点：以消费者需求为导向	◇品牌规划与传播
管理组织能力	战略定位：专业服务者、监管控制者、资源配置者 战略工作重点：提高动态管理能力	◇持续优化管理模式、组织结构、流程和制度 ◇优化资源配置 ◇提升支持性服务质量 ◇发挥监管控制职能
人才培养	战略定位：资源配置者 战略工作重点：培育持续创新能力；从资源驱动转向能力驱动	◇员工职业发展与能力发展

6.3.3.4 公司战略地图

根据该集团公司的关键成功因素，我们绘制出该集团公司的战略地图，如图 6-20 所示。

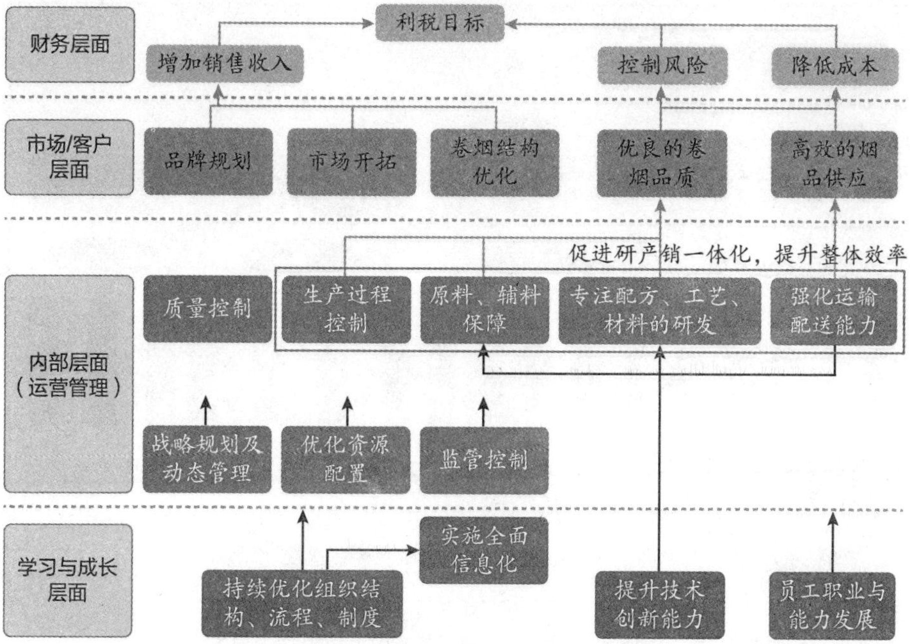
财务层面
利税目标
增加销售收入
控制风险
降低成本
市场/客户层面
品牌规划
市场开拓
卷烟结构优化
优良的卷烟品质
高效的烟品供应
促进研产销一体化，提升整体效率
内部层面（运营管理）
质量控制
生产过程控制
原料、辅料保障
专注配方、工艺、材料的研发
强化运输配送能力
战略规划及动态管理
优化资源配置
监管控制
学习与成长层面
实施全面信息化
持续优化组织结构、流程、制度
提升技术创新能力
员工职业与能力发展

图 6-20　该集团公司战略地图

6.3.4　集团公司总部职能部室战略地图构建

6.3.4.1　集团公司总部职能部室战略地图构建

该集团公司总部职能战略定位是：

◇ 职能管理中心：按照公司的战略要求和整体计划安排，为各中心和卷烟厂提供管理支持和服务，并协调各中心和烟厂的具体资源调配；

◇ 职能监控中心：各部室负责完成某一具体职能的履行、监控、指导和协调；

◇ 服务支持中心：各职能部室是支持和服务部门，不单单是行使管理权限的部门，更重要的是为各中心和烟厂提供人力、财务、生产、运营等各具体职能方面的管理支持。

具体职能界定、职责与权限划分以及关键活动，如图 6-21 所示。

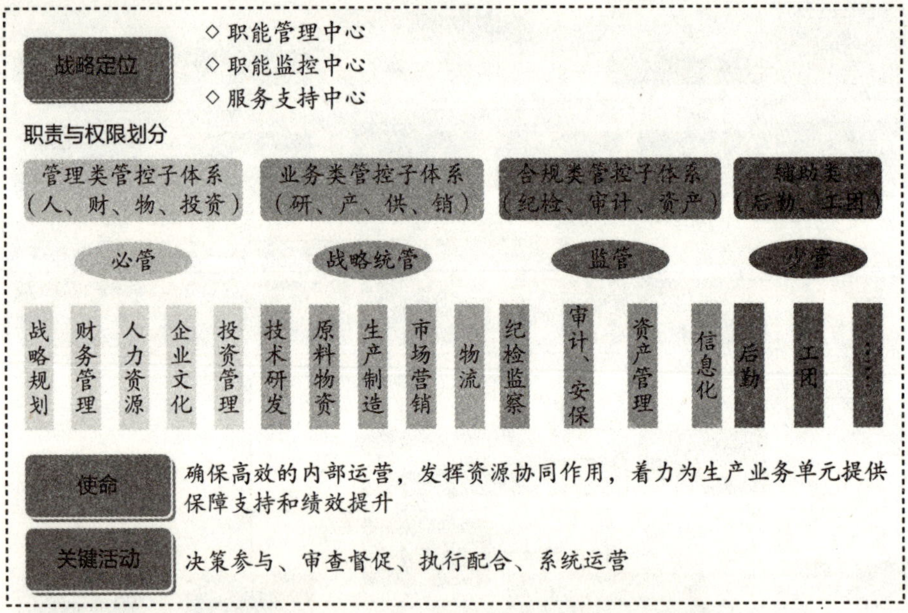
战略定位
◇职能管理中心
◇职能监控中心
◇服务支持中心
职责与权限划分
管理类管控子体系（人、财、物、投资）
业务类管控子体系（研、产、供、销）
合规类管控子体系（纪检、审计、资产）
辅助类（后勤、工团）
必管
战略统管
监管
战略规划
财务管理
人力资源
企业文化
投资管理
技术研发
原料物资
生产制造
市场营销
物流
纪检监察
审计、安保
资产管理
信息化
后勤
工团
使命
确保高效的内部运营，发挥资源协同作用，着力为生产业务单元提供保障支持和绩效提升
关键活动
决策参与、审查督促、执行配合、系统运营

图 6-21　该集团公司职能部室职能定位、权限划分与关键活动

据此可以构建出该集团公司总部战略地图，如图 6-22 所示。

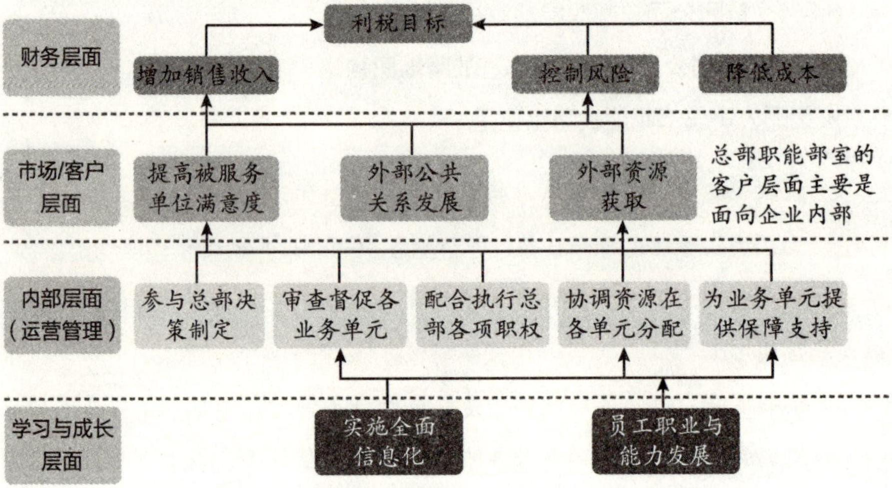
财务层面
利税目标
增加销售收入
控制风险
降低成本
市场/客户层面
提高被服务单位满意度
外部公共关系发展
外部资源获取
总部职能部室的客户层面主要是面向企业内部
内部层面（运营管理）
参与总部决策制定
审查督促各业务单元
配合执行总部各项职权
协调资源在各单元分配
为业务单元提供保障支持
学习与成长层面
实施全面信息化
员工职业与能力发展

图 6-22　该集团公司总部职能部室战略地图

6.3.4.2　集团公司总部职能部室业绩管理侧重点

依据价值链分析，该集团公司总部所涉及的职能活动包括管理类、业务类、合规类以及辅助类这四大类。不同的活动类型由相应的总部职能部室归口负责。各职能部室业绩管理重点具体划分，见表 6-3 所示。

表 6-3　各职能部室业绩管理侧重点

部门类型	部门名称	战略职能定位	业绩管理侧重点
管理类	战略管理部　企管部 财务部　人力资源部 职工教育培训中心　信息中心	战略管理中心 服务支持中心	◇运营管理类指标 ◇客户类（内部）指标 ◇学习与成长类指标
业务类	生产制造部　进出口部	职能管理中心	◇运营管理类指标 ◇客户类指标 ◇学习与成长指标
合规类	纪检监察部　审计部 规范办　安全管理部 办公室（法改部）	职能监控中心	◇运营管理类指标
辅助类	政工部（机关党委、工会） 办公室（董事办）　离退办	服务支持中心	◇运营管理类指标

6.3.5　集团公司总部职能部室 KPI 提取

按照该集团公司的战略目标和权责体系划分，职能部室承担公司总部层面的决策参与、审查督促、执行配合、系统运营等职责。强调其作为总部层面权责的执行落实和整合协调能力，体现高效的内部运营、发展推动和资源协同作用，着力为生产业务单元提供保障支持和绩效提升。鉴于这一总体定位，结合平衡计分卡四个维度的指标，本节重点分析职能部室的四个考核维度 KPI 指标的提取过程。

6.3.5.1　财务类指标

财务类 KPI 指标的提取主要基于三点考虑：第一，要求财务类指标主要反映本部门的财务管理和成本控制情况；第二，对不同部门的专项资金使用效率进行衡量；第三，由于财务指标本身特性，其具有普适性的特点，即对各个职能部室的成本控制、费用降低等指标具有一致性和通用性。

因此，提炼出以下财务类 KPI 指标。

（1）部门管理费用控制率、部门运营成本降低率分别考察本部门的费用控制效率、运营效率，属于普适性考核指标；

（2）平均审计成本降低率、原料采购成本节约率、三公经费预算达标率、财务费用降低率、人力成本预算控制率、人均招聘费用控制率、安全管理专项资金使用合格率、信息系统维护费用控制率、采购成本节约率等指标分别考察审计部、办公室、财务部、人力资源部、安全管理部、信息中心、采购中心等职能部室对专项资金（费用）的使用合理性、计划科学性和资金使用效果，属于专项考核指标。

6.3.5.2 运营类指标

运营类 KPI 指标的提取主要基于以下考虑：第一，体现职能部室对公司总部总体决策的服务支持能力和协调统筹水平；第二，凸显职能部室的服务意识和水平，体现对各级单位的支持配合情况，反映部门本身的运营发展能力；第三，要求运营类指标能够涵盖考察单位的主要责任，即应该契合各职能部室的权责分配和职责范围；第四，突出年度重点工作要求。

6.3.5.3 客户类指标

客户类 KPI 指标的提取主要思路为：第一，突出职能部室之间的协同配合与服务满意度，以及职能部室对各业务单元（分子公司、中心）的服务满意情况，侧重于考察各单位的服务水平与协作意识，促进部门间协调，提升内部运营效率；第二，强调职能部室的市场导向，职能部室与外部市场产生接口，树立市场意识，聚焦对外部市场及客户需求变化的反应速度和应对措施；第三，鉴于各职能部室也同样肩负“营销”的任务，考核各职能部室面向市场销售公司产品的情况。因此，提炼出以下客户类 KPI 指标。

（1）公司内部满意度考核职能部室之间的业务配合、分工协作、服务效能等情况，以及职能部室对各个生产业务单元的服务质量和效率、解决问题的效果、配合协调的效能及业务支持指导情况，归结为内部客户类指标，属于普适性考核指标。该指标采用公司内部满意度调查表进行考核。

（2）针对不同职能部室，设有同行业借鉴与改进、产品质量投诉、目标客户保有率、新客户开发计划完成率、新行业审计政策落实率、上级审计部门检查合格率、优秀供应商比例、供应商开发计划完成率、供应商履约率、公司形象提升度、新行业财务政策落实率、市场财务报告有效性、市场知识培训情况、战略市场导向性、市场化改革推动度、国家局省局检查反馈问题整改率、外部检查合规度、信访举报受理率、文化新内涵的拓展度、投资环境分析效率、市场信息平台建设度等指标，考核各职能部室对外部市场、行业环境变化和客户需求变化的反应速度以及应对措施，归结为外部客户类指标，属于专项考核指标。

（3）负责销区工业调拨量、负责销区商业销量、负责销区商业销售额、负责销区工业销售收入考核各职能部室面向市场销售公司产品的销售量，对营销目标的完成落实情况，归结为职能部室的外部客户类指标，属于普适性考核指标。

6.3.5.4　学习成长类指标

学习发展类 KPI 指标主要关注集团内部各职能部室的自我学习、发展能力和文化价值观，强调各个单位可持续、长效发展基础的建立，使各个单位不仅关注短期进步，同时兼顾长期发展。因此，提炼出以下学习发展类 KPI 指标：

（1）人员学历结构提升率考核人力资源部对于高学历人才引入，提升本部门员工整体素质的重视程度，属于普适性考核指标。

（2）人员专业职称提升率考核生产制造部、进出口部、财务部、审计部、财务部、人力资源部、信息中心等职能部室对于加强职业教育，提升专业技术人员水平的重视程度，属于专项考核指标。

（3）关键人才流动率考核职能部室对本部门员工的培养指导能力、人员配置情况和人才重视程度，属于普适性考核指标。

（4）人均培训时数考核职能部室对本部门员工的学习培养情况、业务指导水平和培训重视程度，属于普适性考核指标。

（5）管理创新考核职能部室通过调整优化管理要素：人、财、物、时间、信息等资源配置结构，适时调整管理思路和经营方式，形成对市场信息变化做出及时反应的应变体系，使部门运作更加高效的情况。属于普适性考核指标。该指标通过职能部室的管理创新成果数衡量。

（6）技术创新考核生产制造部、信息中心等职能部室通过技术研发和技术改造，取得核心技术优势，形成有自己知识产权的技术创新能力的情况。属于专项考核指标。该指标通过职能部室的专利、技术成果奖数目衡量。

第三篇 复杂集团公司管控体系设计

本篇主要介绍两种复杂集团管控体系的设计：战略赋能型、平台型。其中，战略赋能型集团管控强调对集团战略的宏观把控和对下属企业的赋能，在国内很多传统的大型复杂集团中应用较为普遍。平台型集团管控不同于以往的自上而下的集团管控模式，强调以用户为中心，打造较为开放的平台，实现多方利益的最大化。在平台型管控模式的基础上，又发展出“生态型自管控”模式。这种模式类似于自然界的生态系统，能够根据企业生态系统内外环境的变化，逐渐形成适合企业发展的“生态气候”，淘汰或产生出新的企业，并进行优胜劣汰、新陈代谢、不断迭代和优化。

第七章 战略赋能型管控体系设计

战略赋能型管控是指企业以集团整体战略为核心，通过“集团多元化、利润中心专业化”，对下属企业所形成的利润中心进行一定程度的赋能，从而实现企业高效运行的一种管控方式。

7.1 战略赋能型集团管控体系简介

和简单集团管控体系类似，战略赋能型管控体系也包括内外两个层级的管理闭环：外层循环是从动态战略管控体系到业绩管控体系，实现集团公司从战略制定到战略实施效果的管理闭环；内层循环是战略赋能型管控体系以公司整体战略为核心，通过战略规划体系统筹集团各层级的战略管理和战略规划；通过业绩评价体系、管理者考评体系以及商业计划体系执行和落实战略目标，并通过管理报告体系和内部审计体系对管理水平的提升和战略的落地实施进行有效监控，如图 7-1 所示。

具体而言：

◇ 作为战略统筹工具，在战略规划体系中，集团公司层面负责集团整体战略的制定调整和持续完善，以及战略指导下的投资审核、决策及管理；而利润中心层面参与集团战略制定、审议及修改，并负责制定自身战略，实现集团战略的落地、细化和执行。

◇ 作为战略落实和执行工具的商业计划体系，集团公司层面负责在战略指导下制定整个集团层面的长期计划；利润中心层面则负责自身负责的业务板块的具体商业计划以及实施方案，制定年度商业预算及商业计划。

◇ 作为战略评价工具的业绩评价体系和管理者考评体系，是战略导向的多维度评价工具：业绩评价体系主要用来评估战略的执行情况以及战略目标的实现情况；管理者考评体系的作用主要是明确战略执行的责任人，以确保战略的有效实施，并同时提升管理者水平和能力。

◇ 作为战略监控工具，管理报告体系强调在战略执行过程中，管理水平是否得到持续的优化和提升；而内部审计体系的主要作用是监督战略实现过程中，所有战略举措的合规性与合法性，控制经营风险。

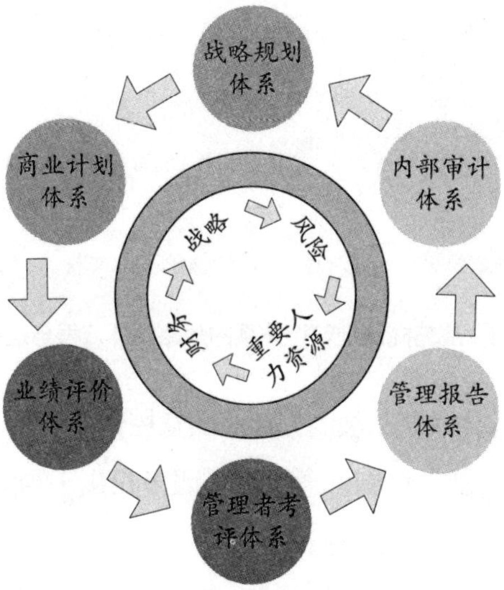
战略规划体系
内部审计体系
管理报告体系
管理者考评体系
业绩评价体系
商业计划体系
战略
风险
重要人力资源
成长

图 7-1　战略赋能型管控体系

战略赋能型管控体系建立在战略管理理论的基础之上，以战略规划为出发点，以商业计划为切入点，以管理报告为关注点，以内部审计为支持点，以业绩评价为驱动点，以评价考核为落脚点，最终确立以战略为中心、以赋能为本质的管控体系，如图 7-2 所示。

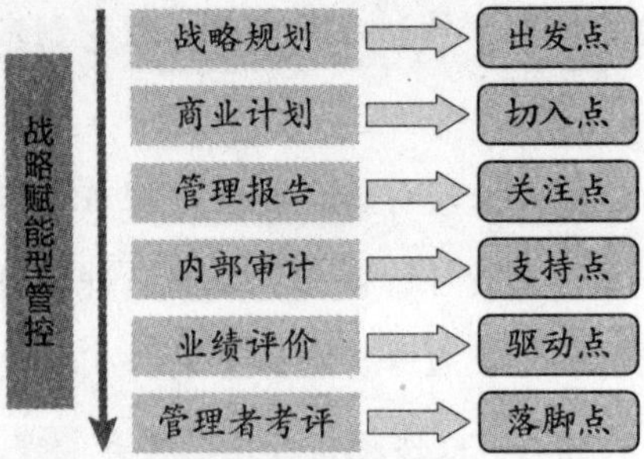
战略赋能型管控
战略规划
出发点
商业计划
切入点
管理报告
关注点
内部审计
支持点
业绩评价
驱动点
管理者考评
落脚点

图 7-2　管控体系一体化

同时梳理优化主要的管理流程，形成持续改进和优化的战略循环流程与运行机制，如图 7-3 所示。

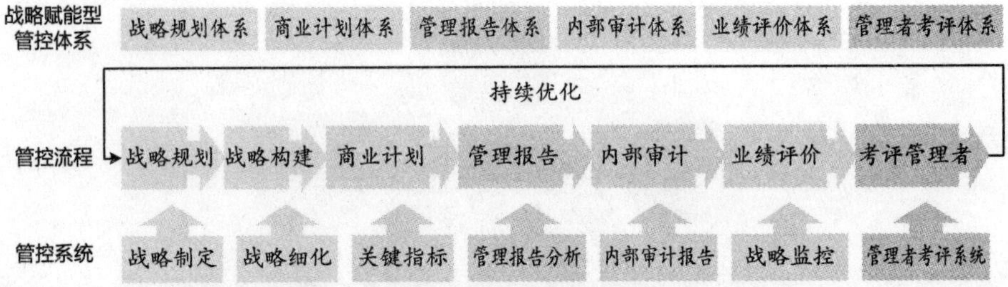
战略赋能型管控体系
战略规划体系
商业计划体系
管理报告体系
内部审计体系
业绩评价体系
管理者考评体系
持续优化
管控流程
战略规划
战略构建
商业计划
管理报告
内部审计
业绩评价
考评管理者
管控系统
战略制定
战略细化
关键指标
管理报告分析
内部审计报告
战略监控
管理者考评系统

图 7-3　战略赋能型管控体系的战略循环流程与运行机制

战略赋能型管控体系是以战略为核心的管控体系设计，以及配套的管控制度和持续改进优化的运行机制。通过“集团多元化 + 利润中心专业化”的经营模式解决多元化和专业化的矛盾。

战略赋能型管控体系下，集团总部职能定位为：战略管理、重要人事任免、财务与投资、预算和评价、内部资源协调配置以及统一企业文化。战略业务单元负责具体的业务规划和日常经营，如图 7-4 所示。

为保证战略赋能型集团管控体系顺利执行，集团公司需要根据自身经营运作的特点，将其细化为具体管理制度，如图 7-5 所示。

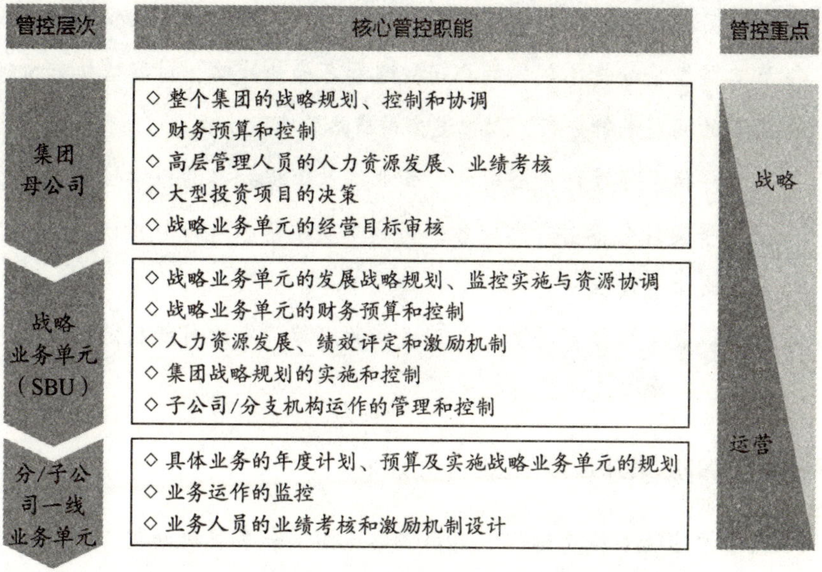
管控层次
核心管控职能
管控重点
集团母公司
◇ 整个集团的战略规划、控制和协调
◇ 财务预算和控制
◇ 高层管理人员的人力资源发展、业绩考核
◇ 大型投资项目的决策
◇ 战略业务单元的经营目标审核
战略业务单元（SBU）
◇ 战略业务单元的发展战略规划、监控实施与资源协调
◇ 战略业务单元的财务预算和控制
◇ 人力资源发展、绩效评定和激励机制
◇ 集团战略规划的实施和控制
◇ 子公司/分支机构运作的管理和控制
分/子公司一线业务单元
◇ 具体业务的年度计划、预算及实施战略业务单元的规划
◇ 业务运作的监控
◇ 业务人员的业绩考核和激励机制设计
战略
运营

图 7-4　集团母公司及利润中心的职能职责界定

财务管控制度
投资管控制度
管理运作制度
战略赋能型管控体系
重要人力资源管控制度
利润中心管理者岗位制度
审计制度

图 7-5　战略赋能型管控体系主要的管控制度

7.2　战略规划体系

战略赋能型管控体系从战略开始，涵盖战略构建、战略落实、战略执行、战略驱动和战略监督等整个战略赋能型管控过程。

战略规划体系是多元化企业推动业务单元形成战略管理能力的重要手段。具体步骤是：

◇ 战略制定：成立战略管理委员会，专门负责战略的制定、实施与执行，并对战略制定和执行过程进行规范和控制；

◇ 战略实施和执行：定期召开战略研讨会，以推进和监控战略的实施；

◇ 战略监控：分析已制定的公司战略和各专业战略，对战略执行情况和存在的问题进行分析，以推进公司战略的有效实施；

◇ 战略评估：通过评价公司的经营业绩，审视战略的科学性和有效性，运用平衡计分卡对各部门各公司战略实施情况进行分析评估，检讨公司战略推进过程；

◇ 战略调整：根据市场变化，形成新的思维，及时对所制定的战略进行调整，以确保战略的有效性。

战略规划的过程中应该注意以下三点：

◇ 战略构建的多维度细化（运用战略地图）和多层次细化（集团总部和业务单元）；

◇ 战略执行的因果关系链和相互驱动；

◇ 财务、客户、内部流程和学习与成长与战略的一致性。

为了保障战略执行，需要将业务战略细化成可实现的目标和可评价的指标，而指标间相互驱动的因果链关系犹如战略地图反映出企业的战略轨迹，由此实现从业绩评价到业绩改进、从战略实施到战略反馈的联动效应，而平衡计分卡提供的这种战略思维刚好可以融入管控体系的战略性框架，如图7-6所示。

战略是战略赋能型管控体系的重中之重，贯穿整个管控过程。战略循环过程（一个战略周期）包括确定战略（即战略规划体系构建）、分解战略（即商业计划体系落实）、分析和监控战略（即管理报告体系和内部审计体系）、引导和推进战略（即业绩评价体系和管理者考评体系）。另一方面，战略还要细化到关键成功因素，再进一步追溯到关键业绩驱动力。因而，驱动关键业绩的评价指标紧扣战略导向，评价结果则检讨战略执行，同时决定整个战略业务单元的奖惩，有效的奖惩机制推动战略执行力，从而使战略赋能型管控体系成为一套循环上升的高效型战略赋能型管控系统。

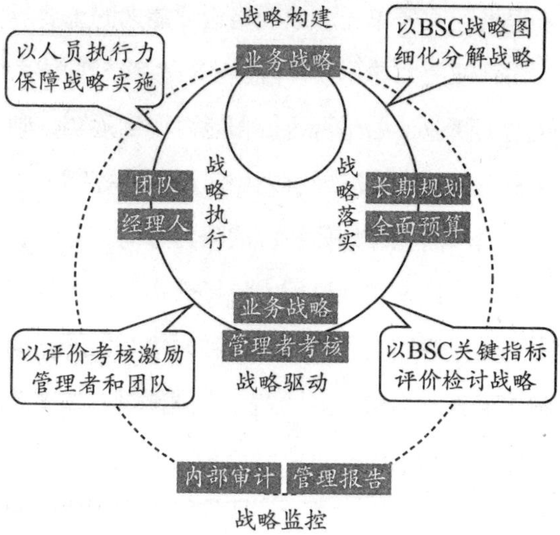
战略构建
业务战略
以BSC战略图
细化分解战略
以人员执行力
保障战略实施
战略执行
团队
经理人
战略落实
长期规划
全面预算
业务战略
管理者考核
战略驱动
以评价考核激励
管理者和团队
以BSC关键指标
评价检讨战略
内部审计
管理报告
战略监控

图 7-6　战略管理闭环

战略规划体系以多元化控股下的专业化管控为基本框架，突破股权与财务架构，在集团专业化分工的基础上，将集团及下属公司按战略管控的原则划分为战略业务单元（SBU，strategic business unit），每个 SBU 是可制定战略、可执行战略的单位，同时，只有专业化程度较高，且符合集团总体战略要求的业务单元，才可能进入 SBU 序列。各级利润中心任何一项业务经营的优劣都能按战略进行检讨。设立 SBU 是利润中心进一步专业化发展的需要，也是落实集团总体战略的重要基础。

7.3　商业计划体系

商业计划是指在战略导向下通过确定的商业模式实现阶段性战略目标的一切计划和行动方案。

制定商业计划需要从深入分析行业发展趋势、研究竞争对手的竞争能力和竞争策略、厘清自身的基本情况入手，选择业务发展方向，确定生意模式（包括产品和服务、竞争策略以及盈利模式），制定经营目标和行动计划（包含组织资源、配置资源、风险防范等），编制出以商业计划为基础的预算管理体系。

战略规划体系是推动业务单元形成战略管理能力的重要手段。而商业计划是检验业务单元战略管理能力的重要手段。实行战略规划体系的基础在于业务单元的战略管理能力。商业计划是否可行和能否得到落实，则有赖于业务单元经理人对市场的判断力、对生意的理解力和对运营的控制力。

作为战略落实工具，商业计划体系以战略为导向，兼顾长期发展战略目标和短期业务经营目标，并且在实施过程中反复修正，成为保证集团战略实现的重要环节。在集团既定战略的指导下，一级利润中心做好长期规划，二级和三级利润中心制定具体实施方案和年度计划、年度预算。如图 7-7 所示。

商业计划体系建立在利润中心行业分类和发展战略的基础上，将商业计划分解成具体的财务指标，落实到财务上，即推行全面预算管控，将发展战略细化为年度经营目标，落实到每个利润中心，并层层分解，落实到每个业务单元的日常经营上，借以进行过程控制。商业计划体系的建立，要将竞争战略所要实现的中长期财务目标值，如营业额、利润、资产回报率等通过财务预算进一步分解，成为年度指标、季度指标，最终落实到利润中心中的单位和个人身上，落实到每个月的计划上，确保战略目标的实现。

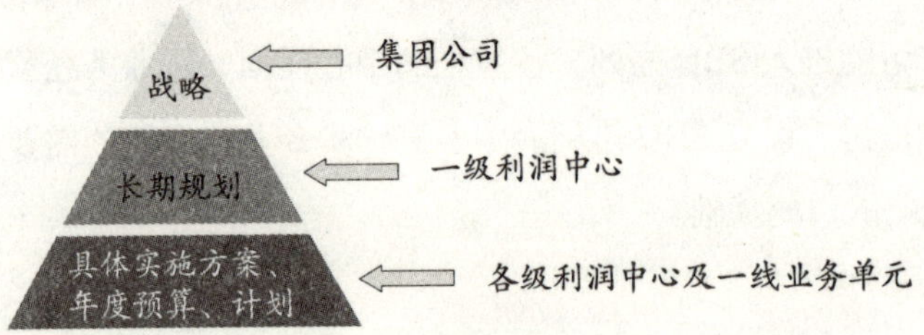
战略
集团公司
长期规划
一级利润中心
具体实施方案、
年度预算、计划
各级利润中心及一线业务单元

图 7-7　商业计划体系

确定集团整体战略后，需要考虑的是：如何将战略与财务目标结合起来，如何把集团战略分解到一级利润中心，如何把一级利润中心的战略分解到二三级利润中心，如何建立从集团公司到各级利润中心的商业计划体系。为了使集团整体绩效大于各部分绩效的总和，单个独立的战略必须相互联系并且进行有机整合，实现各个利润中心之间的战略联动和战略协同，如图 7-8 所示。

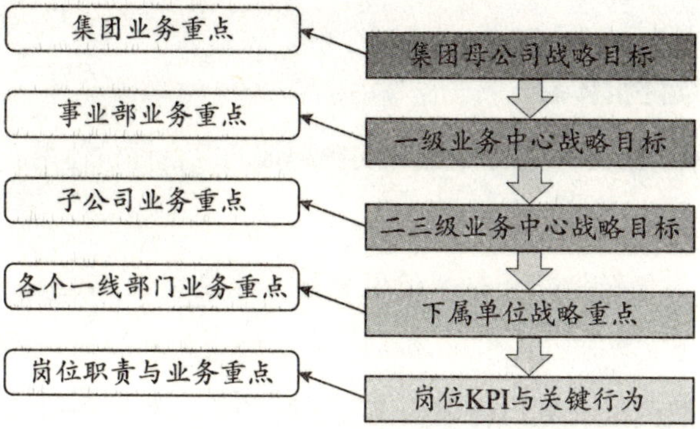
集团业务重点
集团母公司战略目标
事业部业务重点
一级业务中心战略目标
子公司业务重点
二三级业务中心战略目标
各个一线部门业务重点
下属单位战略重点
岗位职责与业务重点
岗位KPI与关键行为

图 7-8 各层级业务重点

进行战略分解，可以应用平衡计分卡进行战略地图的构建和分析。首先制定出集团整体的战略地图和平衡计分卡，然后根据集团整体的平衡计分卡制定出一级利润中心的战略地图和平衡计分卡，依次向下一个层级，层层递进，直至制定出岗位和个人的平衡计分卡。通过制定平衡计分卡，将集团的使命愿景战略转化成具体的经营活动，然后层层分解，将集团的战略落实到每一级组织、每一位员工，实现以下目标：

◇ 通过平衡计分卡的实施聚焦集团资源，实现横向的战略协同和纵向的目标一致；
◇ 通过平衡计分卡的层层分解，使每个人的岗位职责都与集团战略相联系，并且与浮动薪酬挂钩，使每一个人享有与战略相关的激励；
◇ 通过平衡计分卡的制定，配置相应的资源，实现战略与预算的对接；
◇ 通过设计跟踪回顾系统和相应的会议制度，使集团各个层级围绕着集团战略规划管控会议，并且对战略进行实时的调整，实现组织绩效和个人绩效的对接。

商业计划体系对于一个多元化集团尤为重要，如果没有商业计划体系，集团将难以预计下一个季度甚至今后几年能够达到什么样的目标，也就难以在资金安排、投资决策、人力资源等方面进行总体规划。

7.4 业绩评价体系

业绩评价体系是对业务单元战略实施绩效的综合评价体系。通常注重过程控制、多维度评价，体现着业绩文化。

业绩评价价值链通常包括：价值创造（识别价值创造）、价值评价（以BSC进行多维度、多层次评价）、价值分配（绩效激励机制）三部分。

战略落地及商业计划执行情况需要进行评价，业绩评价体系要促进集团整体战略与利润中心经营目标的实现。根据利润中心不同的行业性质和发展战略，复杂集团应建立战略导向的业绩评价体系，以业绩评价引导战略执行，按评价结果确定利润中心奖惩，评价体系应适应利润中心的竞争战略。

业绩评价体系是指由一系列与绩效评价相关的评价制度、评价指标体系、评价方法、评价标准以及评价机构等形成的有机整体。目前，比较多的传统集团企业采用平衡计分卡的企业绩效评价方法，以及"经济增加值（EVA）"等评价方法，互联网企业多采用OKR业绩评价方法。总体而言，基于战略绩效管理的动态业绩评价体系逐渐成为发展趋势。

平衡计分卡将战略转化成财务、顾客、内部运营和学习等四个维度的关键业绩指标，从而使业绩考核评价成为战略执行工具。如图7-9所示。

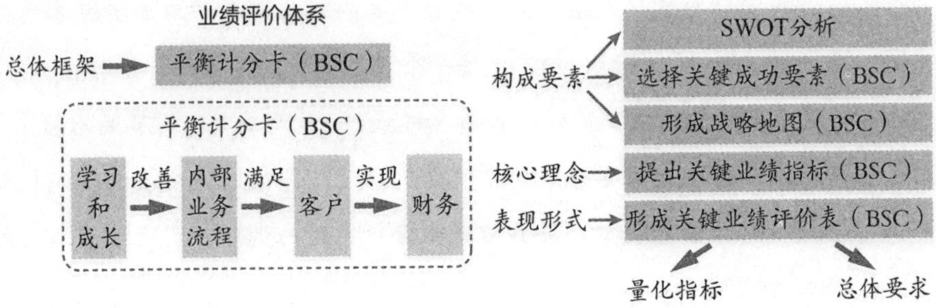
业绩评价体系
总体框架
平衡计分卡（BSC）
平衡计分卡（BSC）
学习和成长
改善
内部业务流程
满足
客户
实现
财务
构成要素
SWOT分析
选择关键成功要素（BSC）
形成战略地图（BSC）
核心理念
提出关键业绩指标（BSC）
表现形式
形成关键业绩评价表（BSC）
量化指标
总体要求

图7-9 业绩评价体系

平衡计分卡是从财务、客户、内部运营、学习与成长四个角度，将组织战略落实为可操作的衡量指标。学习和成长是为了不断地改善内部的业务运营，改善内部运营是为了满足客户和财务的目标，满足客户的目标是为了更好地实现公司的财务目标。平衡计分卡用来分解和衡量公司的战略，将公司的战略转化成具体的衡量指标，并且为衡量指标设定目标值，设定相应的责任人，配置相应的资源，并制定相应的行动计划作为完成目标的支持。战略中心型组织是为了来管理战略和平衡计分卡，保证平衡计分卡用于企业的日常管理流程，实现战略的评估和绩效的考核。

平衡计分卡的核心思想是通过财务、客户、内部运营、学习与成长四个方面的指标之间的相互驱动的因果关系展现组织的战略轨迹，实现组织绩效和集团战略。组织追求财务目标的实现，客户认可确保财务目标的实现，组织通过管理促进客户对公司产品和服务的认可程度，降低企业财务成本，提高收益水平，组织内部学习和发展促进组织管理水平的不断提高。

平衡计分卡的四个层面，即战略执行的四个方面：财务层面针对股东需要，客户层面针对客户需求，内部运营层面针对内部管控优势和重点，学习与发展层面针对组织潜在能力。

在构建战略地图时，需要在集团发展战略的框架下，通过财务、客户、流程、学习与成长等四个角度对战略进行分解，形成若干绩效目标，每个绩效目标再分解为可量化的绩效指标。这些指标最终支撑公司的最终战略目标：长期股东价值的实现。战略地图可以直观地反映总体绩效表现。图 7-10 是战略地图构建的一个示例。

平衡计分卡解决了组织效益、客户、内部运营和无形资产之间的冲突，通过财务与非财务管理手段相互补充，确保组织在短期增长目标与长期发展目标之间的平衡，达到股东、员工、客户等相关利益者之间的平衡，达到管理过程与管理结果之间的平衡。

形式上，基于平衡计分卡的业绩评价体系包含：

◇ 战略地图：用直观的方法呈现组织战略的工具；

◇ 战略目标：对战略具体内容的陈述；

◇衡量指标：跟踪和监控战略目标完成情况的方法；

◇目标值：某一个指标的期望值水平；

◇行动方案：为完成某项战略目标或提高某个指标目标值所制定的关键行动计划。

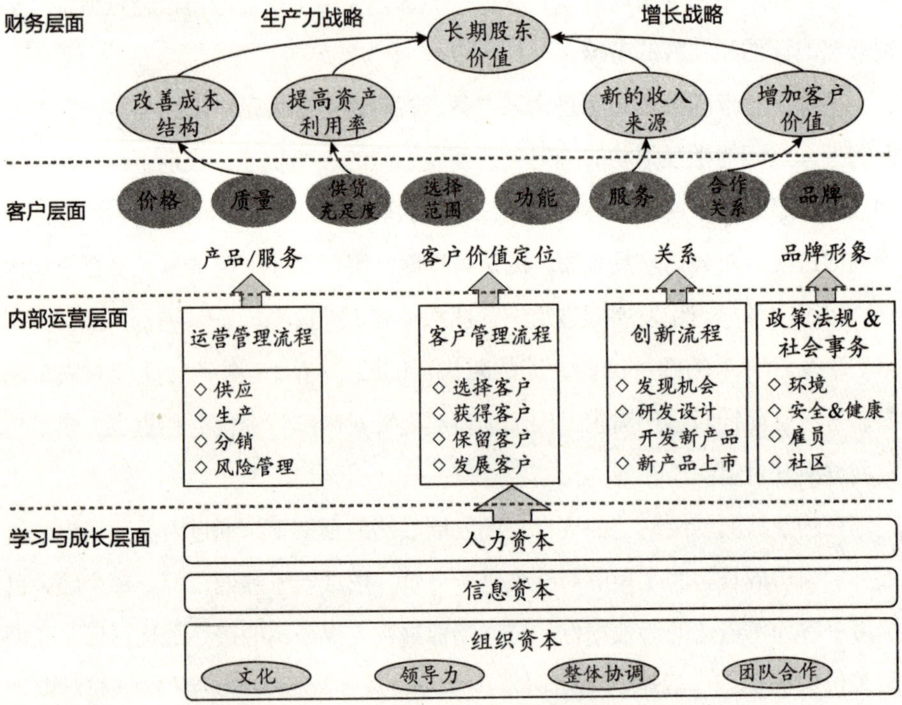
财务层面
生产力战略
长期股东价值
增长战略
改善成本结构
提高资产利用率
新的收入来源
增加客户价值
客户层面
价格
质量
供货充足度
选择范围
功能
服务
合作关系
品牌
产品/服务
客户价值定位
关系
品牌形象
内部运营层面
运营管理流程
◇供应
◇生产
◇分销
◇风险管理
客户管理流程
◇选择客户
◇获得客户
◇保留客户
◇发展客户
创新流程
◇发现机会
◇研发设计
开发新产品
◇新产品上市
政策法规&社会事务
◇环境
◇安全&健康
◇雇员
◇社区
学习与成长层面
人力资本
信息资本
组织资本
文化
领导力
整体协调
团队合作

图7-10 利用平衡计分卡完成战略地图构建

运用平衡计分卡建立业绩评价体系的步骤包括：

步骤一 进行 SWOT 分析

根据集团公司经营情况，分析公司优势劣势和机会威胁，进而识别公司关键成功要素，如图 7-11 所示。

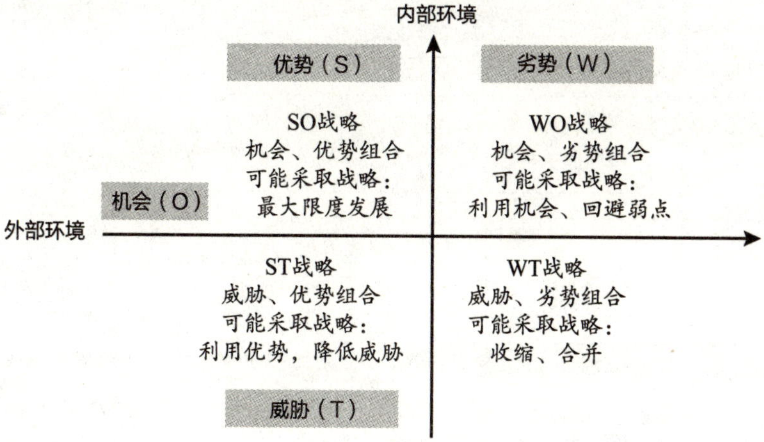
内部环境
优势（S）
劣势（W）
SO战略
机会、优势组合
可能采取战略：
最大限度发展
WO战略
机会、劣势组合
可能采取战略：
利用机会、回避弱点
机会（O）
外部环境
ST战略
威胁、优势组合
可能采取战略：
利用优势，降低威胁
WT战略
威胁、劣势组合
可能采取战略：
收缩、合并
威胁（T）

图 7-11　SWOT 分析

步骤二　选择关键成功要素

运用鱼刺图，分析公司关键成功要素，如图 7-12 所示。为后续形成公司战略地图和提取关键业绩指标提供基础。

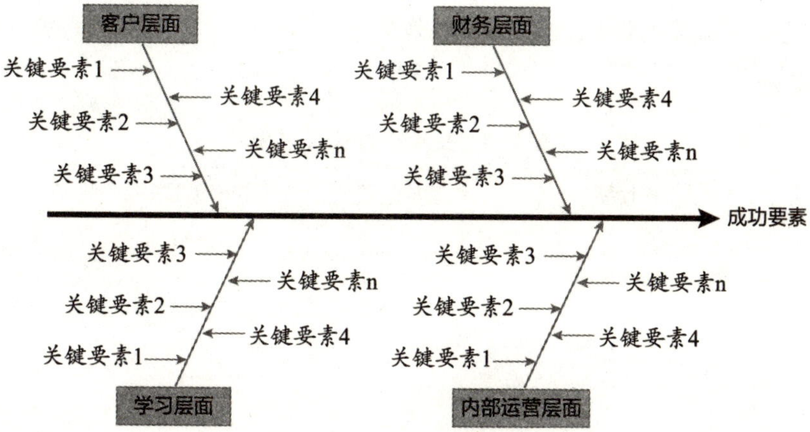
客户层面
关键要素1
关键要素4
关键要素2
关键要素n
关键要素3
财务层面
关键要素1
关键要素4
关键要素2
关键要素n
关键要素3
成功要素
关键要素3
关键要素n
关键要素2
关键要素4
关键要素1
学习层面
关键要素3
关键要素n
关键要素2
关键要素4
关键要素1
内部运营层面

图 7-12　关键成功要素选择

步骤三　形成战略地图

依据关键成功要素，形成战略地图，如图 7-13 所示。

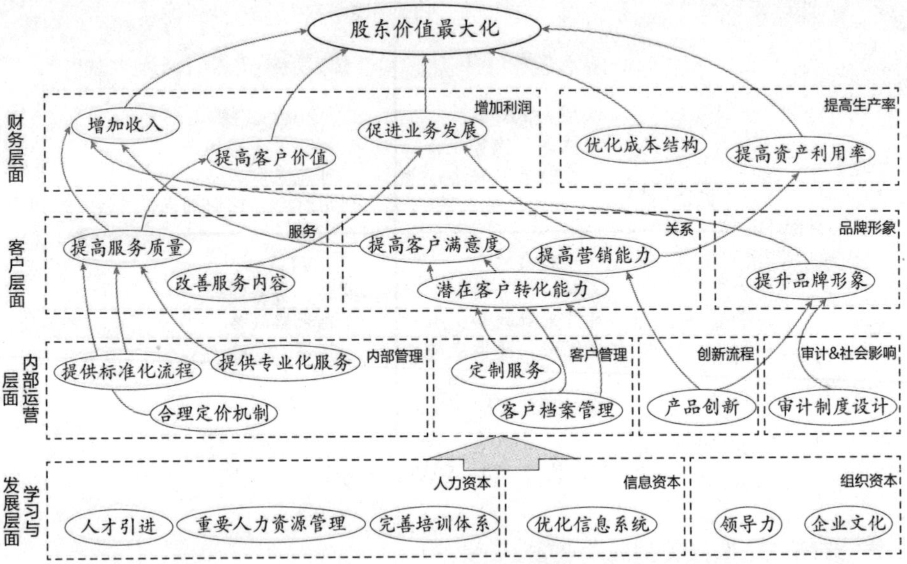
股东价值最大化
财务层面
增加利润
提高生产率
增加收入
促进业务发展
提高客户价值
优化成本结构
提高资产利用率
客户层面
服务
关系
品牌形象
提高服务质量
改善服务内容
提高客户满意度
提高营销能力
潜在客户转化能力
提升品牌形象
内部运营层面
内部管理
客户管理
创新流程
审计&社会影响
提供标准化流程
提供专业化服务
合理定价机制
定制服务
客户档案管理
产品创新
审计制度设计
学习与发展层面
人力资本
信息资本
组织资本
人才引进
重要人力资源管理
完善培训体系
优化信息系统
领导力
企业文化

图 7-13　战略地图

步骤四　提出关键业绩指标

根据关键成功要素，提取关键绩效指标，形成关键绩效指标汇总表，如表 7-1 所示。

表 7-1　关键绩效指标汇总表

层面	关键成功要素	关键绩效指标
财务层面		
客户层面		
内部运营层面		
学习层面		

步骤五　确定下一年考核关键指标及权重，形成关键业绩评价

根据公司发展经营情况，确定下一年度业绩考核的关键指标和考核权重，如表 7-2 所示。根据上一周期考核情况，确定关键业绩指标的目标值，形成考核评价表，如表 7-3 所示。

表 7-2　关键业绩指标及权重

层面	关键绩效指标	权重
财务层面	指标 1	权重
	指标 2	权重
	……	权重
	指标 n	权重
客户层面	指标 1	权重
	指标 2	权重
	……	权重
	指标 n	权重
内部运营层面	指标 1	权重
	指标 2	权重
	……	权重
	指标 n	权重
学习层面	指标 1	权重
	指标 2	权重
	……	权重
	指标 n	权重

步骤六　确定各利润中心指标

集团公司确定绩效指标后，应进一步将关键绩效指标分解到各个利润中心，形成各个利润中心的绩效指标，并确定各个利润中心的关键绩效指标。各级利润中心按照同样的方法逐层向下分解。

在一个实施战略赋能型管控的组织里，企业利用平衡计分卡作为基础的工具，设计相应的模板，定期对平衡计分卡的完成情况进行跟踪回顾，对战略的完成情况进行评估，并且将评估的结果与浮动薪酬挂钩。

各级利润中心及下属单元不仅要与过去比，还要和行业平均水平比，和行

业标杆企业比；既要重视营业额、利润、ROE 等财务指标，也要重视客户和员工满意度、员工专业技能提高程度、社会贡献度、环保安全等“绿色指标”、软指标；同时要重视短期效益，关注长期战略目标实现程度等。业绩评价体系使业绩评价有了更全面、更客观的标准，使整个集团的发展更具可持续性、更加稳健、更加有后劲。

表 7-3　关键业绩评价表

层面	关键绩效指标	权重	绩效目标值	评价得分
财务层面	指标 1	权重		
	指标 2	权重		
	……	权重		
	指标 n	权重		
客户层面	指标 1	权重		
	指标 2	权重		
	……	权重		
	指标 n	权重		
内部运营层面	指标 1	权重		
	指标 2	权重		
	……	权重		
	指标 n	权重		
学习层面	指标 1	权重		
	指标 2	权重		
	……	权重		
	指标 n	权重		

关于评价指标的选择，集团层面重点关注的是股东权益资产收益率和经营性现金流两大类指标，其他指标则根据不同行业侧重点不同。

具体指标的选择，由利润中心根据自己的竞争战略目标，经过平衡计分卡细化为战略地图，成为行动方案后按需要设定，但须包含平衡计分卡所要求的四个维度的内容。

关键业绩指标构成业绩评价体系的量化指标，集团母公司管理层对该利润中心经营的总体要求构成非量化指标。两类指标的执行结果，成为利润中心管理者考评的依据。

7.5　管理者考评体系

除业绩评价体系外，战略执行的另一工具体系为管理者考评体系。

管理者考评体系是对经理人履职情况和业绩情况进行考核的体系，目的是提升经理人团队的管理能力和素质。对经理人的考核注重增值利润（EVA），从而体现考量经理人全面管理水平提升的核心理念。

在合理的战略规划和商业计划体系下，战略责任和经营责任同时落实到各层级管理者身上；同时，战略策划、战略执行的考核、经营管理目标责任也落实到利润中心的管理者身上。集团母公司按照既定的管理者考核标准，同时结合战略性的业绩评价结果，对利润中心负责人进行年度考核，与其薪酬及任免挂钩，并以考核促进战略执行。

考核重点既包括对结果的考核也包括对过程的考核。管理者考评体系主要从业绩评价、管理素质和职业操守三方面进行评价，包含考核财务业绩、增值利润（EVA）等有形指标，以及激情、学习、团队、诚信、创新、体质、成长环境等方面进行考核和选拔。

管理者考评体系设计贯穿着公司管理五步组合论：即分析公司架构识别CEO管理能力，到团队精神分析识别团队能力和学习，再到战略管理分析识别CEO和团队战略管理能力，再到核心竞争力分析识别CEO和团队的核心管理能力，最后到业绩文化建立分析识别CEO和团队的管理结果，如图7-14所示。

7.6　管理报告体系

管理报告体系是对战略业务单元一个经营周期内的管理报表进行经营情况、战略管理等方面分析，作为战略执行的检讨和重大决策的依据。一般包括管理会计报表和分析报告。管理会计报表涵盖了公司整体经营情况、投资情况和现金流情况三个主要方面的内容；分析报告一般包括综述、整体情况分析、主要产品生产情况分析、销售市场预测和重大事项即工作重点等内容。

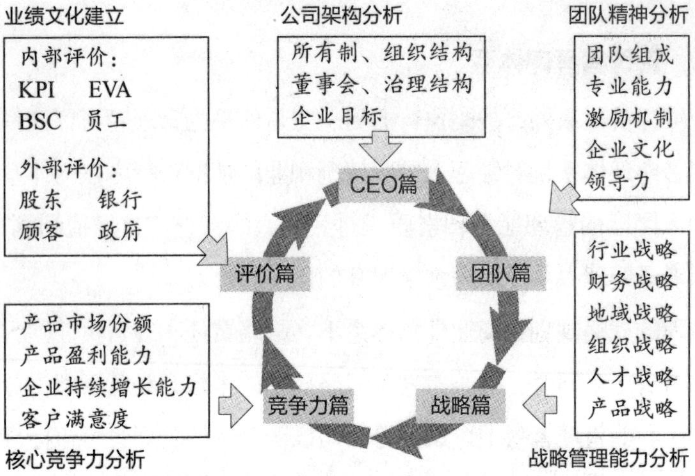
业绩文化建立
内部评价：
KPI EVA
BSC 员工
外部评价：
股东 银行
顾客 政府
公司架构分析
所有制、组织结构
董事会、治理结构
企业目标
团队精神分析
团队组成
专业能力
激励机制
企业文化
领导力
CEO篇
评价篇
团队篇
竞争力篇
战略篇
产品市场份额
产品盈利能力
企业持续增长能力
客户满意度
核心竞争力分析
行业战略
财务战略
地域战略
组织战略
人才战略
产品战略
战略管理能力分析

图 7-14 公司管控五步组合论：从管理者评价角度

在战略执行过程中，每个利润中心应定期进行管理分析，编制管理报告，并汇总成为集团总体管理报告，作为集团母公司战略执行的检讨和重大决策的依据。

与对外的财务会计报表不同，管理报表是一个层次清晰、内容直观的内部报表，能够反映每一个战略业务单元的业务特点，并同时兼顾过程控制与结果控制。各利润中心报表应按行业特点对市场竞争战略进行检讨，集团母公司和利润中心同时监测战略目标与业务经营目标的执行过程和结果，最后通过汇总分析形成集团整体的管理报告，监测集团整体业绩结果。

管理报告体系中常见的表现形式有两种：在线形式和报告文本形式。在线形式偏重定量分析，多为数字，具有在互联网上同步互动的特点，通过计算机软件开发集团核心应用系统，按照固定的形式和指标（如环比变化、同比变化），各级利润中心按月 / 季度 / 年等时间周期，定期录入具体数据，自动生成管理报表。集团母公司领导可以随时动态掌握下属利润中心的业绩指标变动情况，并就需要关注之处进行批示，表 7-4 是管理报表的一个示例；而报告文本形式耗时较长，并偏重于定性分析。

集团母公司财务部应向集团母公司管理层定期提交管理报告，就集团上月

表 7-4　管理报告表设计示例

	本月							本季度							本年累计				
	本月实际	本月预算	变化（%）	上月实际	环比变化（%）	去年同月实际	同比变化（%）	本季度实际	本季度预算	变化（%）	上季度实际	环比变化（%）	去年同季度实际	同比变化（%）	本年实际	本年预算	变化（%）	去年实际	环比变化（%）
×× 收入																			
×× 成本																			
明细科目																			
小计																			
净利润																			
净利率																			
×× 费用																			
明细科目																			
×× 费用																			
明细科目																			
合计																			
其他经营收入																			
其他经营支出																			
经营利润																			
非经营性收入																			
非经营性支出																			
×× 费用																			
利息收入																			
集团净利润																			

/季度/年整体经营情况进行分析，重点说明利润中心的经营亮点、所处行业情况、竞争对手情况、宏观因素影响及集团所关注的事项。在线形式和报告文本形式结合起来，使管理报告体系成为集团母公司管理层对利润中心进行决策的重要参考依据。

7.7 内部审计体系

内部审计体系是多维度的战略综合审计报告，监督战略规划与预算的完成情况，监控业务战略的执行力。通过建设性和增值性的审计工作，对公司的风险管理、内部控制、治理程序以及经营绩效进行有效的监管和评价，帮助公司管理层控制风险，促进公司管理层改善运营管理，为实现公司整体战略服务。

集团母公司及利润中心通过内部审计来强化战略执行和商业计划的推行，从而支持战略管理决策和经营预算决策的有效性。通过审计保证管理报告的真实性，检查商业计划的完成水平和集团统一管理规章的执行情况，以此强化战略的落地和执行，促进商业计划的层层落实，提高管控质量。

审计分为常态审计和非常态审计，常态审计是每年组织一次至四次定期的审计，以加强控制。非常态审计是在特殊情况下，或者接到举报时，由集团母公司随时进行审计。所属公司的审计主要来自四个方面：一是集团母公司审计部门对所属公司经营者或各项经营业务进行审计；二是所属公司审计部门对公司经营者或各项经营业务进行审计；三是所属公司监事会对公司经营者或各项经营业务进行审计；四是社会专业审计机构/公司受集团公司董事会审计部门或所属公司董事会的委托对公司经营者或各项经营业务进行审计。

第八章　平台型管控体系设计

由于传统科层制组织强调分部和分层、集权统一和指挥服从，通常其管控体系采用自上而下的串联式设计方法，各管控子体系之间是环环相扣的因果关系；而平台型组织具有不同于科层制组织的特点，强调零距离、去中心化和分布式，其管控体系通常采用自下而上的并联式设计方法，用户和市场既是管控体系设计的出发点，也是管控体系变化的引爆点，各管控子体系既可根据用户和市场变化独立开展变革，也可根据其他子体系的变化而变革，如图 8-1 所示。

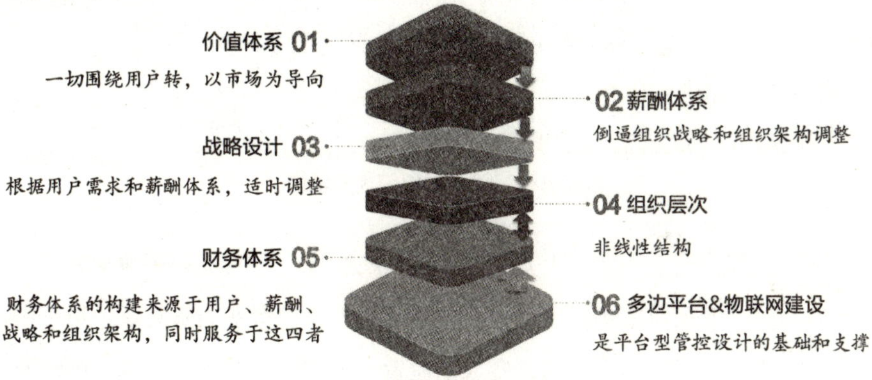
价值体系 01
一切围绕用户转，以市场为导向
02 薪酬体系
倒逼组织战略和组织架构调整
战略设计 03
根据用户需求和薪酬体系，适时调整
04 组织层次
非线性结构
财务体系 05
财务体系的构建来源于用户、薪酬、战略和组织架构，同时服务于这四者
06 多边平台&物联网建设
是平台型管控设计的基础和支撑

图 8-1　平台型管控体系设计结构图

平台型管控体系设计需要明确平台型企业、平台上的人员构成和平台型管控设计的基本特点：

◇ 平台型企业：采用平台型管控的企业不再是一个大型集团公司，而是一个可快速聚集内外部资源的初级并联生态圈、一个创业孵化平台。任何创客都可以在这个开放平台上创新、孵化、成长，成立自治型小微公司，做大、做强。平台的主要职能是聚散资源、交换价值，形成能够持续颠覆性创新的生态圈，让企业外“优秀资源无障碍地进入”以及实现“各方利益最大化”。

◇ 平台上的人员组成：平台型组织没有中间层，也没有科层制下的层层领导，只有三类人（如图 8-2 所示）。

◇ 平台主：大平台主把握整体方向，中小平台主为平台上的用户提供服务，平台主的业绩取决于这个平台产生创业团队（即小微主）的数量。

◇ 小微主：由创客选举，小微主的业绩取决于吸引创客的数量及创客的产值。

◇ 创客：根据用户需求产生，竞单上岗，按单聚散。

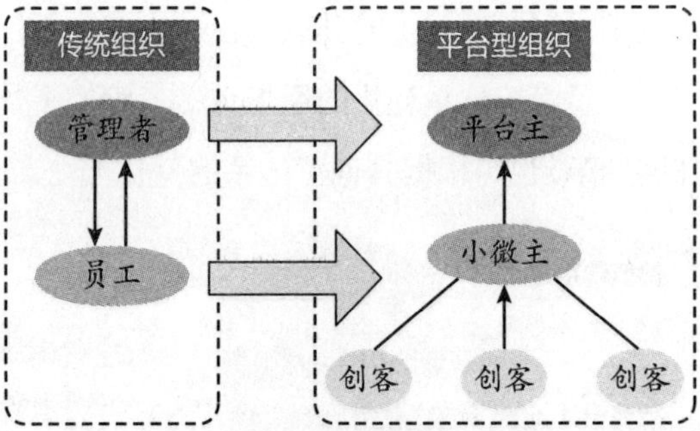
传统组织
管理者
员工
平台型组织
平台主
小微主
创客
创客
创客

图 8-2 平台型组织人员组成

平台上有成百上千甚至上万个创业团队在运作，平台主为平台上的用户提供服务。与传统企业集团相比，平台主从传统的管控者变为服务者，员工由听从上级指挥到为用户创造价值，变成创业者、创客，这些创客组成小微创业企业，创客和小微主共同创造和连接用户与市场。小微主不再由企业任命，而是创客共同选举，创客和小微主之间是双向选择的关系，作为小微成员的创客不仅可以否决小微主，还可以引进外部的资源。这些小微企业加上社会的资源，就变成了一个初级的小型生态圈，共同去创造和连接不同的市场，逐渐形成并联大平台的生态圈，针对不同的市场和用户，解决“大智移云”时代个性化需求的问题。

平台型管控体系的设计需要“外去中间商，内去隔热墙”，把架设在企业和用户之间的引发效率迟延和信息失真的传动轮彻底去除，直接连接企业和用户，从传统串联流程转型为可实现各方利益最大化的并联流程，形成一个利益共同体。在这个利益共同体里面，各种资源可以无障碍进入，同时能够实现各方利益的最大化。

为实现这个目的，平台型管控设计需要在价值体系、薪酬体系、组织结构、组织战略、财务体系、多边协同平台设计、物联网建设等方面进行设计。

本章首先介绍平台型管控体系的宏观设计，再介绍三种平台型组织管控体系的微观机制设计。

8.1　价值体系设计

企业价值体系是指企业及其员工所坚持的一整套价值取向，是企业在追求经营成功过程中所推崇的基本信念和奉行的目标，是企业生存和发展的精神支柱，对企业和员工的行为起着导向和规范作用。

传统企业坚持长期利润最大化，坚持股东利益第一的价值取向，造成了企业和社会、用户之间的利益冲突。而平台型管控体系是对物联网社群经济形态的探索和适应，其价值取向聚焦于用户和市场，一切围绕用户转，以市场为导向，强调企业要为社会创造更大价值，实现相关者的利益最大化。

一般而言，平台型管控的价值体系需要满足以下三个条件（如图8-3所示）：

◇ 始终坚持“人的价值第一”的核心价值观：人的价值包括员工价值和用户价值。

◇ 始终坚持“共创共赢”的创造价值和传递价值体系：始终坚持客户导向，实现共创共赢的价值取向。

◇ 始终坚持“创业创新”文化基因，坚持自下而上的创业精神。项目、产品、创意等由小前端启动；平台使用风险投资型机制和内部自由市场机制来配置资源；领导层不再进行事无巨细的管理，而是进行更多的授权，给予小微主和创客更大的权力。

01
02
03
共创共赢
——价值创造和价值传递体系
创新创业
——文化基因、创业精神
人的价值第一
——核心价值观：员工价值&用户价值

图 8-3　平台型管控的价值体系

8.2　薪酬体系设计

平台型管控体系的薪酬体系设计核心是由过去的企业付薪，变成用户付薪，由外界驱动变为自我驱动，突破传统薪酬体系的限制。传统组织管控体系的薪酬体系有两种：

◇ 宽带薪酬，指根据职位和能力不同，来划分不同的薪酬等级；

◇ 委托代理激励薪酬，委托人是股东，代理人是职业经理人。

传统薪酬体系不能把每个人的薪酬和其创造的价值一一对应，只能激励少部分人，且这两种薪酬体系产生的驱动力都是他驱力。而平台型管控体系的薪酬设计，是由传统的企业付薪变成用户付薪，把市场经济中的利益调节机制引入企业内部，把企业内部的上下流程、上下工序和岗位之间的业务关系由原来的单纯行政机制变成平等的买卖关系、服务关系和契约关系，通过这些关系把外部市场订单转变成一系列的内部市场订单，形成以“订单”为中心，上下工序和岗位之间相互咬合、自行调节运作的市场链条。

在这种薪酬体系下，人人都是一个市场，且人人都面对一个市场，每个人的收入是由其市场来考核和支付的，能最大程度地发挥创客所有制的自驱力。使创客可以通过自己的能力寻找市场，并整合资源解决所面临的不确定性问题。

平台型组织薪酬体系中，以创客和小微为代表的自主小前端，被赋予自主权的同时，对自身盈亏承担部分或全部责任；大量的小型前端会自下而上地从底层发起创新的项目，在项目的不断尝试与推进当中，组织结构中设立的风投型投资委员会发挥作用，根据前端项目的绩效、项目的反馈结果决定对哪个前端进行持续投资。通过此机制，根据客户需求，实现资源面向大量不同前端的智能化有效分配，进一步强化用户付薪机制的运转，如图 8-4 所示。

同时，平台型管控模式下的薪酬驱动方式根本性变革将倒逼企业战略和组织层次变革，促进“三化”——即企业平台化、员工创客化、用户个性化的实现：

◇ 企业平台化，即企业从传统的科层制组织转变为共创共赢的平台；

◇ 员工创客化，即员工从被动接受指令的执行者转变为主动为用户创造价值的创客和动态合伙人；

◇ 用户个性化，即用户从购买者转变为全流程最佳体验的参与者，从顾客转化为交互的用户资源。

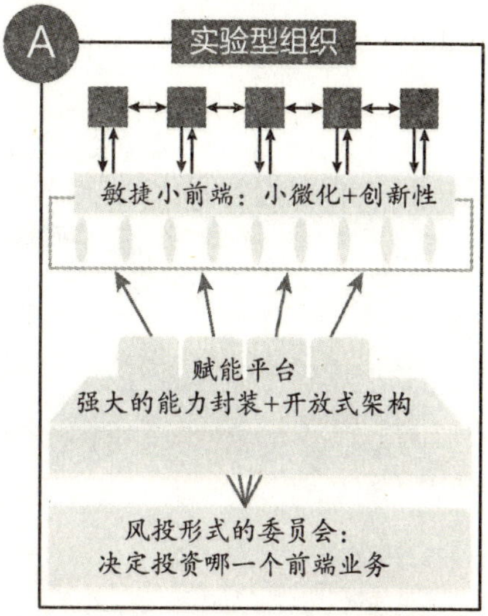
A
实验型组织
敏捷小前端：小微化+创新性
赋能平台
强大的能力封装+开放式架构
风投形式的委员会：
决定投资哪一个前端业务

图 8-4　平台型管控薪酬体系

8.3　战略体系设计

传统集团公司的战略设计流程一般是由公司董事会提出要求，管理层分析企业内外部环境、长远利益和短期利益后，制定战略规划文本提交董事会审批，再将战略分解，传达给分 / 子公司、部门和员工，如图 8-5 和 8-6 所示。

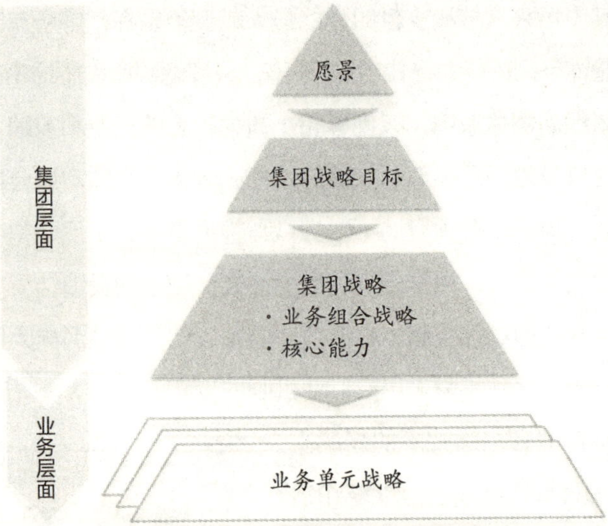
集团层面
业务层面
愿景
集团战略目标
集团战略
· 业务组合战略
· 核心能力
业务单元战略

图 8-5　传统企业集团战略整体架构

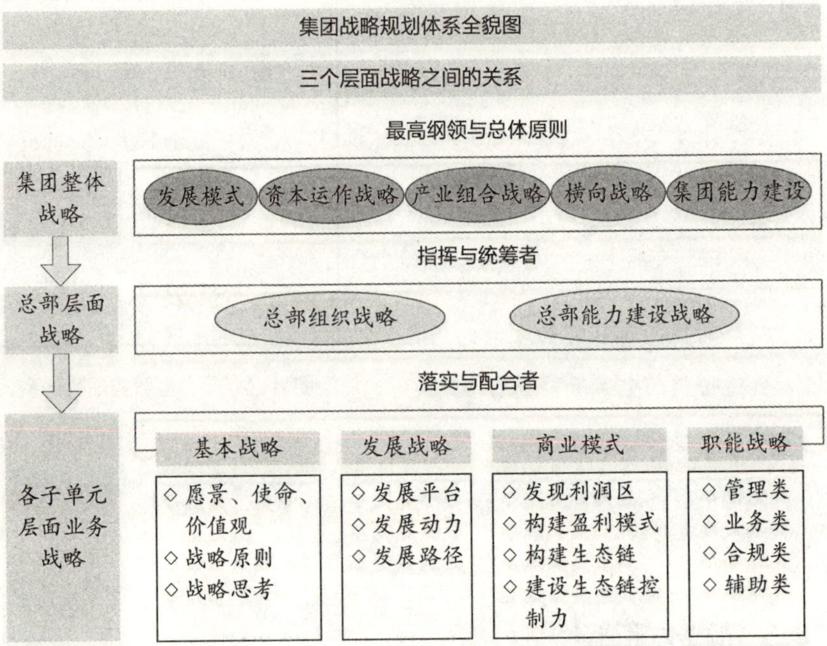
集团战略规划体系全貌图
三个层面战略之间的关系
最高纲领与总体原则
集团整体战略
发展模式
资本运作战略
产业组合战略
横向战略
集团能力建设
指挥与统筹者
总部层面战略
总部组织战略
总部能力建设战略
落实与配合者
各子单元层面业务战略
基本战略
◇ 愿景、使命、价值观
◇ 战略原则
◇ 战略思考
发展战略
◇ 发展平台
◇ 发展动力
◇ 发展路径
商业模式
◇ 发现利润区
◇ 构建盈利模式
◇ 构建生态链
◇ 建设生态链控制力
职能战略
◇ 管理类
◇ 业务类
◇ 合规类
◇ 辅助类

图 8-6　传统企业集团战略规划体系图

注：来源于华彩咨询官网。

平台型管控的战略体系设计则专注于用户与市场的变化而非集团高层和竞争对手，坚持以用户为中心，建立共创共赢生态圈，洞悉用户需求，促使其根据用户和薪酬体系的变化随需应变，实现生态圈中各利益相关者的共赢增值。一般而言，平台型管控的战略体系设计应考虑以下几方面内容：

◇ 数量众多且规模较小的自主小前端是战略体系设计所需信息的主要来源，直接与用户、外部生态圈打交道的创客和小微，在自身被赋予自主权的同时，需要承担部分或全部盈亏，同时需要向平台主反馈市场信息和用户需求；

◇ 根据创客、小微和平台主的反馈建立的大规模支撑平台是战略设计主要支撑，平台上形成资源池，便于资源共享，根据业务发展需求，形成新特色及新能力等；

◇ 战略体系设计还需借力生态体系，使体系内的所有企业能够互相影响、协同治理、相互合作，进而为创造更大的价值提供可能。

平台型管控的战略体系下，平台主不再进行事无巨细的管理，而是进行更多的授权，给予小微主和创客更大的权力，将用人权、决策权和分配权给小微主，形成自创业、自驱动、自组织的小微（见图 8-7）。平台主由管控型转化为服务型，抓大放小，完成宏观层面的思考，而将具体运营交由下属团队自行根据市场需求优化，同时根据前端和平台不断积累和沉淀的数据、知识进而转化为数据及知识资源，并最终转变为智慧型平台。

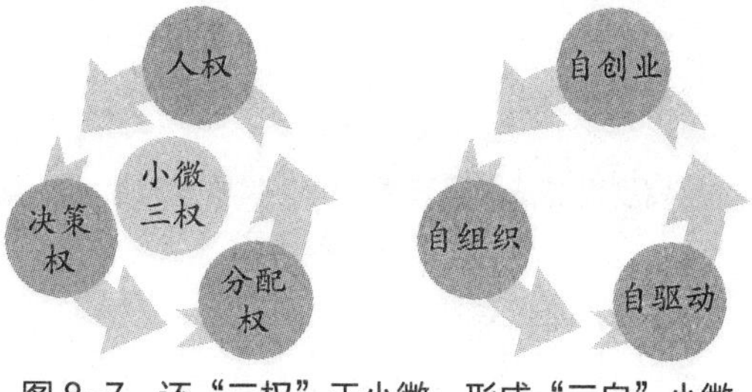
人权
小微
三权
决策
权
分配
权
自创业
自组织
自驱动

图 8-7　还“三权”于小微，形成“三自”小微

8.4 组织层次设计

平台型管控组织层次设计的核心宗旨是量化分权，即将价值创造的责任和资源调动的权力下放，建立授权与协调机制，赋予前端自主权与独立性。为此，平台型管控需要打破传统企业的组织结构（即执行上级命令的科层制线性组织），建立“创造用户个性化需求”的非线性组织，从传统的自我封闭进化为开放的互联网节点，颠覆科层制为网状组织。

具体来说，平台型管控组织层次设计主要通过以下步骤进行：

◇ 坚持以客户为中心，逐步取消组织层次中的中间层、隔热层；

◇ 流程由串联节点转变为并联平台，保证资源可以无障碍进入；

◇ 建立三级经营体，保障开放平台上三类人的共生共存，详见图 8–8。

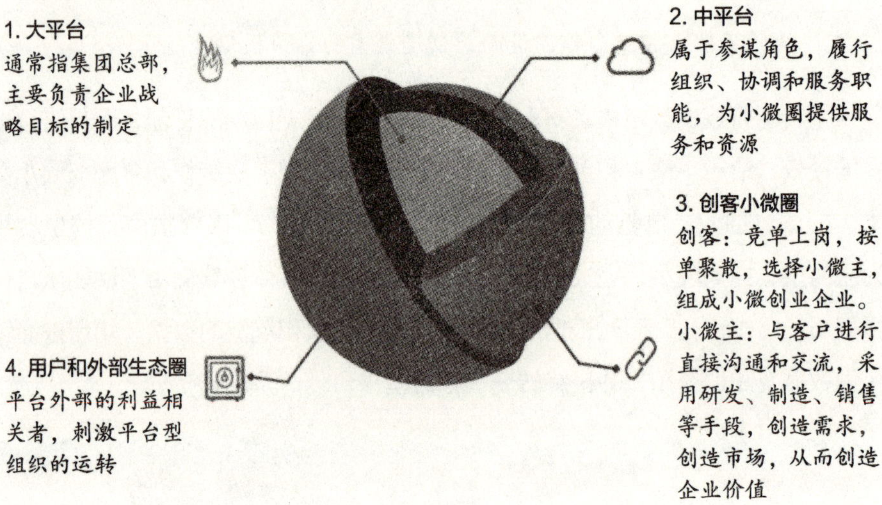
1. 大平台
通常指集团总部，主要负责企业战略目标的制定
2. 中平台
属于参谋角色，履行组织、协调和服务职能，为小微圈提供服务和资源
3. 创客小微圈
创客：竞单上岗，按单聚散，选择小微主，组成小微创业企业。
小微主：与客户进行直接沟通和交流，采用研发、制造、销售等手段，创造需求，创造市场，从而创造企业价值
4. 用户和外部生态圈
平台外部的利益相关者，刺激平台型组织的运转

图 8–8 生态圈中的平台型管控三级经营体设计（其中，创客和小微同属自主小前端）

首先，作为平台型管控第一级的自主小前端，也是最基本的单元——创客和小微主，根据用户需求和外部生态圈的变化形成，创客通过竞单上岗，按单聚散，选择小微主，组成小微创业企业；小微主则主要通过与客户进行直接沟通和交流，采用研发、制造、销售等手段，创造需求，创造市场，从而创造企

业价值。

其次，平台型管控的第二级为中级平台主，属于参谋角色，主要履行组织、协调和服务职能，为前端实验、创新等提供必要的支持以及服务，帮助、指导、协调前端，并协助协调整体组织的正常运行，作为前后端、上下级之间的过渡与辅助，中级平台主在整体运行中十分关键。有的平台型组织在小微主和中平台主之间，还有细分的小平台主，主要根据流程划分，如采购、研发、售后小平台主等，其职能也是为小前端提供服务和资源。

平台型管控第三级——大平台主，通常指集团总部，和传统正三角的科层制组织“划桨”的功能不同，大平台主的主要目标是根据前端信息、当前形势和企业自身状况，把握市场趋势和经济走向，设定有针对性的前景以及宏观的目标，并通过组织各中小平台，传达至自主小前端，从而推动企业价值、目标更好实现并把握整体方向。可见，大平台主更多的是发挥“掌舵”而非“划桨”的功能。

三级经营体的工作机理示例详见图 8-9。三级经营体都变成平台型组织网络的节点，每一个节点都可以连接网络上所有资源，形成平台型管控的生态圈，如图 8-10 所示。

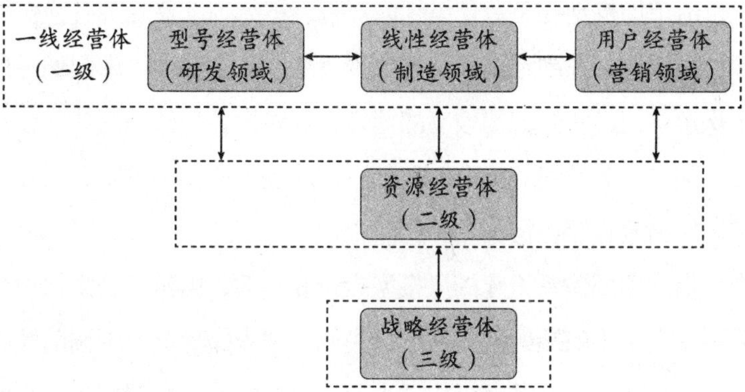
一线经营体
（一级）
型号经营体
（研发领域）
线性经营体
（制造领域）
用户经营体
（营销领域）
资源经营体
（二级）
战略经营体
（三级）

图 8-9　三级经营体的工作机理[①]

① 韩沐野. 传统科层制组织向平台型组织转型的演进路径研究——以海尔平台化变革为案例 [J]. 中国人力资源开发，2017（3）：114-120.

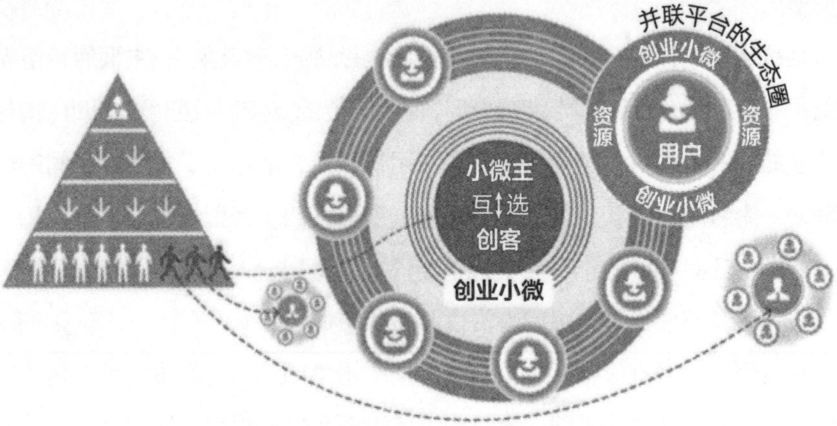
并联平台的生态圈
创业小微
资源
用户
资源
创业小微
小微主
互选
创客
创业小微

图 8-10　平台型管控生态圈①

8.5　财务体系设计

平台型管控的财务体系设计围绕激发员工的企业家精神为核心，多采用内部资源市场化的核算方式，一般需要以下几个步骤：

首先，平台型管控的财务体系设计需要构建模块化的平台资源自由市场，为前端平台资源进行定价。平台内部资源更有效地进行配置并实现更大效益，需要通过自由市场机制在平台化组织内实现。组织内部建立拥有模块化特征的平台资源自由市场，并制定内部资源定价策略，各个前端、部门通过自由市场内的资源交换，促进资源配置效率的提升，同时为各个部门的成本核算、绩效评估提供便利，还需要建立标准的内部资源库及资源买卖机制，以保证平台资源自由市场的高效有序运行。

其次，借助薪酬体系组建的风投型投资委员会，由其将资源快速分配至小前端。要实现大量小前端的独立性、自主性，要求领导层不干预前端的具体运营管理，同时又要保证有特定机构对小前端进行快速的资源配置。平台型组织通过组建风投型投资委员会，实现与小前端的对接，进行项目评价与资金支持；前端的项目、创新、实验成果等通过市场检验后，对于效益较好的前端，委员

① 张瑞敏．好的商业模式是一场无限游戏 [J]. 商业评论，2016(8):60-74.

会将持续向其提供资金支持，从而对前端尝试进行更好的整合，对市场方向有较深刻的把握；同时通过市场表现对前端的绩效进行评估，为资源有效配置提供必要条件。小微与平台之间是同一目标下价值交换的市场关系及同一目标下的共赢共享关系；小微和平台之间是“市场结算”关系，平台报酬源自小微。

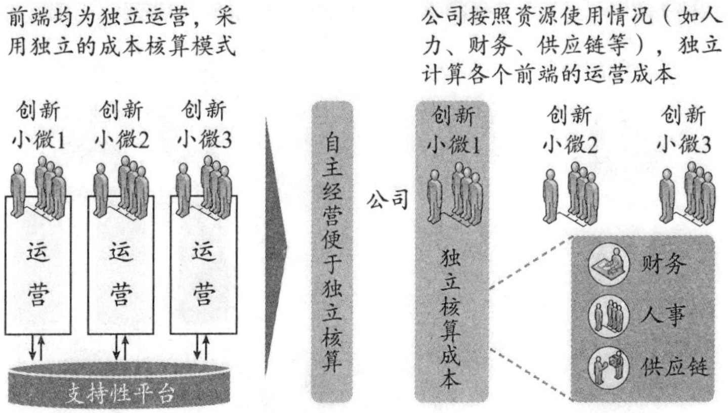

前端均为独立运营，采用独立的成本核算模式
创新小微1
创新小微2
创新小微3
运营
运营
运营
支持性平台
自主经营便于独立核算
公司按照资源使用情况（如人力、财务、供应链等），独立计算各个前端的运营成本
公司
创新小微1
独立核算成本
创新小微2
创新小微3
财务
人事
供应链

图 8-11　内部资源市场化核算

注：资料来源于 BCG 分析

最后，平台型管控财务体系设计时还需要建立共赢增值表。传统管控模式的财务体系以损益表为核心，反映的是产品收入及价值，收入减成本减费用等于利润。而平台型管控的财务体系需要设计共赢增值表，既包括产品收入也包括生态收入（以产品为载体产生的服务性收入），目标是生态收入大于产品收入，通过生态收入和生态价值，产生边际效益、边际利润。

8.6　多边协同平台设计

互联网时代企业与用户之间的关系正在发生一系列变化，如实现了信息零距离。传统企业是串联式组织，从企划研发、制造、营销、服务到用户，中间有很多传动轮，但这些传动轮并不知道用户在哪里，再加上社会中间层（如供应商、销售商）的存在进一步拉远了企业和用户之间的距离。而平台型管控的平台作为一个并联系统而存在，没有传动轮和中间层，企业可以零距离地和用户接触，掌握用户的一手信息和需求。

平台型管控下建立的支持平台是并联的多边平台，企业、用户、供应链等利益相关者并联在同一个平台上，变成一个共创共享的生态系统。平台型组织由于其在结构上是双边乃至多边互动的关系（特别是众多互联网平台的业务形态都是“非自营”），需要“多边治理”而非“单向化的管理”，见图 8-12。

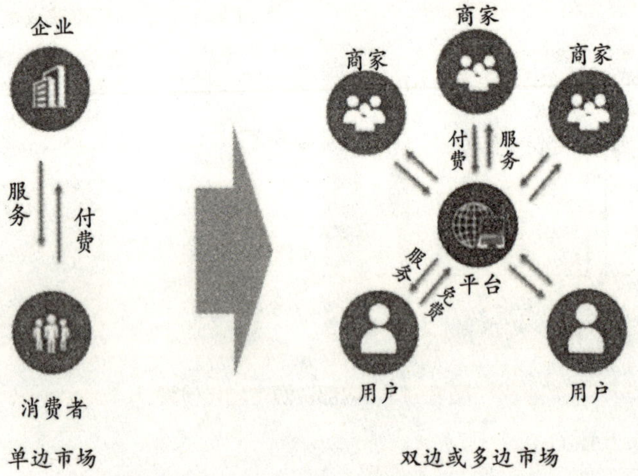
企业
服务
付费
消费者
单边市场
商家
商家
商家
付费
服务
平台
服务
免费
用户
用户
双边或多边市场

图 8-12　传统单边市场到多边市场的转变

平台型管控建立多边协同平台的要求如下：

◇ 建立标准且简洁易用的界面，使每个职能模块化；
◇ 形成平台资源池，便于资源共享；根据业务发展需求，形成新特色及新能力，如大数据分析、机器深度学习和创新辞典等；
◇ 借力生态体系，使平台内外的企业能够互相影响，协同治理，相互合作，进而为创造更大的价值提供可能性。

平台设计的重心在于内部市场规则建设，使供应链的上下游客户和利益相关者都能进入平台，实现平台的新陈代谢，见图 8-13。

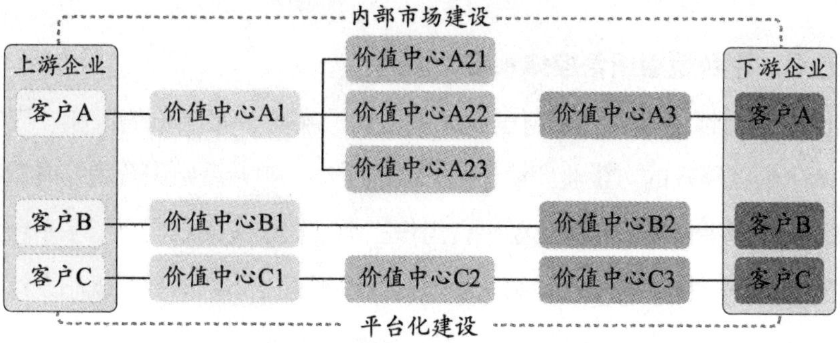
内部市场建设
上游企业
客户A
客户B
客户C
价值中心A1
价值中心A21
价值中心A22
价值中心A23
价值中心A3
价值中心B1
价值中心B2
价值中心C1
价值中心C2
价值中心C3
下游企业
客户A
客户B
客户C
平台化建设

图 8-13　多边协同平台设计

注：来自杨少杰《大转形：新组织变革方略与最佳实践》

8.7　物联网建设

物联网建设是“大智移云”时代平台型管控的技术支撑，时代的发展要求从传统时代的单边市场向物联网时代的双边市场或多边市场转变，企业由传统管控模式下的产品传感器向平台型管控下的用户传感器转变，其显著特点是以用户和市场结果说话的零摩擦进入和供需双方打破身份限制的换边效应。

传统移动互联网时代的电商交易平台注重产品，平台上有海量商品供用户选择，而物联网时代的交互平台则注重用户体验而非产品，强调社群和共享，社群经济和共享经济也是物联网经济时代的特点，社群经济是以社群为中心组成的生态圈，共享经济就是生态圈中个体利益的最大化。

因此，平台型管控的物联网建设必须坚持连接是基础、平台是核心、应用是关键的原则，以社群经济和共享经济为目标，注重与用户的交互。

◇ 连接是基础：连接用户、连接行业、连接价值、连接生态；

◇ 平台是核心：跨平台、跨行业整合、能力共享；

◇ 应用是关键：立足物联网，拓展平台。

8.8 平台型组织管控体系设计示例

根据波士顿咨询公司和阿里研究院依据“实验带来的价值”和“实验成本”两个维度展开的对企业环境评估方法的分类，平台型组织分为实验型平台组织、混合型平台组织和孵化型平台组织三类，在前文中我们介绍了平台型管控的宏观设计，接下来分别介绍三种平台型组织管控体系的微观机制设计①。

8.8.1 实验型平台组织管控体系设计

以韩都衣舍为例，韩都衣舍初步建立起7个大平台，以支撑300个左右的前端小组运行，低成本快速试错，即韩都衣舍在前端有300个左右的产品小组，而在中后台则建立起7个支撑体系，见图8-14。在日常的运作中，产品小组将得到来自7个支撑体系的赋能。韩都衣舍一方面保持前端团队规模的小型化和灵活性，更好地匹配市场需求并进行创新；另一方面，也通过后台赋能平台去有效地保证每一条业务线的高效运转，为试错和规模化提供可能性。通过这样的组织形式，韩都衣舍能以较低成本实现快速试错，实现了年上新品超过

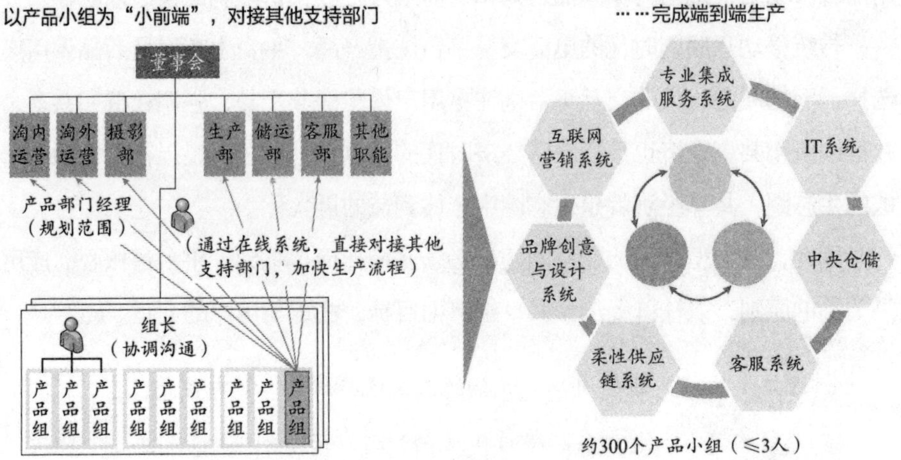
以产品小组为“小前端”，对接其他支持部门
……完成端到端生产
董事会
淘内运营
淘外运营
摄影部
生产部
储运部
客服部
其他职能
产品部门经理（规划范围）
（通过在线系统，直接对接其他支持部门，加快生产流程）
组长（协调沟通）
产品组
专业集成服务系统
IT系统
互联网营销系统
中央仓储
品牌创意与设计系统
客服系统
柔性供应链系统
约300个产品小组（≤3人）

图 8-14 韩都衣舍以“产品小组”为核心的运营模式

① 本部分内容参考波士顿咨询公司和阿里研究院的报告：《未来平台化组织研究报告平台化组织：组织变革前沿的“前言”》，2016.9.

30 000 款，最大程度满足用户对服装的快速多变的需求；在韩都衣舍之前，业界领先公司年上新品的最高纪录是 22 000 款。

根据之前的分析，实验型平台组织适合于实验能大幅提升价值且实验成本低的市场，是发展较为成熟和全面的平台型组织。在具体运行环节，实验型平台组织的运行需要各个环节、部门的相互配合以达到更佳的协作效果。其中，支撑实验型平台组织持续健康运行的六大关键微观管控机制分别是：授权与协调机制、风投型投资委员会机制、平台资源自由市场机制、P2P 直接沟通机制、人才管理机制以及生态治理机制。

8.8.1.1 创建授权与协调机制，赋予前端自主权利与独立性

◇ 领导层的主要目标是把握市场趋势和经济走向，根据当前形势和企业自身状况，不断设定有针对性的前景以及宏观的目标，并通过组织各环节、部门，清楚地传达至全公司，以更好地贯彻领导层的理念，从而推动企业价值、目标更好实现并把握整体方向。

◇ 中层管理人员的责任是为前端实验、创新提供必要的支持以及服务，并协助协调整体组织的正常运行，并作为前后端、上下级之间的过渡与辅助，在整体运行中十分关键，承担在平台化组织中帮助、指导并协调前端的任务。

◇ 为保证平稳运行，塑造合适的内部治理模式来清晰定义管理层和前端的关系，尤其是当前端被赋予了很大的自主权和独立性的时候。在实验型平台组织中，“财务赞助”的模型会更适用于内部治理。

如韩都衣舍产品小组对产品设计、产品生产和品牌运营等方面的事务都有决定权。管理层只是设定业务方向和宏大目标，而不会提出详细的行动要求。中层管理在不同前端团队间相互协调，保持内部的战略协同，见图 8-15。

8.8.1.2 构建风投型投资委员会机制，并由其将资源快速分配至小前端

风投型投资委员会机制的构建参照平台型管控体系设计的财务体系设计

部分（第 8.5 节）。韩都衣舍建立了一套内部体系来关注和跟进近 300 个前端产品团队，从而决定为哪些团队持续地提供资金支持。根据每个团队的销售数据进行排名，并且对排名高的团队进行资源倾斜。内部机制鼓励对前端进行优胜劣汰，并有效保证了对效益良好的前端进行资源支持，见图 8-16。

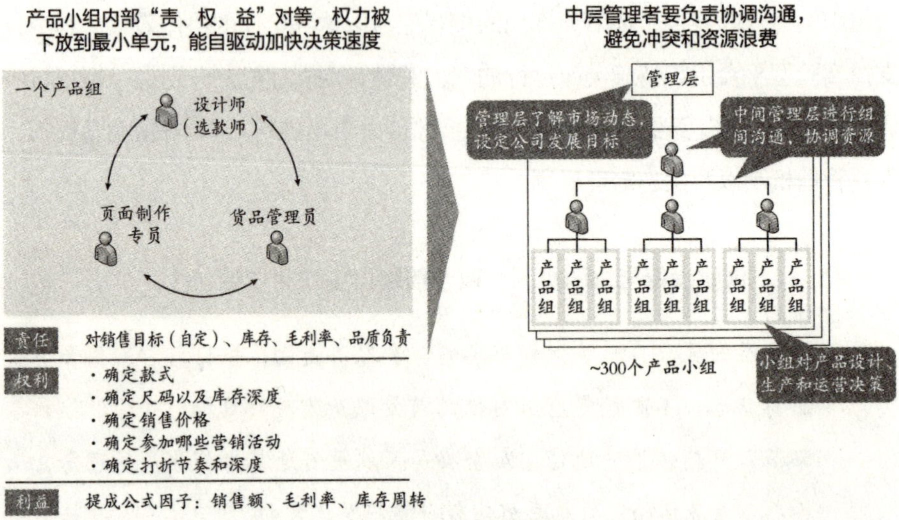
产品小组内部“责、权、益”对等，权力被下放到最小单元，能自驱动加快决策速度
一个产品组
设计师（选款师）
页面制作专员
货品管理员
责任 对销售目标（自定）、库存、毛利率、品质负责
权利
·确定款式
·确定尺码以及库存深度
·确定销售价格
·确定参加哪些营销活动
·确定打折节奏和深度
利益 提成公式因子：销售额、毛利率、库存周转
中层管理者要负责协调沟通，避免冲突和资源浪费
管理层
管理层了解市场动态，设定公司发展目标
中间管理层进行组间沟通，协调资源
产品组
~300个产品小组
小组对产品设计、生产和运营决策

图 8-15　韩都衣舍的产品小组全权负责产品的设计、产品的生产和品牌的运营

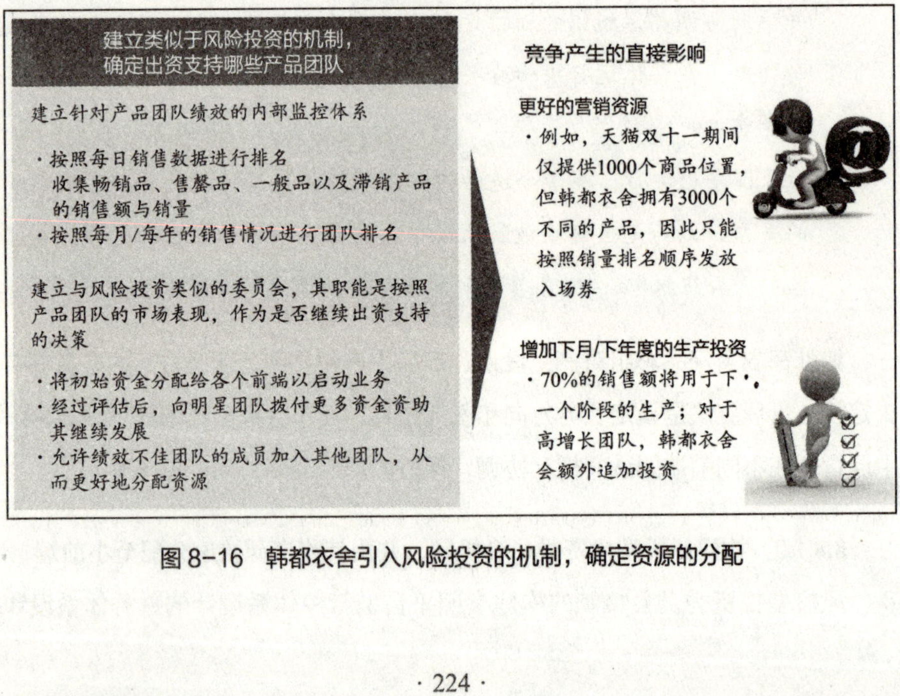
建立类似于风险投资的机制，确定出资支持哪些产品团队
建立针对产品团队绩效的内部监控体系
·按照每日销售数据进行排名
收集畅销品、售罄品、一般品以及滞销产品的销售额与销量
·按照每月/每年的销售情况进行团队排名
建立与风险投资类似的委员会，其职能是按照产品团队的市场表现，作为是否继续出资支持的决策
·将初始资金分配给各个前端以启动业务
·经过评估后，向明星团队拨付更多资金资助其继续发展
·允许绩效不佳团队的成员加入其他团队，从而更好地分配资源
竞争产生的直接影响
更好的营销资源
·例如，天猫双十一期间仅提供1000个商品位置，但韩都衣舍拥有3000个不同的产品，因此只能按照销量排名顺序发放入场券
增加下月/下年度的生产投资
·70%的销售额将用于下一个阶段的生产；对于高增长团队，韩都衣舍会额外追加投资

图 8-16　韩都衣舍引入风险投资的机制，确定资源的分配

8.8.1.3　构建模块化的平台资源自由市场机制，为前端对平台资源进行定价

市场机制的具体内容参照平台型管控体系设计的财务体系设计部分。另外，实验型的自由市场机制与混合型的相应机制有相似之处，参阅 8.8.2 节。

8.8.1.4　建立 P2P（person to person）直接沟通机制，确保前端寻找到合适的人员提供支持与协作

前端进行实验、创新需要不同部门的工作人员提供技术支持以及共同协作，以实现高效开发与成长。这要求组织内部有一定的共享资源并且能够通过利用云技术或者开放式 IT 架构以及社交网络技术来构建 P2P 沟通网络，从而实现前端支持需求与相关人员提供协作的快速匹配，建立高效的 P2P 直接沟通机制。

如韩都衣舍的产品小组直接对接组织内其他支持服务部门，构建 P2P 的沟通网络。通过线上系统，产品小组可以及时了解其他支持部门的工作负荷、工作评价及可供应的资源，选择相应的团队和资源，保证单品的顺畅运营。而由于产品小组与各部门之间直接交流，信息的不对称性就大大减弱，效率显著提升，见图 8-17。

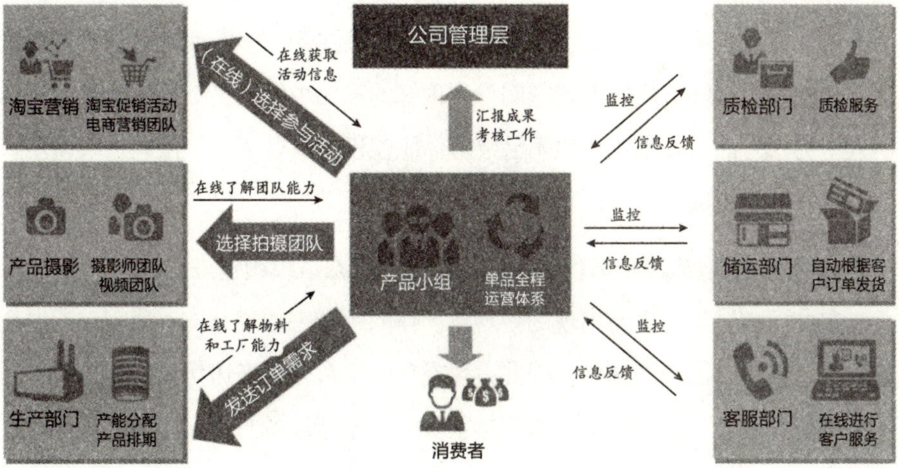
淘宝营销
淘宝促销活动
电商营销团队
在线获取
活动信息
（在线）选择参与活动
公司管理层
汇报成果
考核工作
监控
信息反馈
质检部门
质检服务
在线了解团队能力
选择拍摄团队
产品摄影
摄影师团队
视频团队
产品小组
单品全程
运营体系
监控
信息反馈
储运部门
自动根据客
户订单发货
在线了解物料
和工厂能力
发送订单需求
生产部门
产能分配
产品排期
消费者
监控
信息反馈
客服部门
在线进行
客户服务

图 8-17　韩都衣舍内部产品小组沟通各个部门的 P2P 沟通网络

8.8.1.5 完善人才管理机制，更好地吸引人才并为人才提供激励

人才的评价完全交由市场表现来评定，提高个体前端、个人的工作积极性，激发创新并提高效率。同时绩效与市场表现结合，更好地提升了前端、个人进行市场实验的效率，亦对人才自身形成激励并提供发展方向。

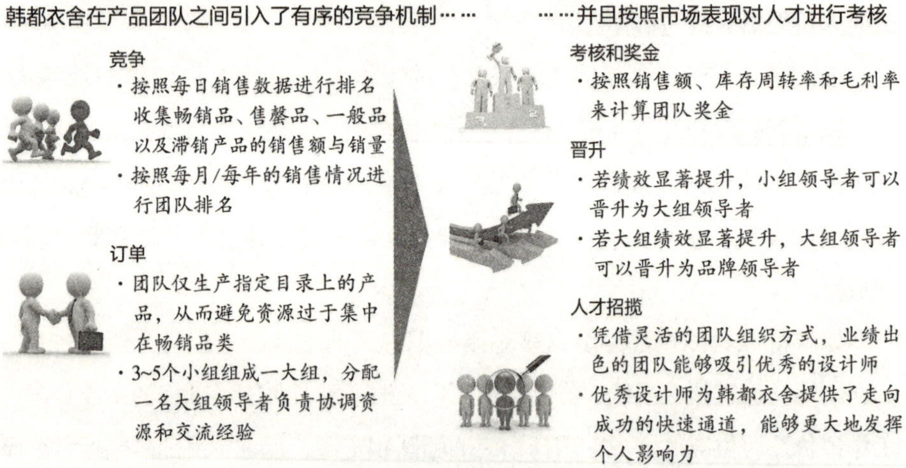
韩都衣舍在产品团队之间引入了有序的竞争机制……
竞争
·按照每日销售数据进行排名收集畅销品、售罄品、一般品以及滞销产品的销售额与销量
·按照每月/每年的销售情况进行团队排名
订单
·团队仅生产指定目录上的产品，从而避免资源过于集中在畅销品类
·3~5个小组组成一大组，分配一名大组领导者负责协调资源和交流经验
……并且按照市场表现对人才进行考核
考核和奖金
·按照销售额、库存周转率和毛利率来计算团队奖金
晋升
·若绩效显著提升，小组领导者可以晋升为大组领导者
·若大组绩效显著提升，大组领导者可以晋升为品牌领导者
人才招揽
·凭借灵活的团队组织方式，业绩出色的团队能够吸引优秀的设计师
·优秀设计师为韩都衣舍提供了走向成功的快速通道，能够更大地发挥个人影响力

图 8-18 韩都衣舍依照市场表现决定人才的考核、激励和招募

韩都衣舍按照前端的市场表现，开展人才考核、激励和招揽工作。对人员的奖金、晋升、招募等，都将直接与取得的业绩挂钩。一方面，韩都衣舍为优秀人才提供了足够宽广的发展空间，表现好的产品小组成员，能成为品牌的掌门人；另一方面，韩都衣舍也不会给具体职位设置就业年限等限制，取得足够优秀业绩的小组成员，就能获得机会。

8.8.1.6 采取治理举措以确保内部运作和生态系统顺畅进行

在全面尝试下，平台出现的新现象、新问题越来越复杂，不能简单通过企业单独承担平台治理的工作。因此，生态化、平台化的多边协同治理，对平台化组织和大型（互联网）平台越来越重要。需要通过多方的共同协作才能实现真正的平台治理，平台需要与利益相关者一道，共同探索建立全新的治理体系。

8.8.2　混合型平台组织管控体系设计

混合型平台组织适合实验能大幅提升价值且实验成本高的市场，其前端仅有部分自主权，内部采取自下而上与自上而下相结合的组织形式。因此，领导层需要对前端进行约束，以控制实验成本。混合型平台组织还需领导层加大对资源配置的管控力度。为支持混合型平台组织，需设立四大关键机制，即分配与审批机制、自由市场机制、P2P 直接沟通机制及人才管理机制。

8.8.2.1　为实现部分自主权，需要建立分配与审批机制

前端不是只受到领导层的直接调控，而是可以一定程度上自由地发现新业务或者新思路，并向领导层申请项目开展。领导层通过对不同项目的比较以及对全局的把控，对新项目进行审批，并在各个新项目中进行资源的分配，控制各个项目的进展，具体操作如下：

◇ 前端负责提出想法和战略计划，但仍需领导层批准通过才能执行，前端拥有自主权，但仍要受到领导层的管理与约束。自下而上看，前端通过对某个领域的观察寻找可能的创新点，并通过有限的试验完成可行性分析呈报给管理层，自上而下看，管理层通过各个项目的横向比较审阅批准项目计划；

◇ 领导层还需根据不同前端的提议来分配相应的资源。企业的资源是有限的，必须在自下而上的项目中做出选择。管理层的决策更加具有宏观性，他们不局限于一个项目可能带来的利益，而是会关注各个项目之间的联系，各个项目与企业宏观发展战略的联系。基于这种分析，管理层在各个前端提出的项目中进行资源分配，完成宏观调控；

◇ 在混合型下，自上而下和自下而上结合，使得管理带有复杂性，因此，内部治理模式尤为重要。内部运作应把两个方向的机制相结合，保证上下沟通和顺畅。在混合型模式下应该采取战略引导的内部治理形式，领导层在财务、战略层面进行管控，保持各项前端间的协同；同时，领导层不会参与到业务中，对前端的职责和具体资源使用不加以干涉。

8.8.2.2 混合型还需要构建资源内部定价的市场

混合型平台组织需要通过内部资源的定价，来有效控制业务的资源成本，从而保证业务开展过程中，不产生资源的浪费。混合型组织中，内部资源不仅需要模块化，更要实现内部计价。内部计价使资源的投入产出效率可以有效计算，这在实验成本高的市场环境中非常重要。

此外，混合型还需要类似于实验型组织的 P2P 直接沟通机制和人才管理机制，见 8.8.1.4 和 8.8.1.5。

8.8.3 孵化型平台组织管控体系设计

孵化型平台组织适合实验能带来部分增量价值且实验成本低的市场。孵化型针对创新型业务，利用赋能平台来孵化新业务，这种创新模式需要四个关键机制支持，分别为：独立核算机制、协调机制、风投型投资委员会机制及人才管理机制。其中，风投型投资委员会机制及人才管理机制与实验型平台化组织相似。

8.8.3.1 建立独立核算机制，孵化新业务

◇ 创新小团队小而灵活，借助平台获取前期发展的基本资源，实现业务开展和规模扩大。这一过程中团队独立运作，实行独立核算机制；

◇ 一方面，组织内部使用的平台资源需要计价，从而能清晰计算组织投入的成本；另一方面，提供平台资源 / 服务的团队，其劳动价值得以被评估。内部资源平台市场化核算交换价值，使得内部平台团队的运作也以良好的市场成果为目标，这最大程度有利于孵化新业务。

8.8.3.2 平台在小前端与组织之间建立协调机制

根据小前端的孵化状况，调整平台能力的供给。平台一方面在小前端孵化的不同阶段，提供相应的支持；另一方面，小前端会对平台部门提供的资源 / 支持进行评价，从而协同平台与各前端的关系。如钉钉在阿里巴巴集团内部的快速崛起就是例子。

第九章 战略赋能型管控案例

9.1 华润集团简介①

华润集团成立于1938年，前身为联合行。“华润”蕴含“中华大地，雨露滋润”之意。1948年，联合行改组扩大，更名为“华润公司”，1983年，改组为华润（集团）有限公司。

在高度竞争的市场环境下，华润集团围绕零售、电力、金融、水泥、医药集团等开展主营业务，涉及大消费（零售、啤酒、食品、饮料）、电力、地产、水泥、燃气、大健康（医药、医疗）、金融等领域。集团下设7大战略业务单元、18家一级利润中心，实体企业近2000家，在职员工44万人；华润在香港拥有5家上市公司，旗下“蓝筹三杰”，华润创业（HK291）、华润电力（HK836）、华润置地（HK1109）位列香港恒生指数成份股。华润燃气、华润水泥位列香港恒生综合指数成份股和香港恒生中资企业指数成份股。华润集团是全球500强企业之一，在2018年《财富》杂志公布的全球500强排名中，位列86位。自2005年起连续获得国资委A级央企称号，一批企业已经发展为行业领先者。其中，华润万家是中国经营规模最大的零售超市集团；华润雪花啤酒是中国最大的啤酒生产及分销集团；华润电力是中国业绩增长最快、运营成本最低、经营效率最好的独立发电企业；华润置地是中国内地具有实力的综合地产开发商之一（如图9-1所示）。

① 华润集团．华润简介[EB/OL].http://www.crc.com.hk/about/overview/Introduc- tion/,2018-11-15

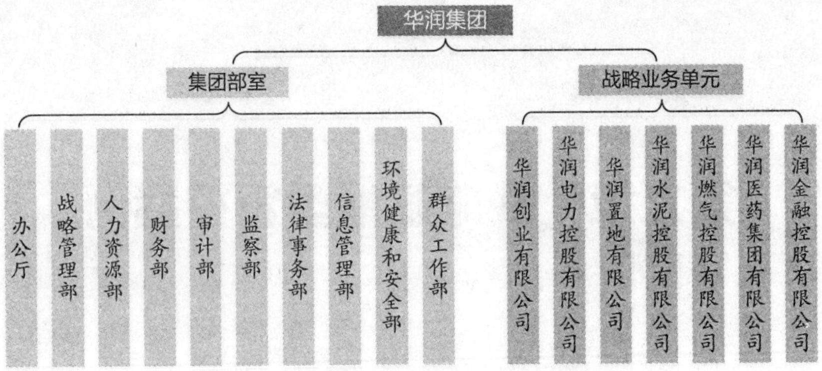
华润集团
集团部室
战略业务单元
办公厅
战略管理部
人力资源部
财务部
审计部
监察部
法律事务部
信息管理部
环境健康和安全部
群众工作部
华润创业有限公司
华润电力控股有限公司
华润置地有限公司
华润水泥控股有限公司
华润燃气控股有限公司
华润医药集团有限公司
华润金融控股有限公司

图 9-1　华润集团部室和战略业务单元

华润集团的多元化道路从香港开始，先后涉足零售、地产、食品等诸多业务。由于香港市场有限，故进入内地市场。华润提出“产业整合”战略，选择市场集中程度较差、缺少行业领导者、没有市场标准的产业进行并购，凭借资本优势，谋取高于行业平均利润率的回报，影响行业发展方向。

9.2　利润中心经营模式

华润集团实施的是“以扁平化管理原则为基础”的利润中心管控模式，见图 9-2 所示。华润集团是典型的多元化经营集团公司，通过“集团多元化、利润中心专业化”的经营模式解决多元化和专业化的矛盾，推动整体改革，使华润这个国有控股企业从体制、管理水平和竞争力等方面都成为国际优秀企业。

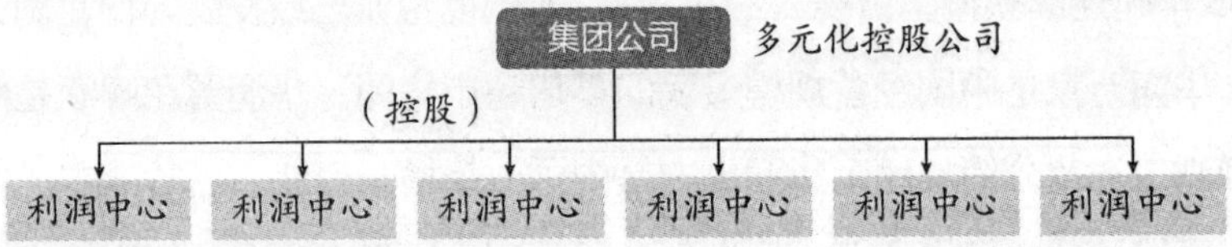
集团公司
多元化控股公司
（控股）
利润中心
利润中心
利润中心
利润中心
利润中心
利润中心

图 9-2　华润“集团多元化、利润中心专业化”经营模式图

华润集团的 7 大战略业务单元，见图 9-3。

消费品
Consumer Goods
电力
Power
地产
Real Estate
水泥
Cement
燃气
Gas
医药
Pharmaceuticals
金融
Financial Services

图 9-3　华润 7 大战略业务单元

按照责任中心的思路，华润的利润中心管理模式见图 9-4。在这种模式下，有利于实现“强化管理，淡化股权关系”，而总部的功能主要有战略制定、人事任免、资金安排、评价预算、总体协同与企业形象等。

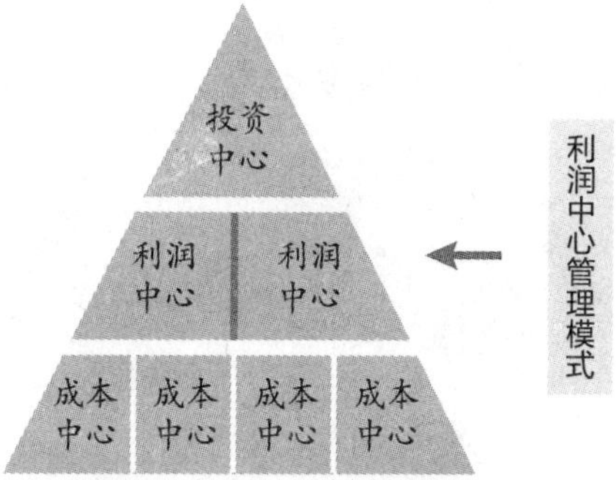
投资
中心
利润
中心
利润
中心
成本
中心
成本
中心
成本
中心
成本
中心
利润中心管理模式

图 9-4　华润利润中心管控模式

集团战略与利润中心战略之间的关系是：

◇ 集团战略统领全局；

◇ 面对顾客、市场竞争者的战略在利润中心；

◇ 集团使命、战略目标是通过利润中心的成功经营来实现的；

◇ 集团通过资源分配和提供管理支持协助利润中心战略目标的实现。

9.3　5C 价值型财务管控体系

华润建立的利润中心管理模式，最终服务于企业价值的增加。华润提出 5C 体系，是以资本、资金、资产管理为主线，以资本结构（capital structure）、现金创造（cash generation）、现金管理（cash management）、资金筹集（capital raising）和资产配置（capital allocation）为核心的价值型财务管理体系。5C 体系内在的逻辑循环是：公司在价值创造过程中，首先考虑资本来源、资本成本和结构比例，设定公司资本结构；通过经营活动将资本转化为有竞争力的产品或服务，实现现金创造，获得持续增长所需的内部资金；通过付息、派息、现金周转与资金集中等进行现金管理；通过与资产结构相适配的资金筹集安排，获得持续增长所需外部资金来源，并通过资产配置活动动态调整资产组合以实现公司价值持续增长，从而形成价值创造的完整循环，如图 9-5 所示。

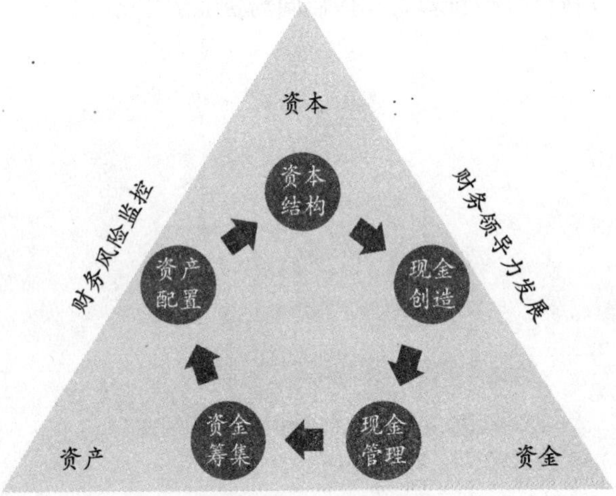
资本
财务风险监控
财务领导力发展
资本结构
现金创造
现金管理
资金筹集
资产配置
资产
资金
财务基础（会计与税务）

图 9-5　华润 5C 价值型财务管理体系

9.4　6S 管控体系产生背景及发展阶段

9.4.1　产生背景

多元化扩张造成华润集团旗下业务地域分布广、产业跨度大、业务关联度低、母公司管控复杂化的困难局面，华润集团扩张过快的问题也逐渐凸显：

◇ 缺乏合理有效的母公司管控模式。多元化扩张需要战略的统筹和规划，但华润集团最初的管控模式以财务管控为主，与多元化业务经营需求冲突。

◇ 母公司功能虚化。华润集团在多元化发展过程中，子公司数目迅速增多，业务庞杂、交叉经营严重，机构层次重叠，组织结构庞杂。集团母公司对子公司的管控缺乏统一的体系和制度平台，集团母公司对实业和贸易的未来发展无明确的战略方向和规划，管控不力，同类业务分散经营。

◇ 财务管控问题突出。出现资金分散、子公司财务信息失真、投资管理和资产管理无序、多头担保失控等问题。

为解决这些问题，华润集团尝试进行了管控体系的改革，提高管控水平，确保继续发展壮大。华润集团 6S[①] 管控体系于 2000 年正式实施。在经历了战略化和信息化等创新后，逐步升级为包含战略、财务、人力资源等内容的综合管控工具。

9.4.2　发展阶段

华润的 6S 管控体系的完善和发展经历了三个发展阶段：

第一阶段：全面预算管控的系统化和制度化阶段

1999 年，华润集团提出 6S 的制度化构想。这一构想的整体框架是在专业化基础上，将集团及下属单位按照业务的多元化进行区分，分为业务相对统一的利润中心。每个利润中心再划分为更小的利润点，并逐一编码，使管控排列清晰，进一步推行预算管控，编制管理报表，进行相应的审计和评价考核。这是 6S 管控体系的雏形，即业务分类编码制度、预算管控制度、综合信息管控制度、审计监督制度、业绩评价制度、经理人考核制度。

这一阶段的 6S 管控体系以预算为导向，本质上是全面预算管理的系统化和制度化，缺点是缺少战略协同。

第二阶段：引入管控工具平衡计分卡

从 2003 年开始，华润开始引入与战略管理密切结合的管理工具——平衡计分卡来弥补 6S 体系战略协同的不足。经过几年时间的摸索、运行，华润的

① 世纪纵横管理咨询公司．集团公司管控专刊．

6S管理体系经历了战略化和信息化等创新和改造，逐步提升为包含战略、财务、人力资源等内容的综合管理工具。在集团推进利润中心战略执行力的背景下，6S将战略管控作为主线加入，贯穿整个6S管控体系。华润6S管理委员会将6S中的第一个“S”——利润中心编码体系转变成利润中心战略体系，由此把对一级利润中心的战略管理提到了新的高度。

与第一阶段相比，这一阶段主要有两大变化：一是以业务战略体系替代编码体系；二是完善业绩评价体系，引入平衡计分卡。这个阶段，6S管控体系包括业务战略体系、全面预算体系、管理报告体系、内部审计体系、业绩评价体系、经理人考评体系。6S管控体系的定位从预算管理和运营控制系统提升到战略管控系统，实现了6S的变革性跨越。

第三阶段：6S管控体系创新阶段

第三阶段是6S管控体系的创新阶段，推动6S管控体系在集团层面基本实现信息化。一个集成6S管控体系、战略管控模型和信息系统平台的6S信息化管理工程为6S管控体系的进一步落实和推进提供了强大的技术支持和广阔的应用空间。随着信息技术的发展，信息化成为集团战略实施的一个重要推动因素，信息化覆盖的数据库、信息系统、网络和技术基础设施成为集团重要的无形资产。

这一阶段的主要变化是将业务战略和全面预算两个体系作了修正和完善，形成了战略规划体系、商业计划体系，更强调了从集团到各级利润中心的战略协同和规划，以及具体的商业计划。

9.5 6S管控体系

华润6S[①] 管控体系的目的是使华润的管控模式与集团股权复杂和业务繁多等具体情况相适应。6S管控体系从传统的管理法人企业转变为管控主要业务与资产，由分别多元化管控，转变为各自专业化管控，最终通过行业整合，推进集团和利润中心发展战略的实施。

① 华润集团．管理之道 [EB/OL].http://www.crc.com.hk/about/practice/,2018-11-15.

华润建立 6S 管控体系在具体实施时，将华润的多元化业务和资产划分为战略业务单元，并将其作为利润中心进行专业化管控，由此推动利润中心业务战略的构建、落实、监控和执行。

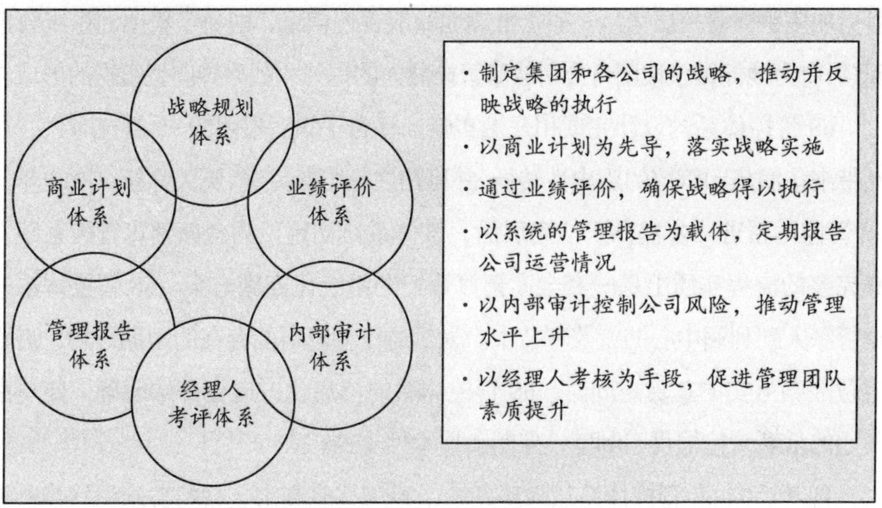
战略规划
体系
商业计划
体系
业绩评价
体系
管理报告
体系
内部审计
体系
经理人
考评体系
·制定集团和各公司的战略，推动并反映战略的执行
·以商业计划为先导，落实战略实施
·通过业绩评价，确保战略得以执行
·以系统的管理报告为载体，定期报告公司运营情况
·以内部审计控制公司风险，推动管理水平上升
·以经理人考核为手段，促进管理团队素质提升

图 9-6　华润集团 6S 管控体系

6S 是战略规划体系（profit centre business strategy system）、业绩评价体系（profit centre performance measurement system）、内部审计体系（profit centre internal audit system）、经理人考评体系（profit centre manager evaluation system）、管理报告体系（profit centre management reporting system）和商业计划体系（profit centre business plan system）这 6 个体系的简称，是华润集团从自身特点出发探索的多元化控股企业管控模式，是华润的核心管控体系。

6S 体系本质上是一种思维方式，是经理人和团队对业务战略和商业过程的一种思维方式，即打破和淡化法人结构，按业务和相关资产确立和划分业务单元。6S 管控体系既是一个行业分类组合体系，也是一个全面预算管控体系；既是一个综合信息管控体系，也是一个业务监测体系，同时还是一个评价与考核体系。它建立在战略管理理论的基础上，以战略业务单元为出发点，以商业计划和全面预算为切入点，以管控信息为关注点，以内部审计为支持点，以评价考核为落脚点。

6S 管控体系是将集团内部多元化的业务及资产划分为责任单位并作为利润中心进行专业化管控的一种体系，其组织领导及监督实施机构是集团董事会下设的 6S 委员会。6S 使华润集团多元化管控模式更科学有序，整体管控架构变得更加扁平。管控层可以及时、准确地获取管控信息，解决了集团的系统管控问题，有力地促进了集团母公司战略管控能力的提升和战略导向型组织的形成。

6S 管控体系的设计完成和开始实施，开启了华润集团的 6S 管控时代，从而带来华润集团管控的历史性转折，并且在之后不断完善、历久弥新。2013 年，6S 管控体系进一步提高到战略层面，该体系最初定位为全面预算管控系统，其完整的流程实质上是一套全面预算管控的系统化实施方案。6S 管控体系的推行深入到利润中心的管控环节中。为了避免预算可能存在的短期行为，需要定位战略落实的工具。同时，6S 管控体系的信息化方向也开始明确，使华润集团的战略管控提供了制度性保障和技术性支持。

创新后的 6S 管控体系从战略开始，涵盖战略制定、战略实施和战略落地等整个战略管控过程。

6S 管控体系以专业化管控为基本出发点，突破财务会计上的股权架构，把集团及下属单位分为多个利润中心。每个利润中心按照规定格式和内容编制管控报告，并汇总成为集团总体管控报告。在利润中心推行商业计划体系，将经营目标层层分解，落实到每个责任人每个月的经营活动上；根据不同利润中心的业务性质和经营现状，建立切实可行的业务评价体系，按评价结果确定奖惩；对利润中心经营及商业计划执行情况进行审计，确保信息真实性；最后对利润中心负责人每年进行一次考核，并兑现奖惩，逐步建立起科学的经理人选拔程序，形成良性循环。

另一方面，华润集团的战略型管控细化到关键成功因素，再进一步追溯到关键业绩驱动力。因此，驱动关键业绩的评价指标紧扣战略导向，业绩评价结果则检讨战略执行，决定整个战略业务单元的奖惩，并通过奖惩推动战略执行力，从而使 6S 管控体系成为真正的战略管控系统。

9.5.1　战略规划体系

华润集团战略规划体系以多元化控股下的专业化管控为基本框架，突破股权与财务架构，在该集团专业化分工的基础上，将集团及下属公司按战略管控的原则划分为战略业务单元（SBU），各利润中心任何一项业务经营的好坏都能按战略进行检讨。每个 SBU 必须是可制定战略、可执行战略的单位。只有更加专业化，符合集团总体战略要求的业务单元，才可能进入 SBU 序列。设立 SBU 是利润中心进一步专业化发展的需要，也是落实集团总体战略的重要基础。

作为战略构建工具，6S 战略规划体系如图 9-7 所示。

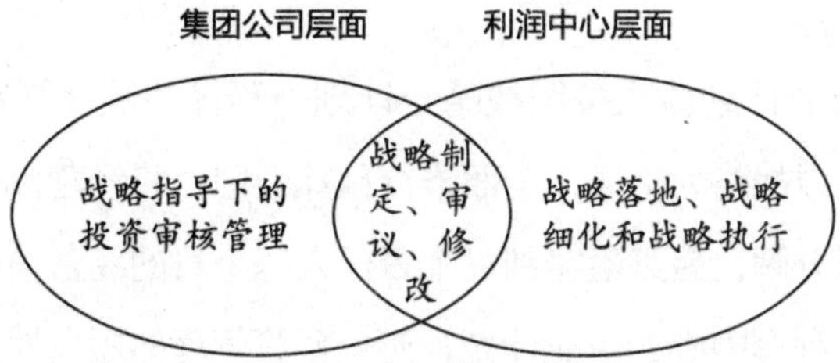
集团公司层面
利润中心层面
战略指导下的投资审核管理
战略制定、审议、修改
战略落地、战略细化和战略执行

图 9-7　战略规划体系

战略规划体系是整个 6S 管控体系的核心，6S 是从战略开始的，而且涵盖战略制定、战略实施和战略检讨等整个战略管控过程，战略指导下的 6S 管控体系见图 9-8。

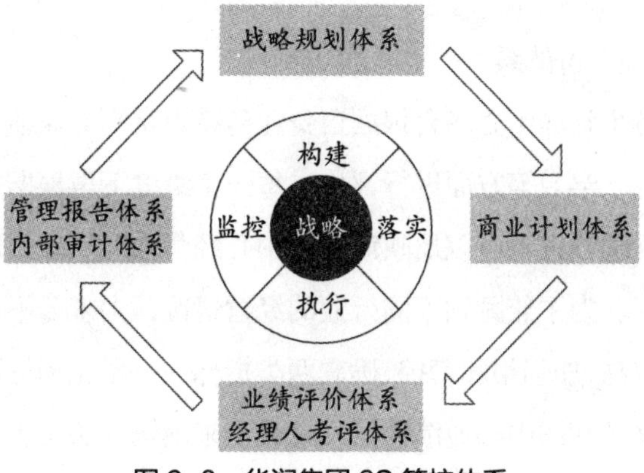
战略规划体系
商业计划体系
业绩评价体系
经理人考评体系
管理报告体系
内部审计体系
构建
落实
执行
监控
战略

图 9-8　华润集团 6S 管控体系

其中战略规划体系构建和确定战略，商业计划体系落实和分解战略，管理报告体系和内部审计体系分析和监控战略，业绩评价体系和经理人考评体系则引导和推进战略。

9.5.2 商业计划体系

商业计划体系从战略出发，对战略进行进一步分解，制定行动计划，根据行动计划制定财务预算，并按时进行战略检讨。商业计划需要对市场需求和行业变化进行详细分析，以实时调整竞争策略和相应的资源配置，要注重成本、效益和风险。

华润集团商业计划体系按照战略→计划→预算的顺序制定，在利润中心经营的基础上，以战略为指导，全面推行预算管理，将经营目标落实到每个利润中心，并层层分解，最终落实到每个责任人每个月的经营情况上。同时要求结合预算，制定利润中心的商业计划，避免预算管理的短期性。这样不仅使管理者对自身业务有较为长远和透彻的认识，还可以从商业计划的角度去发现问题，并及时加以解决。商业计划的方法由上而下、由下而上，不断反复和修正，最后汇总形成整个集团的商业计划报告。

华润集团利润中心商业计划体系的主要内容见表 9-1 所示。

9.5.3 业绩评价体系

华润集团各个利润中心均有根据自身业务特点定制的业绩评价体系，对财务、运营、顾客、学习等方面进行评价。每一个维度下再根据各个行业的不同情况进行细分，细分直至可以反映该利润中心经营业绩及集团母公司要求的许多关键业绩指标。为了兼顾到不同行业的经营情况，力求公平合理，促进各个行业业务改进提高，加强集团管控，确立两类指标——量化指标和非量化指标。集团母公司根据各利润中心业绩评价质量及未来前景，决定重点业务单元，同时根据业务发展方向统一决定资金使用和派息政策。

表 9-1　商业计划体系

利润中心名称及编码： （× 年 × 月） 一、商业计划简介 二、市场情况分析（由总经理分析） 1. 市场现状分析 2. 市场变化趋势分析 3. 客户变化趋势分析 4. 竞争对手分析 …… 三、商业计划框架 1. 基本内容 2. 预期效益 3. 可能会遇到的问题 …… 备注：所有计划细化到每个明细科目	四、人员安排计划 1. 内部运营管理方面 2. 外部市场拓展方面 3. 管理团队方面 …… 五、财务预算计划 1. 成本计划 2. 预期效益 …… 六、主要风险及问题 1. 主要风险 2. 主要问题 3. 解决办法 …… 备注：所有分析细化到每个明细科目

华润集团根据利润中心不同的行业性质和发展战略，建立战略导向的业绩评价体系，以业绩评价引导战略执行，按评价结果确定利润中心奖惩。评价体系适应利润中心的竞争战略，战略转化成了平衡计分卡的财务、顾客、内部运营和学习等四个维度的关键业绩指标，使考核评价成为战略执行工具。这样的业绩评价体系改变了以前比较偏重短期、财务性指标以及历史业绩的评价体系。

业绩评价体系总体框架如图 9-9 所示。

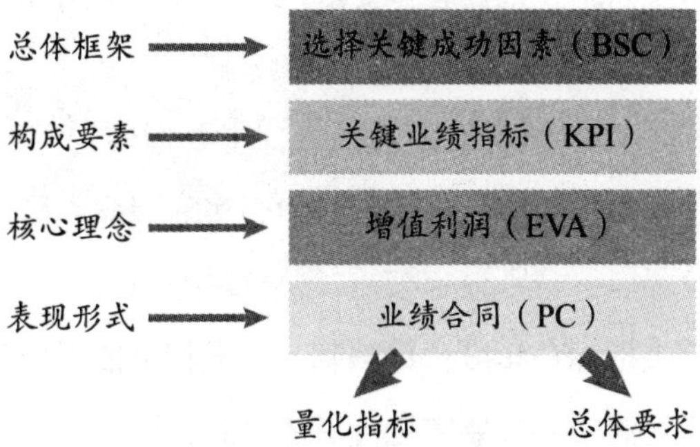
总体框架
选择关键成功因素（BSC）
构成要素
关键业绩指标（KPI）
核心理念
增值利润（EVA）
表现形式
业绩合同（PC）
量化指标
总体要求

图 9-9　业绩评价体系

业绩评价体系以平衡计分卡为总体框架，以关键业绩指标（KPI）为构成要素，以增值利润（EVA）为核心理念，以业绩合同（PC）为表现形式构建而成。该体系不仅包括财务和预算指标，还包括内部经营状况、管理层基本素质、基础管理水平、企业经营发展策略、长期发展能力和创新能力等方面的评价指标，这些非财务指标实际上涵盖了平衡计分卡的顾客、运营和学习成长能力三个方面的考核内容。同时，因为集团业务多元化，涉及行业较多，每一个行业都有各自不同的特色，且不同利润中心有不同的资本结构，因而华润集团业绩评级体系引入经济附加值（EVA）的概念，便于评价比较各个利润中心创造股东价值的大小，进一步发展了平衡计分卡。

华润集团业绩评价体系从四个方面着手：财务（EVA、ROE 等）、顾客（如何增加能给集团带来真正收益的顾客，提高顾客满意度和忠诚度）、学习（学习能力、产品创新能力等）和内部运营（内部管理和控制）。根据这四个方面的要求，确定具体要做的工作并制定详细计划，将行动方案转变为评价指标。该体系由一系列指标组成，分为量化指标和非量化指标两部分。

（1）量化指标

量化指标包含定量指标和可以量化的定性指标，具体由集团财务部负责，根据与利润中心协商的结果选择其中可以量化衡量的指标，分别设定权重，总权重为 80%。这里需要注意的是，为了增加可靠程度、减少评价成本，有些虽然重要但难以量化的指标暂不列入，而是纳入集团主管领导的总体要求中，如果确实有需要单独列出，则在总体要求之外一并由集团领导评价打分。

（2）非量化指标

非量化指标指不可以量化的定性指标，主要指作为第五个方面的总体要求，具体由集团主管领导负责，根据利润中心实际情况和量化指标不能涵盖的方面提出若干评议要点，分别设定权重，总权重为 20%。

业绩评价的有关指标在年度预算编制、汇报和审核工作完成以后，由集团母公司财务部与各利润中心按要求进行具体协商，逐一确定关键业绩指标及各自权重，计算出目标值。然后，首先经利润中心负责人同意，并由其上报该利润中心的集团主管领导认可，再由该利润中心负责人签字确认。同时，集团主管领导一并提出该利润中心的总体要求指标，逐一列出项目及指定权重，并签字确认。最后，两部分内容以财务、顾客、内部运营、学习成长和非量化指标等分五个方面列出，正式作为年度6S评价与考核的业绩合同。所有的业绩合同由集团公司6S管控委员会汇总管理，集团财务部、人事部作为执行部门分别留存。各个利润中心及集团主管领导留存各自相关的业绩合同，集团总经理、董事长据此对各个相关的利润中心集团主管领导进行年度评价与考核。

9.5.4 经理人考评体系

各个利润中心的战略责任和经营具体责任要落实到各级责任人身上，从而战略策划和战略执行的考核与经营管理目标的责任也同时落实到利润中心经理人身上。结合战略性的业绩评价结果，同时按设定的经理人标准对利润中心负责人进行年度考核，并与其薪酬与任免挂钩，以考核促进战略执行。

考核重点既包括对结果的考核也包括对过程的考核。利润中心经理人考评体系主要从业绩评价、管理素质、职业操守三方面进行考核，得出该利润中心经理人目前的经营业绩、工作表现、发展潜力、职位胜任力和工作建议等指标。不但要考核财务业绩，还要从激情、学习、团队、诚信、创新、成长环境等方面进行考核和选拔。

经理人考评体系的另一个重点是对资源有效利用程度的评价，其核心理念是增值利润。并根据考核结果，进一步决定对经理人的奖惩和委任政策。该体系是华润集团以及利润中心年度业绩评价、考核与奖惩的基本依据，对推动华润集团业务重组、形成和完善其战略管控体系发挥了重要作用。

表9-2是华润集团利润中心经理人年度定性考核评价表示例。

6S管控体系中的绩效评价涉及团队和经理人两个方面，其中，业绩评价体系完成对团队的考核，经理人考核体系完成对经理人的考核，构成了6S管控体系的双重核心，见图9-10。

表 9-2　华润集团 × 年利润中心经理人年度考核评价表

华润集团利润中心经理人 × 年度考核评价表

与被考核经理人的工作关系：□上级　□团队工作成员　□下级　□本人

考核日期：× 年 × 月 × 日　　考核标准：华润集团经理人标准

评价内容			得分	出色	较好	一般	较弱	很差
有形的方面	学历	研究倾向，探究事物规律	追根探源					
			理论指导					
	经历	从容面对困难和逆境，有足够的办法解决问题	处变不惊					
			成熟处理问题					
	智力	快速反应和善于争辩	快速应变					
			善用数字					
			巧妙谈判					
	表达	以明确、简洁、令人印象深刻的方式向个人和团队表达想法、感受和意见，通过措辞的调整吸引对方的注意力	明确传达信息					
			有效进行演讲					
			委婉表达不同意见					
	体质	承受工作压力和心智发展	承受环境压力					
			达观待人					
	环境	环境对工作动力有正面影响	喜欢工作					
			不断挑战自我					
无形的方面	激情	主动：及时行动已完成目标，行动超越既有要求，主动积极	积极推动					
			应对困难不退缩					
			独立行动					
			查阅要求					
		实现目标：为个人和团队制定富有挑战力的目标，努力实现和超越目标，并享受过程中的成就感	追求完美					
			享受成就感					
	学习	积极探索新的学习领域，定期创造并利用新的学习机会，在工作上使用新学到的知识和技巧，并通过实际应用来学习	设定学习需要					
			善于学习并应用					
			坚持反思总结					
			战略思维指导					

续表 9-2

评价内容				出色	较好	一般	较弱	很差
无形的方面	团队	团风发展	制定期望					
			明确分工					
			激励团队					
			提供支持					
		下放权责	适度放权					
			确立标准					
			提供协助					
		鼓舞人心	激励他人					
			树立信心					
			以身作则					
			包容下属					
	诚信	遵守社会道德、职业守则和企业规章，坚守行为规范要求和职业道德原则	诚实坦率					
			信守承诺					
			言行一致					
			维护公司利益					
	创新	在工作情境中找出新的解决方案，尝试新的、不同的方法来处理问题与机会	挑战典范					
			勇于冒险					
			广泛思考					
			持续变革					
	决断	在了解潜在的负面结果后仍果断采取行动，尝试取得效益或好处	把握机会					
			评估风险					
			果断行动					

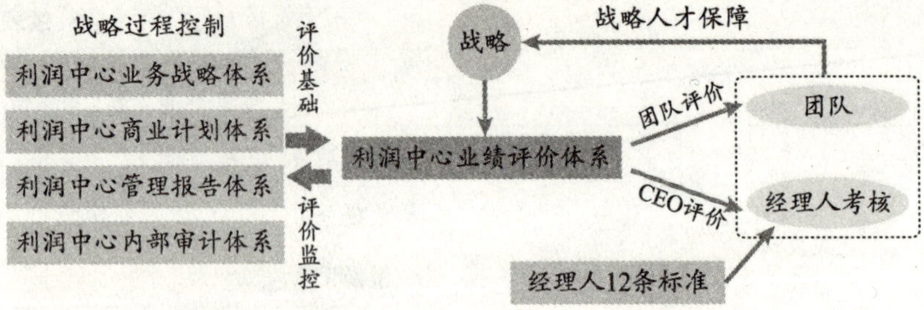
战略过程控制
利润中心业务战略体系
利润中心商业计划体系
利润中心管理报告体系
利润中心内部审计体系
评价基础
评价监控
战略
战略人才保障
利润中心业绩评价体系
团队评价
CEO评价
团队
经理人考核
经理人12条标准

图 9-10　6S 管控体系的双重核心——团队和经理人

9.5.5　管理报告体系

在利润中心商业计划体系的基础上，华润集团每个利润中心按规定格式和内容编制管理报告，格式和内容由集团母公司统一制定并不断完善。

在战略执行过程中，每个利润中心定期进行管理分析和编制管理报告，并汇总成为集团总体管理报告，作为战略执行情况和重大决策的依据。各利润中心报表按行业特点对市场竞争战略进行检讨，集团和利润中心同时监测战略目标与业务经营目标的执行过程和结果，最后通过汇总分析形成集团的管理报告，监测整体业绩结果。

华润集团管理报告体系中的表现形式有两种：在线形式和报告文本形式。在线形式偏重数字，具有可在互联网上同步互动的特点。它是集团开发的核心应用系统，利润中心录入的经营数据可以自动生成 6S 管理报表模板所要求的结果，集团的领导可以动态掌握下属利润中心的业绩指标变动情况，并就需要关注之处进行批示，而报告文本形式则偏重于定性分析。

华润集团财务部向集团领导每月提交管理报告，就集团上月整体经营情况进行分析，通过结合在线报告和文本报告，使管理报告体系成为集团管理层对利润中心进行决策的重要参考依据。

需要注意的是，报告中的报表并不是普通对外的财务会计报表，不一定包括一些非常复杂的、必须适应会计原则而进行调整的会计账目，而是一个相对清晰、直接、易理解的管理会计财务报表。

管理报告每月编制一次，包括每个利润中心的营业额、损益、资产负债、现金流量、成本费用、盈利能力、不良资产等情况，并且附有公司简评。各利润中心报表汇总完毕后按行业进行分析，最终形成集团的管理报告。

表 9-3 是利润中心业务状况报表示例。

表 9-3　华润集团某公司业务状况报告（× 年 × 月）

	本月						本年累计				
	本月实际	本月预算	变化（%）	上月实际	去年同月	变化（%）	本年累计实际	本年累计预算	变化（%）	去年累计实际	变化（%）
净销售收入											
销售成本											
明细科目											
小计											
毛利											
毛利率											
销售费用											
明细科目											
管理费用											
明细科目											
合计											
其他经营收入 / 支出											
经营利润											
非经营性收入 / 支出											
财务费用											
利息收入											
集团净利润											

华润集团利润中心管理报告的主要内容见表 9-4 所示。

表 9-4 利润中心管理报告主要内容

利润中心名称及编码： （× 年 × 月） 一、公司简评 1. 销售收入分析 2. 费用分析 3. 应收账款分析 4. 库存分析 二、市场情况分析（由总经理分析） 1. 市场变化趋势分析 2. 客户变化趋势分析 3. …… 备注：所有分析细化到每个明细科目	三、主要管理问题分析 1. 内部运营管理方面 2. 外部市场拓展方面 3. 管理团队方面 4. …… 四、主要风险及问题 1. 主要风险 2. 主要问题 3. 解决办法 4. …… 备注：所有分析细化到每个明细科目

9.5.6 内部审计体系

华润集团及利润中心通过内部审计来强化战略执行和全面预算的推行，从而支持战略管理决策和经营预算决策的有效性。通过审计保证管理报告的真实性，检查预算的完成水平和集团统一管理规章制度的执行情况，以此强化全面预算管理，提高管理信息系统的质量。

各个利润中心商业计划的完成度、管理报告的真实性以及整个集团统一管控规章制度的执行情况，需要通过审计进行再认定。内部审计体系是集团管控系统的再控制环节，集团公司通过审计强化其他体系的执行，提高管控信息系统的质量。内部审计体系的主要功能包括：

◇ 监测战略管控的细化及执行。按照 6S 管控要求，检查有关利润中心在集团宏观战略的框架下，细化到产品、地域、营销、人才等战略落地情况，并监测有关战略的执行情况及进度，促进整个集团的宏观战略落地，避免偏差；

◇ 维护 6S 管控体系的真实性。通过审阅、抽查、复算、分析等方法，对财务原始数据、6S 管理报告编制过程及相关资料进行检查，披露其中的问题和不合理之处，提出具有建设性的改进意见，维护 6S 管理报告数据的真实性和完整性；

◇ 促进集团战略及商业计划落地。从审计角度对执行过程进行检查审阅，避免有的利润中心尤其是基层利润点及新并购单位对集团战略及商业计划重视程度不够，执行力差等问题；

◇ 引导考评体系与理念落实到基层。审计首先通过审核向利润中心、利润点推行集团的考评理念，促使利润中心和利润点充分重视考评工作；其次通过检查经营成果、管理机制，揭示经营过程中出现的一些问题，并促使有关方面加以改进、完善，力求考评更加公平、公正、科学、合理。

9.6　职能定位及流程制度

9.6.1　职能定位

华润集团 6S 管控体系是典型的战略赋能型管控。该体系下，集团总部职能[1]定位为：战略管理、重要人事任免、财务与投资、预算和评价、内部资源协调配置以及统一企业文化。利润中心负责具体的业务规划和日常经营，如图 9-11 所示。

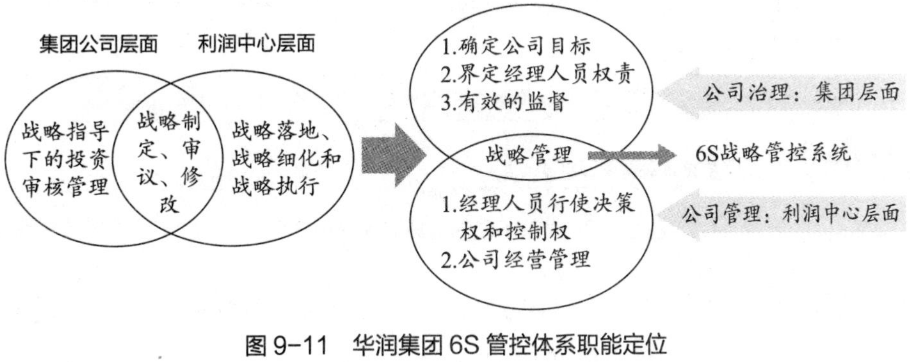
集团公司层面
利润中心层面
战略指导下的投资审核管理
战略制定、审议、修改
战略落地、战略细化和战略执行
1.确定公司目标
2.界定经理人员权责
3.有效的监督
战略管理
1.经理人员行使决策权和控制权
2.公司经营管理
公司治理：集团层面
6S战略管控系统
公司管理：利润中心层面

图 9-11　华润集团 6S 管控体系职能定位

① 世纪纵横管理咨询公司 . 集团公司管控专刊 .

9.6.2 流程制度

华润 6S 管理体系已经成为连接公司各管理系统的主系统。为了使集团管理体系顺利执行，华润集团根据自己经营运作的特点，将其细化为 6 项管理制度，如图 9-12 所示。

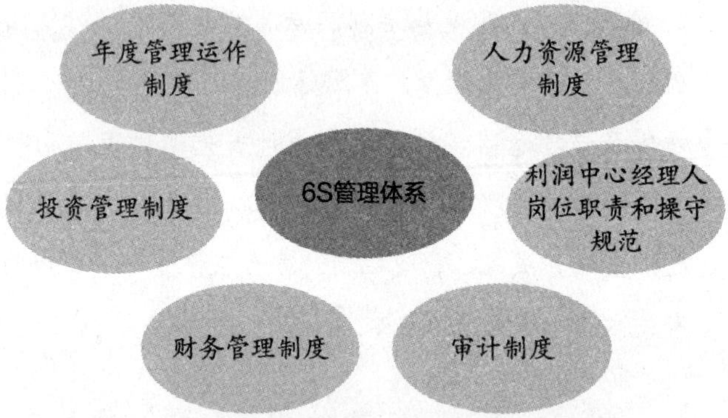
年度管理运作制度
人力资源管理制度
投资管理制度
6S管理体系
利润中心经理人岗位职责和操守规范
财务管理制度
审计制度

图 9-12 华润与 6S 管理体系配套的管理制度

同时梳理优化了主要的管理流程，形成了持续改进优化的运行机制，如图 9-13 所示。

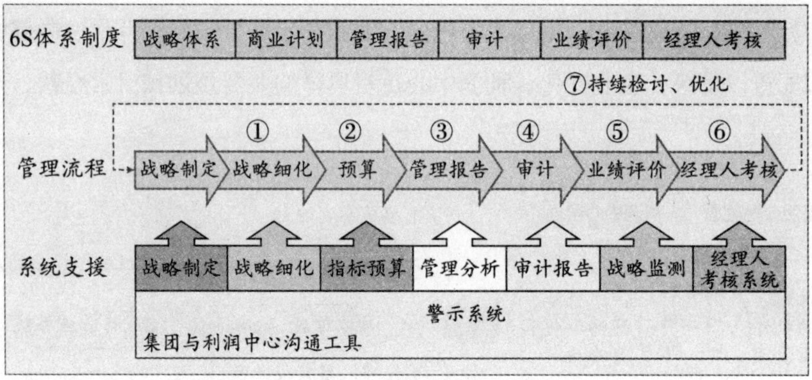
6S体系制度
战略体系
商业计划
管理报告
审计
业绩评价
经理人考核
⑦持续检讨、优化
管理流程
战略制定
①战略细化
②预算
③管理报告
④审计
⑤业绩评价
⑥经理人考核
系统支援
战略制定
战略细化
指标预算
管理分析
审计报告
战略监测
经理人考核系统
警示系统
集团与利润中心沟通工具

图 9-13 华润 6S 的循环流程与运行机制

华润集团采取“以扁平化管理原则为基础”的利润中心管理模式，解决了多元化和专业化的矛盾。通过明确的 6S 管控体系，以及配套的管理制度，形成了可以持续改进优化的运行机制。集团各管理层级拥有明确的职能定位及相应的责权利界定。

9.6.3　信息化

为确保6S管理体系的高效运行，华润集团建立了相应的信息化平台，以确保所有管理体系得以有效执行，如图9-14所示。

6S管控体系
战略管控模型
信息系统平台

图9-14　6S管控体系的信息化

6S是华润的核心管控系统，它涵盖战略管控的基本思想，其目的是使华润的管控模式与业务种类繁多和资产层次复杂等具体情况相适应，由管控法人企业转到管控主要业务与主要资产上来，由分别多元化管控，转到各自专业化管控上来，并通过集团多元化控股的整体架构推进利润中心的业务整合和战略管控，从而逐步培育核心竞争力，形成行业领导地位。

第十章　平台型管控和生态型管控案例

10.1　平台型管控——海尔集团

10.1.1　集团简介

海尔集团成立于 1984 年，是全球大型家电第一品牌，目前已从传统家电产品制造企业转型成为开放的创业平台。在物联网时代，海尔从传统制造企业转型为共创共赢的物联网社群生态，率先在全球创立物联网生态品牌，转变为成熟的平台型组织后，如今的海尔已率先开始向生态型组织转变。

海尔集团拥有海尔、卡萨帝、GEA、斐雪派克、AQUA、统帅等智能家电品牌；日日顺、海尔消费金融、COSMOPlat、顺逛等物联网服务品牌；海尔兄弟等文化创意品牌。物联网时代，海尔围绕“智家定制”（智慧家庭定制美好生活）的战略原点，构建食联生态、衣联生态、住居生态、互娱生态等物联网生态圈，满足全球用户不断迭代的个性化家居服务方案的需求。

在持续创业创新过程中，海尔坚持“人的价值第一”的发展主线，于 2005 年首创物联网时代的“人单合一”模式，颠覆西方传统经典管理模式，破解了互联网时代的管理难题，并以其时代性、普适性和社会性实现跨行业、跨文化的输出和复制。哈佛大学、斯坦福大学等世界一流商学院把“人单合一”模式探索和实践写入教学案例，如图 10-1 所示。

10.1.2　集团组织变革

海尔的组织变革经历了直线职能式结构、事业部结构、超事业部结构、倒三角组织结构、平台型组织结构和生态型组织结构六个阶段。现阶段海尔已经形成

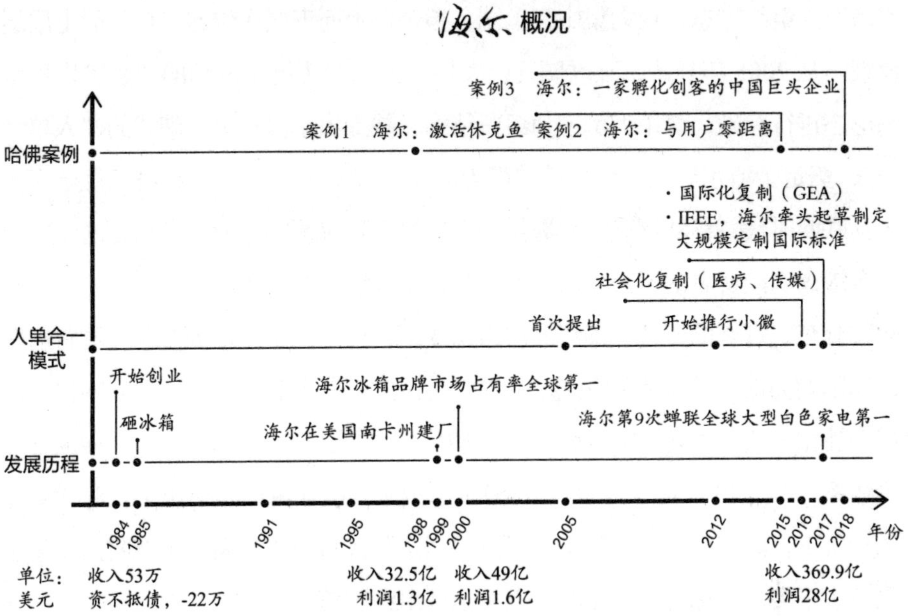
海尔概况
案例3　海尔：一家孵化创客的中国巨头企业
案例1　海尔：激活休克鱼
案例2　海尔：与用户零距离
哈佛案例
·国际化复制（GEA）
·IEEE，海尔牵头起草制定
大规模定制国际标准
社会化复制（医疗、传媒）
首次提出
开始推行小微
人单合一
模式
开始创业
海尔冰箱品牌市场占有率全球第一
砸冰箱
海尔在美国南卡州建厂
海尔第9次蝉联全球大型白色家电第一
发展历程
1984
1985
1991
1995
1998
1999
2000
2005
2012
2015
2016
2017
2018
年份
单位：
美元
收入53万
资不抵债，-22万
收入32.5亿
利润1.3亿
收入49亿
利润1.6亿
收入369.9亿
利润28亿

图 10-1　海尔概况

了较为成熟的平台型组织结构，并开始向生态型组织结构过渡，如图 10-2 所示。

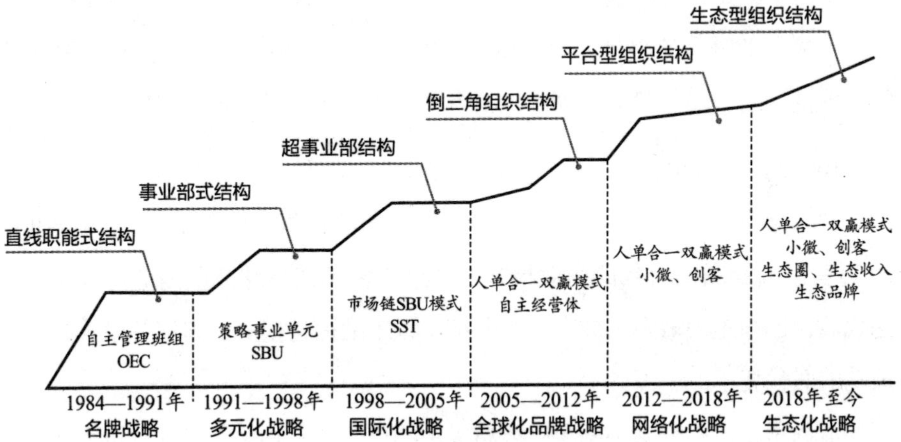
生态型组织结构
平台型组织结构
倒三角组织结构
超事业部结构
事业部式结构
直线职能式结构
自主管理班组
OEC
策略事业单元
SBU
市场链SBU模式
SST
人单合一双赢模式
自主经营体
人单合一双赢模式
小微、创客
人单合一双赢模式
小微、创客
生态圈、生态收入
生态品牌
1984—1991年
名牌战略
1991—1998年
多元化战略
1998—2005年
国际化战略
2005—2012年
全球化品牌战略
2012—2018年
网络化战略
2018年至今
生态化战略

图 10-2　海尔组织变革历程

注：前五个阶段来自海尔官网，生态型组织结构根据海尔集团总裁张瑞敏于 2018 年 9 月 20 日的讲话和海尔向生态型组织转型的实践中总结概括而来。

从图 10-2 上可以看出，在 2005 年以前的组织变革中，海尔属于典型的“金字塔”式组织形态，权力集中在上端，指令自上而下层次传递、自下而上层层反馈。从2005年开始，互联网开始发展，海尔对传统正三角的“金字塔”组织形态进行突破，变革为倒三角组织结构，并提出了具有里程碑式的“人单合一”，奠定了海尔后续组织变革的基础。2012年开始，社会、经济已经全面步入互联网时代，移动互联、大数据、云计算等不仅影响企业，更重要的是已经完全渗入到消费者的日常生活，海尔开始了围绕企业与用户间零距离、去中心化和分布式管理的变革，围绕此次组织变革，海尔提出了很多对业界具有启发性和影响力的理论与实践经验，例如“三化”（企业平台化、员工创客化、用户个性化）、“三类人”（平台主、小微主、小微成员）、“人单合一”“横纵轴评价体系”等。2018年9月20日，海尔总裁张瑞敏在讲话中指出：在时代变化的背景下，海尔引爆物联网主要通过“三生”体系（生态圈、生态收入、生态品牌）来实现。标志着海尔开始向生态型组织过渡。

鉴于海尔集团目前生态型组织还未完全成熟，因此，本节主要介绍海尔的平台型组织及平台型管控。

平台型组织是平台型管控赖以生存并发挥巨大作用的基础，外部优秀资源可以无障碍地进入该平台。以平台型组织为基础，依托“人单合一”、开放式创新平台、互联网+产业，海尔的平台型管控进入了基本成熟阶段。

10.1.2.1 “人单合一”

“人单合一”是海尔集团董事局主席、首席执行官张瑞敏于2005年9月20日首创的物联网时代的商业模式，经过十多年在全球范围内的持续探索、迭代后，逐渐走向成熟，成为了工业革命以来继福特模式、丰田等模式之后，成功的时代变革。

“人单合一”模式不同于一般意义上的竞争方式和组织方式，也不同于传统的业务模式和盈利模式，而是顺应“零距离”“去中心化”的时代特征，从企业、员工和用户三个维度进行集团战略、组织层次等领域颠覆性、系统性的持续动态变革。

"人单合一"[①]的字面释义：

◇"人"，指员工；

◇"单"，指用户价值；

◇"合一"，指员工的价值实现与所创造的用户价值合一。

"人单合一"的基本含义是，每个员工都应直接面对用户，创造用户价值，并在为用户创造价值中实现自己的价值。员工不是从属于岗位，而是因用户而存在，有"单"才有"人"。

在海尔集团的实践探索中，"人"的含义有了进一步的延伸：

◇ 首先，"人"是开放的，不局限于企业内部，任何人都可以凭借有竞争力的预案竞争上岗；

◇ 其次，员工也不再是被动执行者，而是拥有"三权"（现场决策权、用人权和分配权）的创业者和动态合伙人。

◇"单"的含义也进一步延伸：

◇ 首先，"单"是"抢"来的，而不是上级分配的；

◇ 其次，"单"是引领的，并动态优化的，而不是狭义的订单，更不是封闭固化的。

因此，人单合一是一个不断动态优化的过程，其特征可以概括为两句话，"竞单上岗、按单聚散"；"高单聚高人、高人树高单"。人单合一的"合一"通过"人—单—酬"闭环来实现，每个人的酬来自用户评价、用户付薪，而不是上级评价、企业付薪。传统的企业付薪是事后评价考核的结果，而用户付薪是事先计算，对赌分享的超利。

① 百度百科．人单合一 [EB/OL].https://baike.baidu.com/item/%E4%BA%BA%E5%8D%95%E5%90%88%E4%B8%80/5949845?fr=aladdin, 2018-09-26.

10.1.2.2 开放式创新平台

海尔开放创新的基本理念是“世界就是我们的研发中心”，其本质是吸引全球资源、用户、企业交互创新，持续不断产出，引领产品研发；建立全球资源和用户参与的创新生态系统，持续产出颠覆性科技产品，带来最佳的用户体验，实现生态圈内共创共赢。

为此，海尔建立了线上线下融合的开放式创新平台，如互联网 + 文化产业平台、金融控股平台、互联网 + 地产平台、投资孵化平台、白电转型平台等，形成自驱动的创新生态系统。依托全球的十大研发中心，以及根据用户需求随时并联的 N 个研发触点，海尔形成了“10+N”开放式创新体系，真正实现“用户需求、创新资源在哪里，研发就在哪里”。

在自主创新的同时，开放地连接全球资源，搭建开放式创新平台 HOPE，打通了用户与资源之间的壁垒，让用户、企业和资源都纳入到同一个交互生态圈上来。HOPE 平台汇聚了超过 10000 的跨领域专家、创新者的创新合伙人社群，可以通过社群内不同角色人群的有效协作，零距离交互，持续产出跨界及颠覆性创新成果。目前 HOPE 平台可触及的全球一流资源节点达 380 万家，平均每年产生创意超过 6000 个，年孵化项目 200 个以上，支撑着产品和技术的持续引领。

10.1.2.3 互联网 + 产业

海尔经过三十多年的发展，依托互联网和物联网技术，逐渐形成了自己多元的五大“互联网 +”产业，具体包括：

◇ 互联网 + 工业：对内构建互联工厂，用户个性化需求直达工厂，实现实时互联；对外构建 U+ 智慧生活开放平台，是原来海尔家电的升级，为用户提供互联网时代智慧生活解决方案，最终实现用户的全流程最佳交互、交易和交付体验；

◇ 互联网 + 商业：从传统的商业流通渠道转型为价值交互的双边平台，以物联网和物流服务为核心，构建互联网时代用户体验引领的开放性平台。包括海贸云商跨境电商、巨商汇、日日顺商城和海尔商城四大平台；

◇ 互联网＋金融：坚持“产业为基、共创共享”理念，将“产融结合”模式和“人单合一”思想融入产业，融通科技与风控，链接金融与产业，构建生态赋能、产融共创的万链新生态，推动现代农业、智能制造、绿色环保等产业生态链转型升级；

◇ 互联网＋住居：海尔地产，承接海尔集团智慧社区生活服务的物联网模式引领，以“社群生态，美好生活”为经营理念，以“产城创生态圈”模式为差异化发展战略，已从传统地产转型为物联网时代社群服务平台，致力于引爆引领一站式美好生活服务平台。海尔地产始终坚持以用户为中心，以用户需求为起点，以用户体验为目标，从用户反馈中挖掘新需求，从设计、施工到交付全流程与用户零距离交互，并将注意力投入到产品“品质”和用户对于智慧、健康等更高层次的需求上来，从而为用户打造高满意度产品，并最终为用户打造物联网模式引领下的智慧社区生活生态圈；

◇ 互联网＋文化：以海尔兄弟动漫形象为依托，搭建原创动漫平台，聚集并培育更多传递正能量的动漫形象，通过战略投资布局动漫衍生品开发、动漫影视制作发行等产业领域，推动中国原创动漫形象的产业化发展。

10.1.3 “人单合一”平台型管控设计

10.1.3.1　企业宗旨和价值体系

海尔管理哲学的核心是“企业即人、人即企业”。自 20 世纪 80 年代创业以来，张瑞敏在海尔的管理实践始终聚焦于激发员工的创造力、挖掘员工的潜力。海尔坚信人是企业唯一能够增值的资产，企业最重要的就是两类人：内部是员工，外部是用户。海尔模式创新的主线就是内部员工与外部用户的零距离，也就是“人单合一”。

海尔“人单合一”模式的价值主张，强调价值理性为先导，统一目的与手段，所以海尔主张人应该成为“自主人”，能够创造价值就意味着可以实现自己的价值。因此，海尔的企业理念从“股东第一”变为“员工第一”，股东只能分享利益，不能创造价值。员工第一，指员工和用户的价值合一，员工能够创造出用户价值，股东价值也就得以实现。

海尔“人单合一”模式形成了一个创造价值、传递价值协调一致的体系和机制。由于每一个人和用户连在一起，把传统的串联流程变成了并联流程，每一个并联节点在为用户创造价值的过程中实现自身的价值。这个协调一致的体系取消了全世界大多数企业都在用的 KPI 考核，创新了纵横匹配的两维点阵表（横轴是产品价值，刻度分为高增长、高市场占有率和高盈利；重要的是纵轴，刻度依次是体验迭代的引爆、社群共创共享的生态圈和生态收入）。海尔的“人单合一”模式有自己的核心价值观：

◇ 是非观——以用户为是，以自己为非；

◇ 发展观——创业精神和创新精神；

◇ 利益观——人单合一双赢。

10.1.3.2 薪酬体系

海尔抓住第三次工业革命的机遇，加快探索实践“人单合一双赢”模式，搭建“人人创客，引爆引领”的创业生态系统，不断推动员工、组织和企业实现转型。为保障员工、组织、企业三个转型的顺利开展，2015 年开始，海尔聚焦两大平台的建设——投资驱动平台和用户付薪平台：

◇ 投资驱动平台就是将企业从组织转变为生生不息的创业生态圈，为平台上的优秀创业者在不同创业阶段提供资金支持；

◇ 用户付薪平台是指创客的薪酬由用户决定，从企业付薪到用户付薪，促使创客和小微不断自我演进和迭代升级。

投资驱动平台和用户付薪平台是海尔平台型管控的驱动力量。海尔”人单合一”模式的薪酬，是用户付薪及创客所有制的自驱力。以GEA为例，海尔兼并GEA之后，通过该机制，将原来业绩最差的产品部门转变成小微，实现了兼并前亏损300万美元到兼并后盈利1248万美元的蜕变。导致这种由亏转盈的变化背后的原因是薪酬制度的变革，用户付薪充分调动了每一个人的积极性。

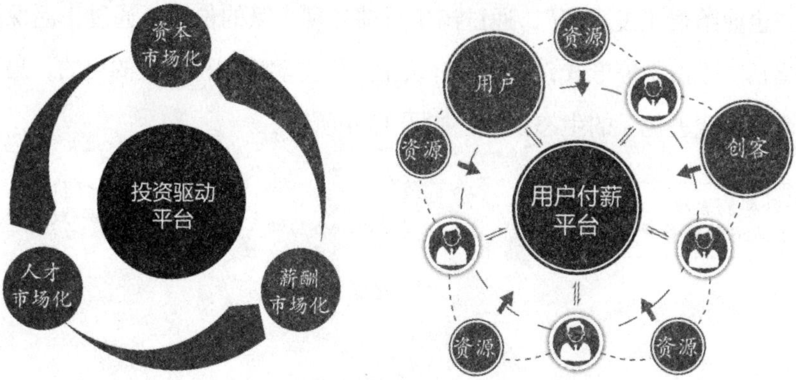
资本
市场化
投资驱动
平台
人才
市场化
薪酬
市场化
资源
用户
创客
资源
用户付薪
平台
资源
资源

图10-3　海尔聚焦两大平台

海尔的薪酬体系在管控体系中起到了激励和筛选的杠杆作用：一方面增强现有员工对“人单合一”模式的认同；另一方面吸引适合“人单合一”模式的员工，从而促成公司与员工的匹配，推动企业变革。对此，海尔推行了人单合一机制下的“超利分享酬”，激励员工先为客户创造价值，在扣除企业常规利润和市场费用后，就可与企业共享剩下的超额利润。海尔基于为用户创造的价值把薪酬基数分为五类，依次为分享、提成、达标、保本和亏损。员工的绩效达到提成或者分享水平就可参与对所创造价值的分享，即员工在向市场“挣工资”，而非等企业“发工资”。这种高度参与式的利润分享意味着客户价值的最大化就是员工收益的最大化，能够激发员工为客户创造价值的积极性，实现员工利益与企业利益的一致性。

此外，海尔还采用了“创客薪酬”推动“人单合一”的发展。在这一制度下，员工与公司先达成一致的目标，再落实到具体的年月日，根据达到的目标获取“四阶”薪酬，即创业阶段的生活费、分享阶段的拐点酬、跟投阶段的利润分享和风投配股阶段的股权红利。其中蕴含的激励层次也从“生存权利”“利益分享”上升到了“事业成就”。员工实质上是创业者，可以利用公司的平台和资源进行自主经营，初创时得到扶持，壮大时共享收益。

也就是说平台型管控下的薪酬体系需要赋予小微团队一定的人事决策自主权，各小微团队在一定程度上自主经营自负盈亏，“自己给自己挣工资”而不是“企业给员工发工资”，通过市场反馈体现小微的价值。通过生活保障、超额奖励、股份制等形式，达到提升员工工作主动性和积极性的目的，最终打造一个“自我进化”的生态组织，如图 10-4 所示。

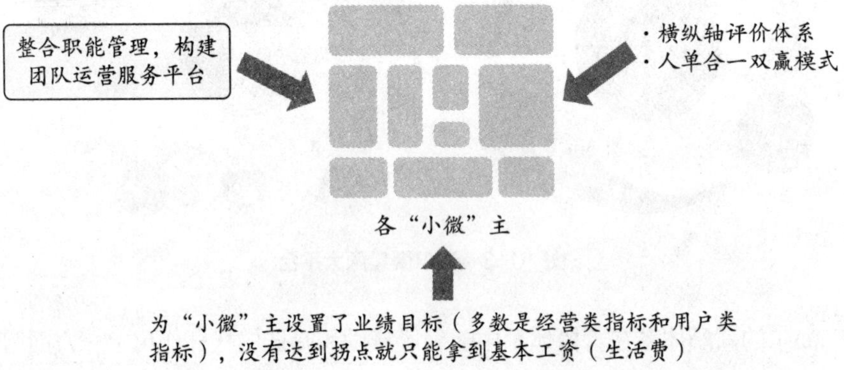
整合职能管理，构建团队运营服务平台
·横纵轴评价体系
·人单合一双赢模式
各“小微”主
为“小微”主设置了业绩目标（多数是经营类指标和用户类指标），没有达到拐点就只能拿到基本工资（生活费）

图 10-4 “小微”化基本思路

10.1.3.3 **战略设计**

海尔 1984 年创业到现在，经历了六个发展战略阶段：名牌战略、多元化战略、国际化战略、全球化品牌战略、网络化战略阶段和生态化战略阶段。海尔抓住时代的机遇，顺时而变，以变制变贯穿海尔发展历程的持续求变和创新中，海尔的宗旨始终是“人的价值第一”，重点关注“人”的价值实现，使员工在为用户创造价值的同时实现自身的价值,即永远抓住内部员工和外部客户。

目前，海尔集团已进入到从网络化战略到生态化战略的转变阶段，从传统制造家电产品的企业转型为面向全社会孵化创客的平台，致力于成为互联网企业，颠覆传统企业自成体系的封闭系统，而是变成网络互联中的节点，互联互通各种资源，打造共创共赢新平台，实现相关各方的共赢增值，见图 10-5。

为实现企业发展由“指令驱动”向“客户驱动”转变,海尔的战略举措包括：

打散原有组织结构，逐步消除中间层，划小经营单元，构建所谓的“小微”团队。企业由经营管理/决策者转变为资源支持者和投资者；员工由指令执行者转变为自主经营者、项目驱动者。贴近用户需求，小微团队主动直面客户，根据客户需求进行产品设计研发、销售、资源投入，公司给予资源支持，同时要满足公司整体战略发展要求；避免由公司统一面对客户导致决策过于集中、身系一人的经营风险。

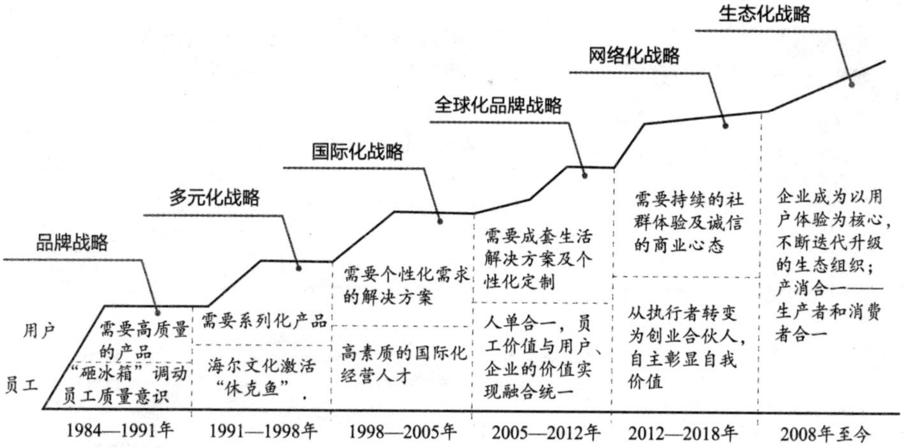
生态化战略
网络化战略
全球化品牌战略
国际化战略
多元化战略
品牌战略
用户
员工
需要高质量的产品
“砸冰箱”调动员工质量意识
需要系列化产品
海尔文化激活“休克鱼”
需要个性化需求的解决方案
高素质的国际化经营人才
需要成套生活解决方案及个性化定制
人单合一，员工价值与用户、企业的价值实现融合统一
需要持续的社群体验及诚信的商业心态
从执行者转变为创业合伙人，自主彰显自我价值
企业成为以用户体验为核心，不断迭代升级的生态组织；产消合一——生产者和消费者合一
1984—1991年
1991—1998年
1998—2005年
2005—2012年
2012—2018年
2008年至今

图 10-5　海尔集团战略发展阶段

注：前五个阶段来自海尔官网，生态化战略根据海尔集团总裁张瑞敏在 2018 年 9 月 20 日的讲话和海尔向生态型组织转型的实践中概括而来。

2016 年以后海尔的战略方向是以诚信为核心竞争力，以社群为基本单元，建立后电商时代的共创共赢新平台。海尔的战略重点将聚焦于“一薪一表一架构”，并将其融入到战略转型中，见图 10-6：

◇“一薪”即用户付薪，是互联网转型的驱动力；

◇“一表”为共赢增值表，目的是促进边际效益递增；

◇“一架构”是小微对赌契约，它可以引领目标的自演进。

“一薪一表一架构”相互关联，形成闭合链条，共同推进互联网转型。最终实现海尔集团的“共创”“共享”和“共治”：

◇共创：所有项目、为市场创造的产品和服务，均来自于个体从市场上发现的机会而非上级指令和要求；

◇共享：共享成果——“超利分享”，如市场利润是10%，超过10%以上的部分则用以分享，达到“一荣俱荣，一损俱损”的效果；

◇共治：工作中遇到问题，解决方案都由小微自组织来共同研究。

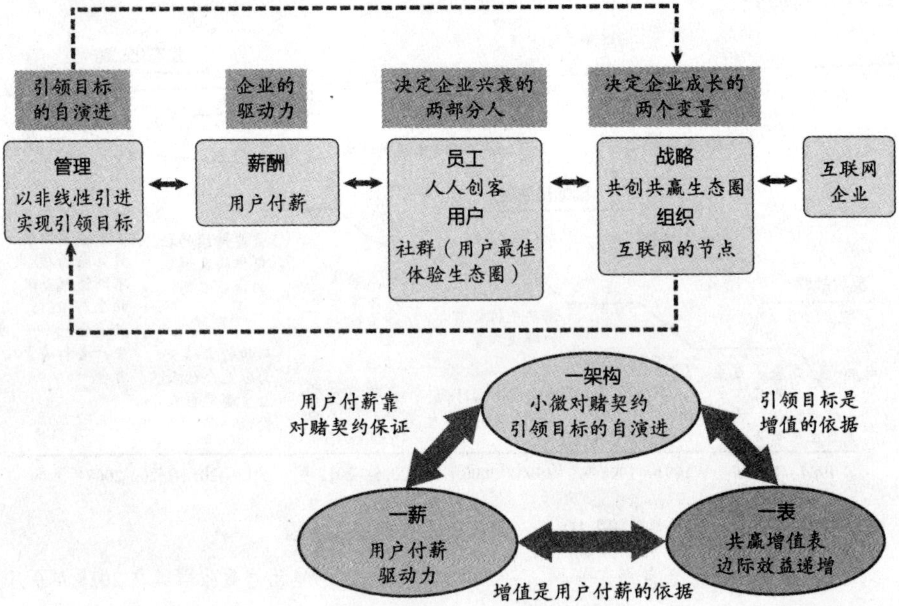
引领目标的自演进
企业的驱动力
决定企业兴衰的两部分人
决定企业成长的两个变量
管理
以非线性引进实现引领目标
薪酬
用户付薪
员工
人人创客
用户
社群（用户最佳体验生态圈）
战略
共创共赢生态圈
组织
互联网的节点
互联网企业
一架构
小微对赌契约
引领目标的自演进
用户付薪靠对赌契约保证
引领目标是增值的依据
一薪
用户付薪
驱动力
一表
共赢增值表
边际效益递增
增值是用户付薪的依据

图10-6　海尔的“一薪一表一架构”

10.1.3.4　组织层次设计

社会、经济已经全面步入互联网时代，移动互联、大数据、云计算等，在影响企业端的同时，已经完全渗入到消费者的日常生活。随着家电行业日趋饱和、竞争日趋激烈，如何迎合时代特征、站上“风口”、促进企业组织结构转型，几乎成为所有企业思考的焦点。在海尔的实践中，组织层次变革，主要基于以下三个方面展开：

◇企业和用户之间实现零距离：从原来企业大规模制造变成根据用户个性化需求的小规模定制，改变生产线；

◇ 去中心化：互联网时代每个人都是中心，也就是没有中心和领导，因此，需要变传统的科层制为平台型组织；

◇ 分布式管理：企业可以利用全球资源。

传统企业的组织结构是执行上级命令的线性组织即科层制组织。海尔“人单合一”模式的组织结构是创造用户个性化需求的非线性的网络化组织，即：“自创业、自组织、自驱动”（见图 10-7）：

◇ 自创业：就是自己发现市场机会；

◇ 自组织：就是自己根据发现的市场机会组织需要的资源；

◇ 自驱动，由市场驱动再创新，海尔把它叫作“资本和人力市场化”，资本并不是企业资本，人力也不是企业人力，而是来自于市场不断驱动再创新。

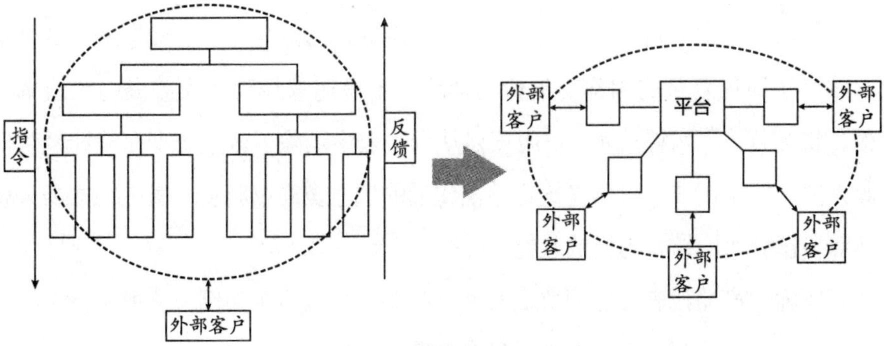
指令
反馈
外部客户
外部客户
平台
外部客户
外部客户
外部客户
外部客户

图 10-7　海尔第五次组织变革

以“零距离”“去中心化”和“分布式管理”为基础，以“自创业”“自组织”和“自驱动”为目标，海尔根据距离用户市场的远近搭建了分层分类的自主经营体，共三级。第一级是直接面对市场和用户（或渠道客户）的一线经营体，称作创客和小微，其责任是创造用户需求并满足需求，一线经营体拥有充分的决策权力，以满足用户需求、创造用户价值为中心来倒逼二级资源平台和三级级战略经营体提供资源、战略及专业支持；第二级是企业内部资源平台经营体，如基础研究、供应链管理、市场管理、质量管理等，其责任是为一线经营体提供资源和专业服务；第三级经营体是事业部的高层领导及其核心幕僚人员组成的团队，也可以是事业部最高领导层，责任是制定正确的战略方向，搭建机制，协调资源配置。

截至目前，海尔集团已支持内部创业人员成立200余家小微公司。创业项目涉及家电、智能可穿戴设备等产品类别，以及物流、商务、文化等服务领域。另外，在海尔创业平台，已经诞生470个项目，汇聚1328家风险投资机构，吸引4000多家生态资源企业，孵化和孕育着2000多家创客小微公司。越来越多的社会人员选择海尔平台进行创业，海尔创建的创业生态系统已为全社会提供超过100万个就业机会。

10.1.3.5 财务体系

海尔“人单合一”模式的财务体系创新了共赢增值表。“共赢增值表”是指互联网时代让每个产品带来用户而非单纯卖产品，用户资源增值又带来资源商，使企业产生不同于传统经济时代的边际效益递减规律，变成递增。海尔基本放弃了原先复杂的内部交易价格体系，不再追求经营体损益表的全成本结构，将经营体不可控成本 / 费用项目从损益表中剔除，这些成本在设计经营体收入项（提成词典）时事先核定，简化后的损益表简单明了，员工完成当天任务后自己就可以核算当日的收益。

以海尔产品代表（专门负责某类产品的销售人员）为例，在海尔自主经营体采用市场化核算体系下，产品代表类费用账户中将广告费等不可控费用全部剔除，只保留现场促销费、直销人员工资两项产品代表完全自主决定的费用，挣出费用后怎么花、花多少自己说了算，这就是海尔所谓的“自挣自花”。经营体及其个人收入由创造的市场价值决定，经营亏损只发最低生活标准工资，盈利则按照盈利的大小分级分享增值成果，以海尔的温度计机制为标尺（零度是保本，往上有保利线、分成线等），实现“留足企业利润，挣够市场费用，超利分成”。

此外，海尔使用平台资源独立核算模式，即海尔内部的小微使用的平台资源要独立核算，一方面前端小微各团队可独立核算其运营成本；另一方面资源平台也进行小微化，市场化核算其提供服务的交换价值。小微化一方面使得前端能最大化资源的使用效率，充分利用海尔资源在平台上快速变现价值；另一方面，也使与业务相关的各部门相互协同，基于共同的目标运行，真正实现全组织的“人单合一”。

10.1.3.6 平台设计

海尔“人单合一”的支持平台是并联的多边平台，比如海尔的大规模定制平台，企业、用户和供应商等利益相关方并联在同一个平台上，变成一个共创共享的生态系统。经过十多年的发展，如今在海尔集团的大平台上搭建起了包括互联网+文化产业平台、金融控股平台、互联网+地产平台、投资孵化平台、白电转型平台等多个中平台，每个中平台下又有不同的职能分工，有各自的创客和小微，参考图10-8所示。“人单合一”机制下，创新小微和转型小微可凭借一定量的客户订单来获得平台上其他小微的支持。在平台上，各小微依照市场机制相互协调连接。

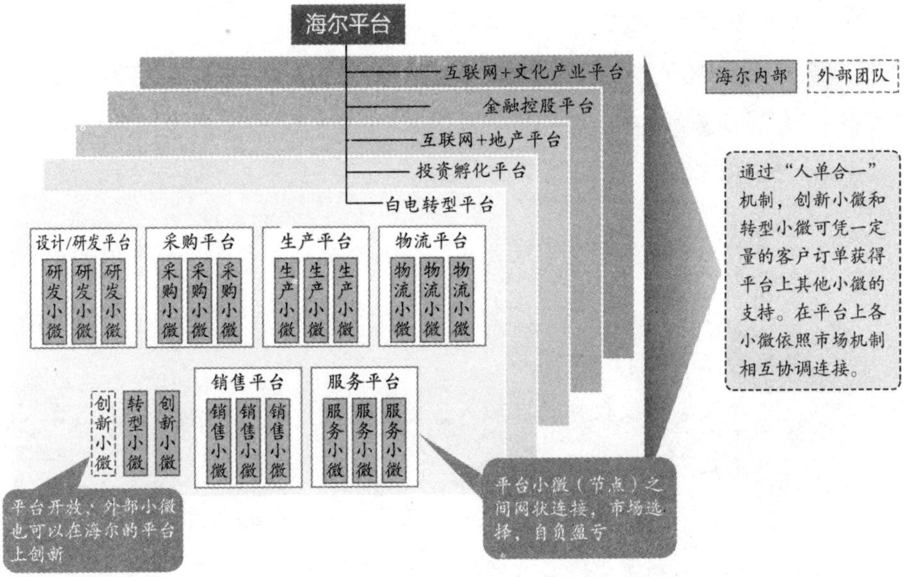

海尔平台
互联网+文化产业平台
金融控股平台
互联网+地产平台
投资孵化平台
白电转型平台
海尔内部
外部团队
设计/研发平台
研发小微
研发小微
研发小微
采购平台
采购小微
采购小微
采购小微
生产平台
生产小微
生产小微
生产小微
物流平台
物流小微
物流小微
物流小微
创新小微
转型小微
创新小微
销售平台
销售小微
销售小微
销售小微
服务平台
服务小微
服务小微
服务小微
通过“人单合一”机制，创新小微和转型小微可凭一定量的客户订单获得平台上其他小微的支持。在平台上各小微依照市场机制相互协调连接。
平台开放：外部小微也可以在海尔的平台上创新
平台小微（节点）之间网状连接，市场选择，自负盈亏

图10-8 海尔集团“人单合一”模式下的平台设计

注：资料来源于BCG分析。

同时，海尔“人单合一”的支持平台是开放平台。外部小微也可以在海尔的平台上进行创新，平台上的小微作为网状结构的一个节点，通过市场选择，自负盈亏。在海尔大平台的市场营销上，海尔坚持“三店合一”，即线下店、线上店再加上微店，变成一个社群生态。

10.1.3.7 物联网建设

海尔的物联网建设主要基于“用户乘数”和“三生体系”。2017 年 5 月 24 日张瑞敏在海尔集团内部会议上提出“用户乘数”概念，用户乘数是物联网属性的指数，与货币乘数有本质区别：货币乘数只是基础货币的扩大，并没有带来货币性质的改变，而用户乘数是从产品价值转换成用户价值，以产品作为载体创造用户价值。用户乘数可以将小微驱动起来，而且适用于每个小微和创客。

如海尔的“酒知道”小微，通过免费给酒店提供酒柜，红酒商将酒放入酒柜，用户则可以选择自己喜欢的品类，酒柜连上网变成红酒平台，没有了中间商，解决了原来酒店红酒高价且真假难辨的问题，同时用户、红酒商、酒店都实现了自身利益的最大化。

此外，海尔总裁张瑞敏在 2018 年 9 月 20 日的讲话中指出：在时代变化的背景下，海尔引爆物联网主要通过“三生体系”（生态圈、生态收入、生态品牌）来实现。其中：

◇ 生态圈：原来不管电商还是传统企业都是交易平台，而海尔是一个生态圈，是一个彼此交互的社群，用户和员工在社群里进行交互，这个是过去没有的；

◇ 生态收入：不仅仅是产品收入，更要通过产品为载体产生生态收入，也就是服务的收入；

◇ 生态品牌：原来的品牌不管传统品牌还是平台的品牌都是以企业为中心，都是零和博弈，海尔要打造的是共创共生，共同进化的品牌。

海尔从“人单合一”到现在，探索前进，同时随着其平台型管控的日渐成熟，如今的海尔集团已开始由平台型企业向生态型企业转变。

10.2　生态型管控——少海汇 & 阿里巴巴

10.2.1　海尔——少海汇

10.2.1.1　少海汇简介[①]

少海汇总部位于青岛，专注于打造中国智慧住居，2016 年年初海尔家居、有住、克路德、博洛尼联合发起创立少海汇生态圈。少海汇以智能家居为核心，整合行业优势资源，从智能家居软硬件，到环保健康新材料、机器人等领域，倾力打造引领高端智能创新生活的产业生态圈，见图 10-9。截止 2018 年底，少海汇成员企业总数达到 48 家，用户体验交互中心 2100 余家，核心企业年产值达到 185 亿。

循环互补
共生共赢
入口圈
C&电商
大客户
中小客户
产业圈
卫浴集成
智能集成
家居装饰
建筑科技&材料
服务
工具海
SMS及运营
资本
中小客户
孵化平台
hyrock
EOROOM
Boloni
博洛尼
ITOO
有住
IN^x park
EOLOOK
......

图 10-9　少海汇生态系统

10.2.1.2　理念

统计显示，国内家装行业的总规模超过了 4 万亿元，但还没有一个家装公司的年销售额超过 40 亿元，即没有一家公司能够占到千分之一的市场份额，未来家居行业的独角兽一定不是一家公司，而是一个由很多家产业相关公司组成的产业生态圈。面对万亿级市场入口，少海汇结合产业优势和时代的发展，

① 少海汇．少海汇简介 [EB/OL].http://www.shaohaihui.com,2018-11-27.

整合庞大家居入口细分市场，构建了一个竞争的生态系统。强调连接而不是拥有、开放而不是封闭、共享而不是独享的理念，遵循企业利益最大化的原则，少海汇寻求一流资源让每家成员企业快速成长，并致力于促进成员间的协同合作发展。

10.2.1.3　生态网建设

少海汇通过搭建具有服务、资本、资金、教育及人力资源等能力的生态网，为网内的成员（生态物种）提供坚实的平台基础。

◇ 服务能力：如少海汇平台上的“爱上办公”，可提供办公装修服务；“寓公网”提供公寓装修 / 运营 / 租赁服务；“海尔家居”提供精品大客户装修设计 / 施工服务；“海骊设计”提供装修装饰设计整体解决方案；“小有快帮”提升家居行业安装服务平台能力等；

◇ 资本能力：指为创客公司提供投资平台，如海尔金融、国信华凯、宽带资本、宏熙资本、光远资本、信中利资本、少海汇金控等。目前少海汇已累集百亿基金；

◇ 教育及人力资源：指为企业发展提供所需人才培养。如少海汇创客学院，引入清华大学资源，打造全方位人才培训，建设创业者交互平台，创新创业孵化培养机制；

◇ 资金能力：指向用户 / 客户提供资金服务。目前，少海汇的合作单位有：青岛银行、中国银行、建设银行、工商银行、平安银行、民生银行、招商银行、兴业银行、诺亚财富、东方资产、华泰资管、平安资管、中信信托等。

10.2.1.4　战略布局

少海汇的战略布局可以概括为：新生态、新物种、新商业。首先，新生态是指以智能物联家居为核心，打造引领高端智慧生活的生态集群，如图 10-10、10-11 所示。

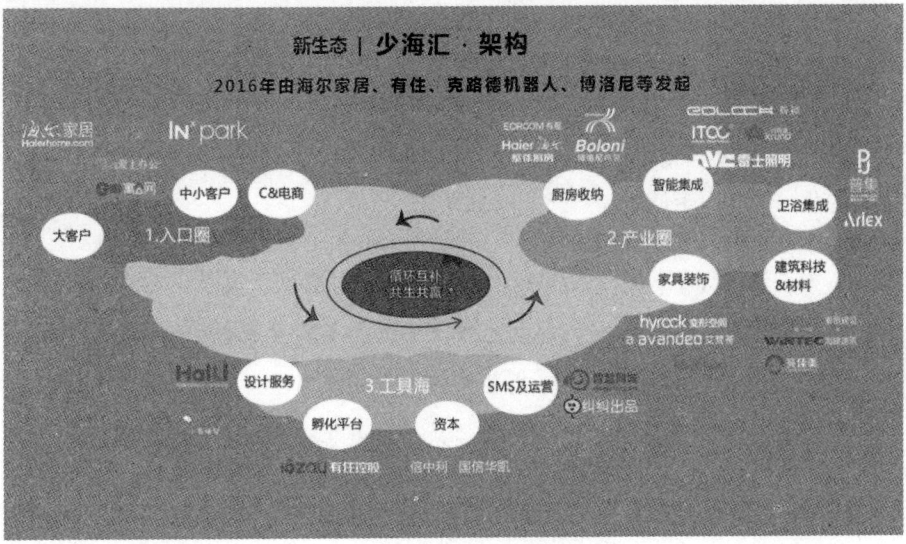
新生态 | 少海汇 · 架构
2016年由海尔家居、有住、克路德机器人、博洛尼等发起
IN park
Boloni
雷士照明
Arlex
中小客户
C&电商
大客户
1.入口圈
厨房收纳
智能集成
卫浴集成
2.产业圈
家具装饰
建筑科技
&材料
循环互补
共生共赢
hyrock 变形空间
avandeo 艾梵蒂
设计服务
3.工具海
SMS及运营
孵化平台
资本
纠纠出品
有住控股
信中利
国信华凯

图 10-10　少海汇战略布局

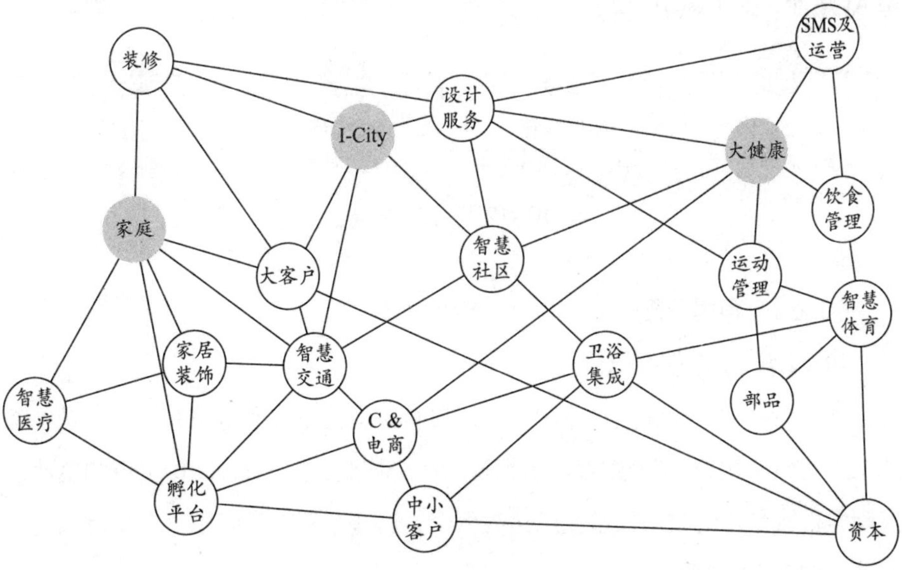
装修
设计服务
SMS及运营
I-City
大健康
饮食管理
家庭
大客户
智慧社区
运动管理
智慧体育
家居装饰
智慧交通
卫浴集成
部品
智慧医疗
C&电商
孵化平台
中小客户
资本

图 10-11　少海汇新生态

在新生态下，少海汇实行合伙人管理制的管理模式，包括以下三种机制：

◇ 股权共享机制，保证平台企业合作高效；

◇ 进入退出机制，保证平台企业优胜劣汰；

◇战略会议机制，保证平台企业战略统一。

对于生态网上的不同企业，少海汇有针对性地采用不同的方式进行管理，如对核心企业，采用合伙人直接管理；对控股参股企业，合伙人对其产生影响。具体来讲，包括以下四类：

◇核心企业：合伙人直接管理，如海尔家居、有住、有屋、爱上办公等；
◇投资参股企业：合伙人对其有重大影响，如雷士照明等；
◇关联企业：有股权关系的企业，如智慧同城等；
◇合作伙伴：如地产类的万科、绿地、恒大；资本类的信中利等。

其次，新物种是指互联网和人工智能成为基础设施，智能家居将迎来新物种大爆发。最后，新商业具体是指少海汇实行去行业化、重度垂直、个性定制和AI赋能，如下图10-12：

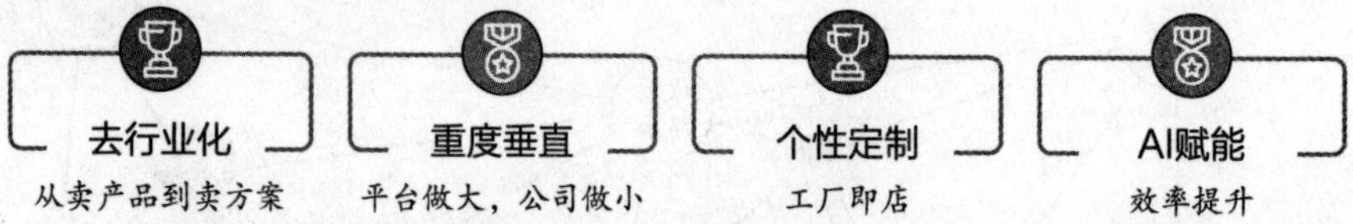
去行业化
从卖产品到卖方案
重度垂直
平台做大，公司做小
个性定制
工厂即店
AI赋能
效率提升

图10-12 少海汇新商业

10.2.2 阿里巴巴

10.2.2.1 生态型组织简介

国内企业中，互联网企业阿里巴巴具有典型的生态型组织的特征，是生态式组织的典型代表。这个生态型组织横跨多个产业，除去对外间接投资的企业，仅阿里直接参与的公司数量就已达数百个，这些公司都是阿里生态型组织的一部分，如图10-13所示。

阿里巴巴创建淘宝、天猫等生态群落，让企业、个人创业者和消费者在群落中安家，阿里负责为各个成员（树木）提供生存和发展所需的各种资源，如技术、支付、营销、物流等，实现共生共荣、和谐发展。阿里线上线下的边界越来越小，现在已不仅仅是一家互联网公司，其发展阶段分为：

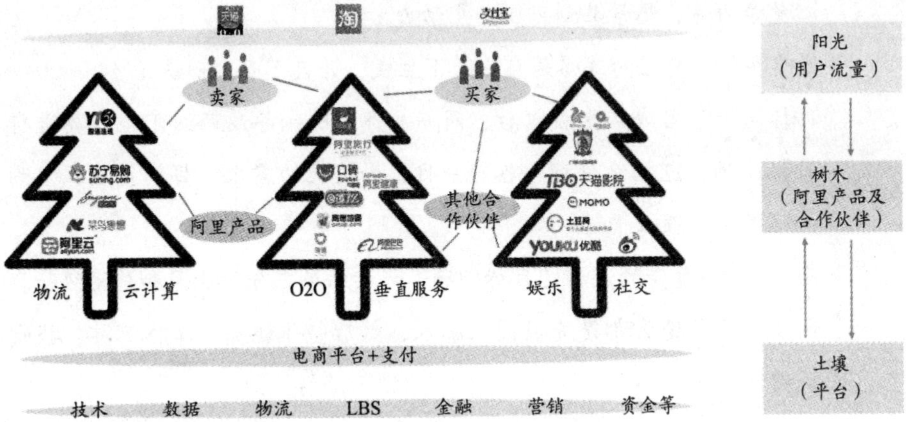
卖家
买家
阿里产品
其他合作伙伴
物流
云计算
O2O
垂直服务
娱乐
社交
电商平台+支付
技术
数据
物流
LBS
金融
营销
资金等
阳光
（用户流量）
树木
（阿里产品及合作伙伴）
土壤
（平台）

图 10-13　阿里巴巴生态型组织示例

◇ 以电子商务为主的早期阶段，形成淘宝、天猫等电商平台；

◇ 以电子商务为核心的覆盖支付、物流的完整电商生态链；

◇ 以大数据和云计算为核心的 O2O 经济体。

至今，阿里巴巴已覆盖电子商务服务、蚂蚁金融服务、菜鸟物流服务、大数据云计算服务、广告服务、跨境贸易服务及除此之外的互联网服务。

10.2.2.2　生态型组织的管控特点

以阿里为代表的生态型组织的管控特点有以下几点：

（1）构建战略方向一致的动态性价值型目标

市场的多变性和用户需求的多样性必然影响阿里形成以用户为中心的战略。但是与传统企业相比，阿里的战略时间周期大大缩短，阿里的战略一年做一次，甚至半年还会进行一次调整。阿里管控的理念是：一张图、一颗心、一场仗。只有这样，参与的每一个人才会有彼此连接的感觉，心往一起努力，持续地打同一场仗。

为保证战略的一致性，阿里有以下几个原则：

◇ 愿景共创：阿里的企业文化有很浓厚的理想主义色彩，经常会探讨一些业务的过去、现在和将来，找出当前面临的问题和突破口，明确核心竞争力等，愿景共创可以产生动力；

◇ 战略共创：阿里的战略是自上而下生成，并自下而上确认；

◇ 目标同晒：当战略生成以后，同一业务团队领导及两级汇报线要进行目标同晒，包括总目标、各自分目标和彼此的需求，目的是确保做到一张图、一颗心；

◇ 业务复盘：复盘的流程是目标回顾、评估结果、分析原因和总结经验。阿里的复盘通常都是先做团队融入，然后整体还原、集体沉淀、找到关键问题。

同时，阿里的目标不是简单的数字，比如营业额要达到多少，而是数字背后所蕴含的价值意义。在 B2B 最传统的业务中，员工认为通过阿里巴巴这个平台，能够帮助其他企业接到国外的订单，并为自己存在的价值感动，认为自己做了一件非常有意义的事情；淘宝能够帮助很多无法正常就业的残障人士实现自主就业，并且通过自身努力养家；菜鸟帮助快递公司不断提升效率，改善物流体验等。员工并不是为利益而工作，而是一个提升个人价值的过程。

（2）建立合理多变性组织结构

确认目标以后，下一步是进行分工。阿里的组织结构经常调整的原因，就是因为阿里的战略一年做一次，有时半年还会进行一次调整，如此一来，组织结构也会跟着调整。

很多传统企业无论业务如何改变，组织结构大多变化不大，但阿里的组织结构是随着业务调整而随时改变的。阿里巴巴内部有一种“虚拟化小组”，是新“生长”出来的业务部门。有了新项目，公司便从不同的职能部门抽调人员，组成项目小组。这些小组，人员仍属于原来的部门，且依然要完成原有部门的工作，项目小组具有某些“虚拟”属性。但是随着项目的发展，项目越来越实体化，虚拟小组就可能变成了实体组织，人员也就成了新架构中的一员。支付宝、天猫、菜鸟等业务均是如此孵化出来的。每年参与双十一的是一个虚拟团队，没有专门的公司和团队，但是每年都需要几千人参与其中，活动过后就会解散。

阿里巴巴组织结构的调整速度非常快。该组织结构运作模式使得相应人才能迅速在整个阿里内部流动起来，仅有少量的人被末位淘汰。只要在本岗位工作满一年，便可以向任何喜欢的岗位提出转岗申请；工作满 5 年的员工甚至不需要向本岗位主管申请，只要对方岗位接收，就可以直接转岗。虽然阿里人才的内部流失率很高，但从阿里巴巴整体看，人才的外部流失率很低。这也对阿里的主管工作提出了非常大的挑战，因为管理并非仅靠权力，更多的是要靠领导力。

（3）围绕业务、人才和组织构建合理的流程、制度和体系

在阿里内部，组织的三大核心体系分别是：岗位职级体系、薪酬体系和绩效体系。

① 产品化、项目制

阿里很多业务都是以项目的形式存在的，一旦项目完成，组织就会被拆分。从复杂长线到灵活弹性的流程，一个是产品化，一个是项目制。有些参与者是有本职岗位的，只有某些项目成立才会被聚在一起。以天猫为例：每年的大量活动诸如春节项目、三八节项目、618 项目、造物节项目、双十一等等，这些项目组都是临时成立的，一旦项目完成就立即解散，叫作“来之即战，战之即胜，胜之即散”。

② 小前锋，大后台

阿里有一个特点是：一旦业务做大就会被分拆，用大业务孵化小业务，让小业务不断生长。在阿里集团内部有很多的业务单元，但是后台有一个大数据平台进行所有的数据管理，包括数据统计和人员调配等。公司各自运营，但数据要汇总共享。

③ 双通道的职业发展

不擅长管理的人才可以走专业方向，分为 P（product）序列和 T（technology）序列。擅长管理的人才走管理 M（management）序列。两个发展渠道是互通的，可以进行横向转岗，甚至晋升。

④ 统一的薪酬架构

职业发展的双通道，保证了人才在集团内部纵向和横向的流动，这就需要底层薪酬、福利的统一，阿里巴巴集团的薪酬架构是统一的。

⑤ 高绩效奖励

阿里强调低福利、高绩效奖励，并且绩效是以结果为导向的。采取末位淘汰制，10% 左右的员工会被解雇，两次绩效考核的最后 10% 要离开阿里。绩效考核分为三步，第一步员工自评打分、第二步上级主管打分、第三步人事作为第三方进行评估。如果个人评估和主管评估出现差异，需要人事再次进行判断。

⑥ 人才盘点

人才盘点是各个管理者自己的工作，每个管理者将自己手下的核心人才、待优化人才等进行盘点，然后再一层一层向上汇报。

◇ 公司层面：基于战略，每年一旦战略制定完成，就要进行工作委派。通过了解关键业务的人才现状，以及关键人才的落地情况，调整没有发挥价值的管理层，并从数据分析的角度进行结构分析，究竟是需要招聘新员工还是培养旧骨干；

◇ 团队层面：直接下级和再往下一层的人才状况都要有所了解，层层向下传达，有效降低信息的衰减；

◇ 个人层面：从绩效评估结果看个人潜力、未来成长空间和个性。每年盘点完成，个人需做精整的述职和答辩，然后按照结果进行培训或者轮岗。

针对人员管理培训，阿里 2010 年开始“三板斧”的管理培训，即通过三天三夜的封闭项目培养管理能力。针对领导力的培养体系共分为三层：基层管理者、中层管理者和高层管理者，分别对应着腿部力量、腰部力量和脑部力量：

◇ 腿部力量是底层的一线经理，要做到跑得快；

◇ 腰部力量是中层领导班子，要懂战略接得住；

◇ 脑部力量是高层事业部，要做到看得远，能定战略。

“三板斧”就是围绕业务、人才和组织搭建一个平台，将相关人员聚拢起来进行上课，并不是传统的培训，而是有老师进行分享，事业部负责人和核心团队做嘉宾。来培训的参与人员带着项目，分述那些有挑战的业务问题，然后分组提出解决方案，设定目标，执行和进度跟进。在这个过程中，嘉宾会不断提出意见和建议，帮助参与者梳理过程，进行理念文化和价值观的注入。三天三夜，不仅业务问题得到了解决，对于参与者的管理动作、理念都会有充分的认识和探讨。

（4）形成完善的支持帮助体系

人事、财务、行政和法务，所有的后台部门要一起努力配合，将业务成功当作一切工作的目标。阿里的人事很务实，所有的工作都是跟着业务在走，人员招聘、分配以及团队变动都是为了帮助业务取得成功。即便是每年的双十一，人事也仍然跟着一起加班通宵。除此以外，行政、财务、法务人员也会为此做好后勤保障工作，在业务、工作和生活上提供足够的支持和帮助。

参考文献

[1] 张瑞敏 . 好的商业模式是一场无限游戏 [J]. 商业评论，2016(8)：60-74.

[2] 波士顿咨询公司，阿里研究院 . 平台化组织：组织变革前沿的“前言”.

[3] 陈万达 . 中石油销售企业 HSE 管理体系建设 [J]. 经营与管理，2014(3)：134-138.

[4] 陈威如，徐玮伶 . 平台组织：迎接全员创新的时代 [J]. 清华管理评论，2014(2)：46-54.

[5] 德勤 . 2017 德勤全球人力资本趋势报告——改写数字时代的规则 .

[6] 段磊，张宏波 . 企业集团管控：理论、实践及案例 [M]. 北京：中国发展出版社，2012.

[7] 海尔集团 . 海尔资讯 .

[8] 海尔集团 . 人单合一 .

[9] 韩沐野 . 传统科层制组织向平台型组织转型的演进路径研究——以海尔平台化变革为案例 [J]. 中国人力资源开发，2017(3)：114-120.

[10] 胡明 . 阿里巴巴所建立的生态式组织是什么样的，2017-04-18.

[11] 华彩咨询 . 集团战略规划体系全貌图，2017-8-25.

[12] 华润集团 . 管理之道，2018-11-15

[13] 华润集团 . 华润简介，2018-11-15

[14 纪婷琪，张颖，孙中元 . 打造孵化小微创客的平台型组织 [J]. 中国人力资

源开发，2015(10)：11-18.

[15] 麦肯锡．中国联通组织结构报告，2016-04-11.

[16] 穆胜．释放潜能：平台型组织的进化路线图 [M]. 北京：人民邮电出版社，2018.

[17] 秦杨勇．“互联网 +”战略绩效管理 [M]. 北京：中国财富出版社，2016.

[18] 秦杨勇．集团管控：中国最佳实践经典案例解析 [M]. 北京：中国经济出版社，2011.

[19] 秦杨勇．平衡计分卡与流程组织管理经典案例解析 [M]. 北京：中国经济出版社，2012.

[20] 360 个人图书馆．平衡计分卡，2017-07-23.

[21] 世纪纵横管理咨询公司．集团公司管控专刊，2006-06.

[22] 斯蒂芬•罗斯、蒂莫西•贾奇著，孙健敏、王震、李原译，组织行为学 [M]. 北京：中国人民大学出版社，2008.

[23] 孙连才．企业集团管控 [M]. 北京：经济科学出版社，2009.

[24] 王吉鹏．集团管控方略：危机之下集团企业管控释义 [M]. 北京：企业管理出版社，2009.

[25] 王玉荣，葛新红．流程管理 [M]. 北京：北京大学出版社，2016.

[26] 希特．战略管理：概念与案例 [M]. 北京：中国人民大学出版社，2017.

[27] 薛华成．管理信息系统 [M]. 北京：清华大学出版社，2013.

[28] 尹隆森，孙宗虎．管理流程设计实务 [M]. 北京：人民邮电出版社，2005.

[29] 杨少杰．进化：组织形态管理 [M]. 北京：中国发展出版社，2014.

[30] 杨少杰．大转形：新组织变革方略与最佳实践，2018-01.

[31] 张山领．从 0 到将突破 5000 亿美金，阿里 18 年组织是如何进化的，2017-11-10.

[32] 张小宁．平台战略研究述评及展望 [J]. 经济管理，2014(3)：190-199.